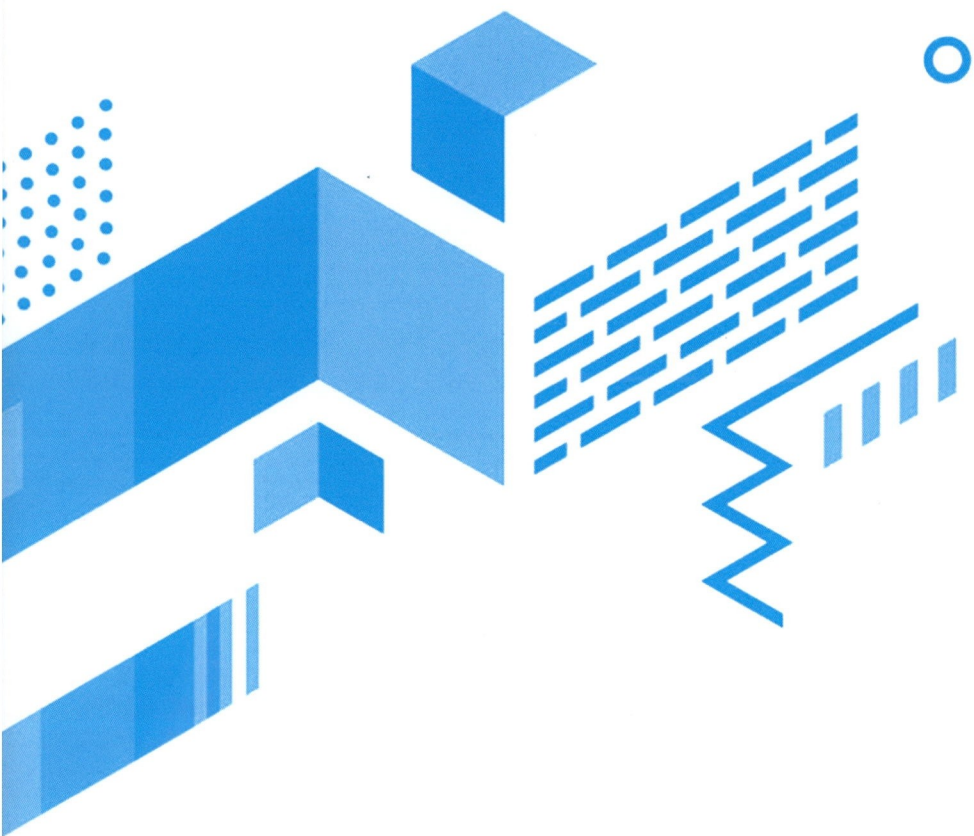

Venture Financing

The Foundation of
a Long-term Development

创业融资

基业长青之本

马　翔　陈伟俊　陈增华　余来文　著

厦门大学出版社　国家一级出版社
XIAMEN UNIVERSITY PRESS　全国百佳图书出版单位

图书在版编目(CIP)数据

创业融资：基业长青之本/马翔等著.—厦门：厦门大学出版社,2020.8
ISBN 978-7-5615-7899-5

Ⅰ.①创… Ⅱ.①马… Ⅲ.①企业融资－高等学校－教材 Ⅳ.①F275.1

中国版本图书馆 CIP 数据核字(2020)第 171072 号

出 版 人	郑文礼
责任编辑	吴兴友

出版发行 厦门大学出版社

社　　址	厦门市软件园二期望海路 39 号
邮政编码	361008
总　　机	0592-2181111　0592-2181406(传真)
营销中心	0592-2184458　0592-2181365
网　　址	http://www.xmupress.com
邮　　箱	xmup@xmupress.com
印　　刷	厦门市明亮彩印有限公司

开本	720 mm×1 000 mm　1/16
印张	15.25
插页	2
字数	300 千字
版次	2020 年 8 月第 1 版
印次	2020 年 8 月第 1 次印刷
定价	58.00 元

本书如有印装质量问题请直接寄承印厂调换

厦门大学出版社
微信二维码

厦门大学出版社
微博二维码

前　言

互联网时代,做出用户所需要的产品或服务是创业最难的事情,也是创业企业最常见的死因。融资是创业第二难的事情,也是创业企业排名第二的死因。资本市场天性残忍,而且投资人总数少,是个不饱和市场。创业企业很难在资本市场上同时找到超过 10 个对你感兴趣的投资人,而每一个投资人的任何行为都将影响到创业企业未来的发展。

融资如此之难,为什么创业企业还要找投资人融资呢? 当多次创业的罗永浩放下"天生的骄傲"开始他的直播卖货生涯时,或许会让创业者有所感悟。在创业过程中,创业企业没有不缺资金的,要么选择在资本市场融资的一时阵痛,要么选择资本原始积累的慢性疼痛。创业企业需要更多的钱去维持企业的生存与发展,否则创业企业可能败给时间成本和对手的复制能力。从"疼痛"总量和时间成本一致的角度看,融资或许是一件好事,因为创业企业商业模式变革或技术创新成果(产品)总是能"卖在"而不是"埋在"最值钱的阶段。

"融资者,创业之大事,死生之地,存亡之道,不可不察也"。2019 年的创业企业很难,2020 年的创业企业更难! 现金流危机正在成为压垮创业企业的最后一根稻草。有一批还未来得及融资的创业企业,就因为 2020 年的一场疫情,扛不住现金流压力,无奈提前终止了创业的步伐。2020 年 2 月 6 日,曾在新三板挂牌上市、创业已经 13 年的兄弟连 IT 教育还没来得及等到复产复工,资金流就已断裂,率先倒在菲波那契周期的时点上。2020 年 2 月 29 日,曾在新三板挂牌上市、创业近 20 年的百程旅行也因资金链断裂宣布启动破产清算流程。互联网造车新势力拜腾公司也因烧不起钱于 2020 年 7 月 1 日宣布停工停产。2020 年 2 月,清华大学和北京大学联合调研疫情对中小企业的影响,数据显示:(1)34%的中小企业只能维持 1 个月,33.1%的中小企业可以维持 2 个月，只有 9.96％的中小企业能维持 6 个月以上；(2)为应对现金流短缺，22.79％的中小企业计划减员降薪，15.75％的企业选择停产歇业。现金为王，成为疫情期间及后疫情时期创业企业生存的铁律。疫情的确带来了一波倒闭潮，但这是市场经济优胜劣汰的进化过程。创业就必须放弃不切实际的梦想，必须把"活着才是第一位的"作为创业的座右铭。

疫情不仅给创业一记重锤，砸破了创业的神话，也给投资圈一记重锤，砸灭了钱套钱的美梦。如今，风口和"市梦率"的价值链被疫情打得七零八落，讲故事和画饼的项目编不下去了，"PPT 融资"瞬间失去了市场。同时，疫情的洗礼正改变着中国创业融资市场多年的游戏规则：虽然"LP 出钱，GP 出力"的商业逻辑基本不变，但创业竞争维度已发生变化。过去的"烧钱模式"拼的是谁的刺刀更锋利，现在的"实力模式"比的是谁的盾牌更厚实。如今 GP、LP、PE、VC、FOF 等热词不断地被赋予新的内涵。创业者何处安放？其实，只要创业者清醒地认知并领悟到"钱要一点一点地去赚，要脚踏实地，没有捷径"的道理，同时对创业企业价值重新评估，创业者必将很快适应从天上回到地面的创业生态，重新拥抱现实。因为融资对创业者具有神奇的力量，可以吸走创业者全部注意力和精力。即便你今天一整天只有一个投资人会议，但不知道为什么，这一个会议就可以把你整天的精力都吸光。它吸走的不仅仅是开会的那几个小时，更是去的路上，回来的路上，以及去之前的准备时间，以及回来后的反思时间。

互联网时代，用户是资源，数据是生产要素，大数据分析是企业运营的标配能力。创业企业在融资时，最困难的事情之一是谈估值。因为创业者与投资人之间是"信息不对称"的，投资人经历过大量的投资交易，他们对估值有丰富的经验，对市场的整体情况有清楚的认识；而很多创业者可能在自己的业务、产品、技术方面很强，在估值方面却没有足够的知识和经验。对于一个尚未盈利，甚至还没有收入的创业企业而言，如何正确评价公司当前的价值，客观上说没有一个非常准确的标准，最主要还是看双方对这个项目关键业务数据估值。比如互联网或移动互联网创业公司常用日活跃用户(DAU)、月活跃用户(MAU)、平均每用户收入(ARPU)、平台交易总额(GMV)等，又如快递企业常用的每日面单量，连锁餐饮企业的客单价、翻台率，传统连锁超市的坪效、客单价等，只要该关键业务数据未来与公司的收入有逻辑关联，就可以作为一种估值的参考指标。实际操作中可以看到 P/DAU,P/MAU,P/GMV 等,即如日活用户有 10 万,每个日活用户按 500 元计算,公司估值就是 5 000 万元(还要区分不同消费潜力的用户)。

创业融资的目的就是让更多的创业企业活得了、活得好、活得久。不同性质类型、不同发展阶段的创业企业具有不同的融资结构,面临着不同的不确定性因素、不同的资金需求。在融资过程中,创业企业首先必须了解创业融资的相关常识,必须进行融资成本和风险的管控,选对投资人、融资方式和融资渠道,才能比较安全地打开融资的"潘多拉之盒",助力创业企业实现股东财富与企业价值最大化。对于创业企业而言,创业的种子依然深埋在土里,创业情怀依然深埋在心里,虽然他们可能正经历一场前所未有的寒冬,但他们仍宁愿用一世的时间等待雨季到来,届时在新一轮经济周期中依然能面朝蓝海,春暖花开。

目　录

第一章　认识创业融资

开 篇 小 语

　　创业企业是我国经济发展的重要创新力量,尤其是在当下就业形势不太乐观的今天,如何鼓励全民创业,帮助企业筹集到扩大发展规模的资金是一大重要问题。在激发创新企业运营活力的同时,也要慎重考虑适当的融资方案,确定合理的融资规模。

　　大力出奇迹是务实,刨根问底是务实,抓住本质是务实,尊重用户是务实,认识世界的多样性是务实。

——张一鸣　字节跳动创始人

开 篇 案 例

比亚迪:打造民族的世界级汽车品牌

多年来,比亚迪坚持自主研发,坚持自主品牌的创新发展模式。它致力于打造世界级汽车品牌,并在汽车制造等方面强化研发,以逐步振兴民族汽车产业,改善车型研发产业结构为发展方向。并且,其还以"造世界水平的好车"为产品目标。截至2008年底,公司业绩良好,总资产价值约18亿港元,获得了巴菲特的认可,对于加快比亚迪新能源汽车等环保产品在北美、欧洲市场乃至全球的销售都具有重要的战略意义。

一、公司介绍

比亚迪股份有限公司(股票代码:1211.HK),创立于1995年,因生产新能源汽车成为广为人知的品牌,其创始人为王传福。其于2002年7月31日在香港主板发行上市,公司总部位于中国广东深圳,是一家拥有IT、汽车及新能源三大产业群的高新技术民营企业。

目前,比亚迪作为全球领先的二次充电电池制造商、IT及电子零部件产业已覆盖手机所有核心零部件及组装业务,镍电池、手机用锂电池、手机按键在全球的市场份额均已达到第一位。目前,比亚迪经营业绩有所下滑,但是多家券商研报称,比亚迪半导体分拆上市将会成为比亚迪经营的一个突破口,这是由于融资后比亚迪仍持有比亚迪半导体70%以上股权,这一融资成果将提升公司经营业绩。

二、比亚迪创业融资之道

谈起比亚迪企业融资的成功,王传福将更多的因素归功于深圳市开放的政策和对创新的大力支持。作为一家典型的民营企业,比亚迪在深圳从零起步,没有背景也没有资源,王传福说:"这是时代成就了我们。"

(1)比亚迪的金融运营模式

比亚迪主要采取了以下三种租赁模式:融资性租赁、经营性租赁和买方信贷模式,如图 1-1 所示。

第一,融资性租赁模式。融资性租赁模式就是金融机构从比亚迪公司购买电动汽车,然后租赁给出租车公司,出租车公司向金融机构支付租金,租赁期满后出租车的所有权从金融机构转移给出租车公司。该模式对出租车公司的信贷资质要求较高。

第二,经营性租赁模式。经营性租赁模式就是由汽车租赁公司从金融机构贷款,购买比亚迪的电动汽车;然后,出租车公司与汽

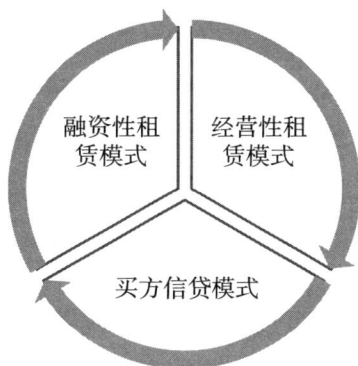

图 1-1 三种租赁模式

车租赁公司租赁出租车进行经营,并支付租金;最后,汽车租赁公司拿出租车公司支付的租金偿还金融机构的贷款,而整个过程中汽车的所有权都归汽车租赁公司。该模式对出租车公司的信贷资质要求相对较低。

第三,买方信贷模式。买房信贷模式就是直接由出租车公司从金融机构贷款购买比亚迪的电动汽车,然后出租车公司分期偿还贷款,该过程中汽车所有权归属于出租车公司。该模式主要针对希望一次性购买电动车的出租车公司提供的解决方案。

比亚迪系能源汽车的这一金融运营模式的优势在于解决了出租车公司一次性购买车辆的资金压力。而比亚迪协同电网公司全权负责充电设施建设,并由比亚迪负责车辆维护保养,又解除了出租车公司和司机对新能源汽车使用的后顾之忧。

(2)多元投资机构加盟护航

比亚迪公司控股子公司比亚迪半导体以增资扩股的方式引入多位战略投资者,拟向比亚迪半导体合计增资人民币约 8 亿元。这是比亚迪半导体 A＋轮融资。比亚迪从宣布重组、拟引入战略投资者到实施完成,仅仅只用两个月,比亚迪推进控股子公司比亚迪半导体的上市工作足见高效。此次融资,比亚迪主要通过下属子公司间的股权转让、业务划转完成了对全资子公司深圳比亚迪微电子有限公司(简称比亚迪微电子,现已更名为比亚迪半导体有限公司,简称比亚迪半导体)的内部重组。通过内部重组,比亚迪微电子受让宁波比亚迪半导体有限公司 100％股权和广东比亚迪节能科技有限公司

100%股权,并收购惠州比亚迪实业有限公司智能光电、LED光源和LED应用相关业务。

三、比亚迪融资项目亮点

比亚迪引进战略投资者时基于自己的考量,以致战略投资者较为多元。具体而言,两次融资共计有30家机构44名投资主体参与,这些机构主要可分为两类。第一次参与融资的14名投资主体,包括红杉、中金、国投创新等创投机构,多为助力公司上市。第二次参与融资的30名投资主体,阵容更为豪华,大多为全球知名企业,如爱思开(中国)企业管理有限公司,主要以能源化工、信息通信为两大支柱产业,旗下有两家公司进入全球五百强行列。另外,小米、联想、湖北国资、招银国际、中芯国际、北汽、上汽、碧桂园、深圳华强、蓝海华腾、英威腾和深圳国资等均参与融资。这些战略投资者之所以愿意在资金上支持比亚迪的发展主要是因为看好比亚迪融资项目的两大亮点:

(1)自主品牌的创新发展模式

比亚迪公司始终致力于研发技术创新,提高完善服务体系的能力。作为二次电池制造商,其目前在IT和汽车两个领域不断打造创新产品,遵循客户价值,扩展客户范围至国际通信行业内,为这些国际顶级客户群提供IT和电子元器件产品,目前,其

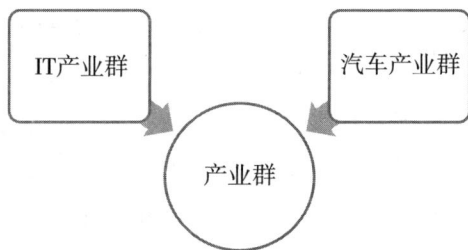

图1-2 比亚迪产业群

服务已经普及至手机组装和生产制造的所有核心业务。如图1-2所示。

此外,比亚迪集聚了拥有3000多人的研发团队,这些团队集聚力量成立了汽车科学研究院和工程电力研究院,主要肩负着高新汽车工业和市场以及新能源技术的研发和研究,公司的研发中心可以提供硬件,软件和测试方面的产品设计和项目管理,每年都能创造出新的生产线,总产能在不断提升。光是西安的一条国际现代化汽车生产线就取得了国家级研发专利500多项。每一个专业团队都拥有完全自主的开发经验,为世界高端汽车生产制造奉献数据且积累经验。比亚迪逐步形成具有自身特色的技术开发模具产业格局,具备国际水平的强大的研发实力。

（2）形成专业化、规模化的产品模式

经济观察报记者统计，在中国民企500强中，营收超过1000亿元的企业只有17家，其中只有5家是直接面向消费者的制造业企业。痴迷于技术的王传福被人称之为"中国的乔布斯"。比亚迪的成功离不开精准的产品定位。比亚迪电动车的定位主要针对大众消费者，比亚迪的初始阶段选择了进入公共交通领域。在公交电动化上，比亚迪采取了K9加E6的组合，也就是公交电动大巴加电动出租车，推行公交优先的策略。其具体做法包括四种模式：成立出租车合资公司、"零元购车"，以及异地建厂和外围突破在海外市场。如图1-3所示。

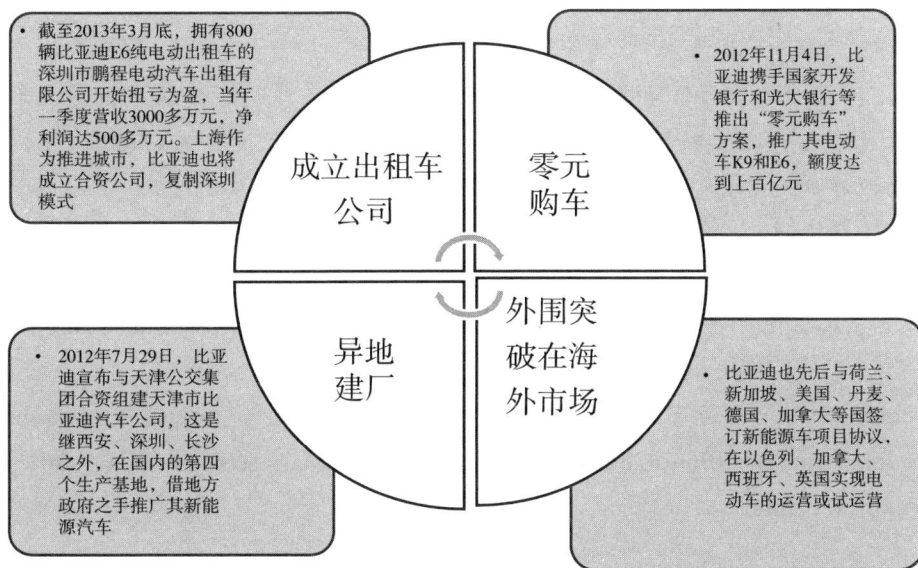

- 截至2013年3月底，拥有800辆比亚迪E6纯电动出租车的深圳市鹏程电动汽车出租有限公司开始扭亏为盈，当年一季度营收3000多万元，净利润达500多万元。上海作为推进城市，比亚迪也将成立合资公司，复制深圳模式

- 2012年11月4日，比亚迪携手国家开发银行和光大银行等推出"零元购车"方案，推广其电动车K9和E6，额度达到上百亿元

- 2012年7月29日，比亚迪宣布与天津公交集团合资组建天津市比亚迪汽车公司，这是继西安、深圳、长沙之外，在国内的第四个生产基地，借地方政府之手推广其新能源汽车

- 比亚迪也先后与荷兰、新加坡、美国、丹麦、德国、加拿大等国签订新能源项目协议，在以色列、加拿大、西班牙、英国实现电动车的运营或试运营

成立出租车公司　零元购车　异地建厂　外围突破在海外市场

图1-3　四种模式

四、总结与启示

俗话说：任大功者不可以轻敌。据调查统计数据发现，很多创业者和企业家，都是在借助外部资本扩大公司规模时，由于不了解融资的套路，好的结果是公司创始人失去了公司控制权，被投资人扫地出门；不好的结果呢，还有人为此被投资人送进了监狱。但比亚迪却能在其中脱颖而出，构建属于自己的融资之道。

第一,重视技术领先优势。比亚迪设立中央研究院、汽车工程研究院以及电力科学研究院,负责高科技产品和技术的研发,以及产业和市场的研究等;拥有可以从硬件、软件以及测试等方面提供产品设计和项目管理的专业队伍,拥有多种产品的完全自主开发经验与数据积累,逐步形成了自身特色并具有国际水平的技术开发平台。

第二,创始人眼光毒辣。比亚迪深知融资的重要性,取得现在的发展成果,说到底离不开企业领导者在创业融资方面的毒辣眼光。在其较完整的产业链基础上,开始进行销售和制造体系的专门化进攻,也是自那以后才有加强品牌打造的思路。

第三,超前战略布局。当初布局新能源,早早涉猎 IGBT,之后又开放平台造车。一直到现在,比亚迪一路迅速成长,既有 G3、L3 等传统高品质燃油车也有 S8 为代表的运动型硬顶跑车和纯双模电动车 E6,开发的车型高达千种。比亚迪创始人善于超前的战略布局,为自己构筑了宽广的护城河,即使面对现在新能源补贴退坡的危机,也能信心满满地应对。

资料来源:

1.比亚迪官网:http://www.bydauto.com.cn/

2.《比亚迪半导体 20 天融资 27 亿》http://finance.sina.com.cn/stock/s/2020−06−18/doc−iircuyvi9079342.shtml

3.《不足一月两次融资! 比亚迪狂奔在"独立"的路上》https://www.360kuai.com/pc/9bb6a9a8411ae73b3? cota＝3&kuai_so＝1&sign＝360_57c3bbd1&refer_scene＝so_1

1.1 创业融资昭示新未来

企业的融资业务需要资本方与创业企业之间相互对接才能形成。投资方来源于资本市场,创业企业通过融资计划展示自身的发展潜力并吸引投资。好的融资方案不仅能为企业增加投资,也是企业全方位审视自己、铸造竞争力和完善发展战略的法宝。

1.1.1 什么是创业融资

创业融资是企业经营成长的催化剂。创业融资目前受到大众的广泛关注,关于创业融资的故事亦充分显示了创业融资的重要性,但是目前创业融资对企业来说并非易事,常常存在许多原因影响创业融资。

(1)众说创业融资

资本的约束是创业企业常常面临的问题,因此融资活动便成为创业企业的家常便饭。有些人认为创业融资是创业企业在初创之时和运营中如何适时有效地获取所需资金。这里说明了创业融资发生在企业成长的整个周期中,即只要有资金需求,就有创业融资的存在。有学者认为大学生创业融资是指大学生在自主创业的初期阶段,为了企业生存和发展,开展的一系列资金筹备、规划和运作的活动。这里明确指明了创业融资的目的——为了企业生存和发展。基于此,创业融资可以被重新定义为创业企业在企业发展全周期中根据自身发展的要求,结合企业现状,通过科学的分析和决策,借助企业内部或外部的资金来源渠道和方式,筹集生产经营和发展所需资金的行为和过程,如图 1-4 所示。其中,企业现状具体包括但不限于市场情况、经营情况、资金需求、技术研发情况、战略落实情况。资金内部渠道就是创始人自有资金,资金外部情况有股权融资、债权融资、政策性贷款、融资租赁等。

企业现状 ➡ 科学分析与决策 ➡ 内外部资金渠道 ➡ 资金

图 1-4 创业融资

(2)创业融资小故事

小鹏汽车创立于 2015 年 1 月,是一家电动汽车生产制造商,致力于应用新的技术、工艺和商业模式,打造年轻人喜爱的智能化电动汽车。该公司在成立的第三个月便存在大量的资金需求,因此 2015 年 4 月便进行了天使轮融资,微光创投和紫光基金作为投资方投入了数千万元。2016 年 6 月小鹏汽车又进行了 Pre-A 轮融资,最终获得 4 200 万美元的融资。2017 年 6 月该公司又进行了 A 轮融资,总共融资 22 亿人民币,随后几个月的 A+轮融资中小鹏汽车的投资人变多,包括阿里巴巴和经纬中国等。2018 年 1 月的 B 轮融资中获得了 22 亿人民币。同年 2 月与 8 月小鹏汽车又进行了战略融资和 B+轮融资,分别获得 3 亿人民币和 40 亿人民币的融资。2019 年该公司仅进行了 C 轮融资,获得 4 亿美元融资金额。2020 年小鹏汽车分别进行了 C+轮、Pre-D

轮、战略投资,分别获得了超 3 亿美元的融资金额。

在融资的助力下,小鹏汽车不断成长,小鹏汽车于 2020 年 4 月成功推出第二款智能轿跑小鹏 P7,2020 年 7 月实现单月交付量 1641 台,成为造车新势力中规模交付启动速度最快的车型。目前小鹏汽车获得了 IPO 的资格。

(3)创业企业为何融不到资

融资难普遍成为创业企业经营过程的难题。创业企业融不到资的原因具体可分为内因与外因两个方面,如表 1-1 所示。

表 1-1 创业企业融资难原因

方面	原因	具体内容
内因	缺乏融资条件	大学生创业无抵押、无资金、无信用记录,无法满足金融机构的融资要求;企业财务制度不健全,信用低;中小企业运作不规范,经营风险较大
	缺乏融资准备	创始人缺乏经验、创业项目不成熟、对经营管理不熟悉
外因	缺乏专门为中小企业服务的金融机构和政策	制度化的扶持中小企业发展的金融政策体系尚未真正建立起来;专门为中小企业服务的中小金融机构极为匮乏
	我国风险投资、天使投资不发达	我国风险投资业在配套政策法规、募资限制、有效退出机制等方面存在欠缺

1.1.2 股权融资大市场

资本市场是筹措和运用长期资金的场所。国内外的资本市场差异较大,企业只有在满足市场条件后,其股票或者证券才能在市场上发行交易。

(1)美国主要证券交易市场及其进入门槛

美国作为世界金融大国,其资本市场主要由三部分构成:纳斯达克、纽约股票交易所、美国股票交易所,并且这三部分对企业上市的要求各不相同,如表 1-2 所示。

表 1-2 美国资本市场上市要求

要求	纳斯达克全国版	纳斯达克小板	纽约股票交易所	美国股票交易所
经营年限	无	1年或市值达5 000万美元	连续三年盈利	2年经营历史
公众持股100股以上的人数	400人	300人	5 000人	400人
公众流通最低股数	110万	100万	250万	100万或50万
申请上市的最低股票价格	5美元	4美元	无	3美元
流通股市值	800万美元	500万美元	1亿美元	300万美元
税前收入	100万美元	无	1亿美元(最近两年每年不少于2 500万美元)	75万美元
最低净收入	无	75万美元	无	无
市值	无	3 000万美元	1亿美元	3 000万美元
净资产	600万美元	500万美元	4 000万美元	400万美元

资料来源:https://wenku.baidu.com/view/a9c1b62626284b73f242336c1eb91a37f0113215.html

（2）我国主要的证券交易市场

我国国内的资本市场主要分为两大部分,一部分是香港的资本市场。香港资本市场包括主板和创业板。企业在香港主板的上市条件为:企业经营不少于三个会计年度;上市前三年合计盈利不低于5 000万港元,最近一年不低于2 000万港元,再之前两年累计不低于3 000万港元;至少前三个会计年度的管理层维持不变,经审计的拥有权和控制权至少维持在最近一个会计年度不变。企业在香港创业板的上市条件:上市公告发布之前的两个会计年度合计的现金流入至少2 000万港元。我国国内资本市场的另一部分是内地资本市场,如图1-5所示。

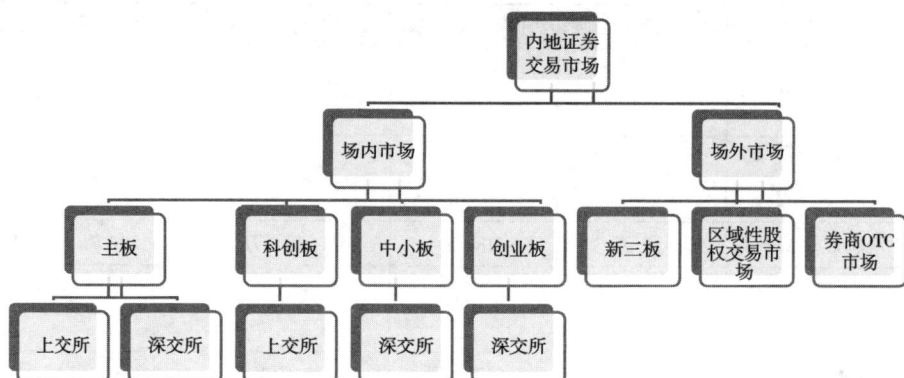

图 1-5   中国内地资本市场组成

其中,场内市场即交易所市场,包括上海证券交易所和深圳证券交易所,对应的企业均为上市公司。主板指的是沪深主板(一板市场),在上交所上市的主板企业股票代码以 600 开头,在深交所上市的主板企业股票代码以 000 开头。中小板属于主板市场的一部分,是深交所主板市场中单独设立的一个板块,企业均在深交所上市,也是一板市场,股票代码以 002 开头。在主板和中小板上市的企业必须以股票公开发行进行上市,上市的条件是:股东人数不得少于 200 人,存续满三年,近三个年度会计净利润为正且累计超过 3 000 万元。科创板是上交所主板市场中单独设立的一个板块,试行注册制,股票代码以 688 开关,主要服务科技创新企业。科创板上市条件为发行后股本总额不低于人民币 3 000 万元,同时关于预计市值与营业收入也有 5 种不同标准。创业板属于二板市场,是深交所专属的板块,股票代码以 300 开头,相较主板和中小板更看重企业的成长性。在创业板上市的企业也必须以股票公开发行进行上市,上市的条件是:股东人数不得少于 200 人,存续满三年,近两年连续盈利且净利润不少于 1 000 万元,或一年净利润不少于 500 万元且近两年营收增长率不低于 30%。场外市场即交易所之外的市场,包括新三板(全称叫全国中小企业股份转让系统)、区域性股权交易市场、券商 OTC 市场,对应的企业均为非上市公司。新三板是为那些还未上市的中小微企业提供股权交易的场所,准入门槛低,适合存续时间为 2 年以上且具有持续盈利能力的企业。

（3）创业融资市场的活跃主体

在整个资本市场中，较为活跃的资本供给方有风险投资公司和私募股权投资公司。两者的区别在于：风投发生的时间在企业融资前期，那时候企业估值更低，风投企业愿意冒更大危险来获取更高回报；而 PE 基金主要投资与企业融资后期，那时企业估值较高，PE 偏向于投资更为成熟的企业，希望以此把风险降下来。

第一，风险投资公司。风险投资简称风投，主要是指向初创企业提供资金支持并取得该公司股份的一种融资方式。风险投资公司是专业的投资公司，由一群具有科技及财务相关知识与经验的人所组合而成的，经由直接投资获取投资公司股权的方式，提供资金给需要资金者（被投资公司）。风投公司的资金大多用于投资新创事业或是未上市企业，并不以经营被投资公司为目的，仅是提供资金及专业上的知识与经验，以协助被投资公司获取更大的利润为目的。风险投资基金的运行方式是这样的：投资于发展中的高科技企业，在投资成功之后依靠股票上市或股权转让收回投资、取得回报。风险投资公司为了降低投资风险，提高投资的成功率，一旦进行投资，不但要参与创业企业的董事会，对创业企业的发展进行实地经营和管理，同时还要提供各种专业性的技术服务，以帮助企业顺利运转。中国顶级风险投资机构包括深创投、IDG 资本、红杉资本、金沙江创投君联资本、今日资本、创新场、经纬中国等。

第二，私募股权投资公司。私募股权投资指投资于非上市股权或者上市公司非公开交易股权的一种投资方式。狭义的 PE 主要指对已经形成一定规模并产生稳定现金流的成熟企业的私募股权投资部分，主要是指创业投资后期的私募股权投资部分。高瓴资本、中信产业基金、腾讯投资 DST 等是典型的 PE 企业。高瓴资本管理有限公司是成立于纽约的一家公司，总部在新加坡，在上海、北京有办事处。高瓴坚持对拥有良好的商业模式及卓越的管理者的非上市或已上市的企业进行集中投资和长期持股。高瓴拥有灵活的投资范畴，可以根据企业发展的资金需求在从初创期到上市后的各个阶段内提供资金支持。高瓴资本正是通过完整的机构投资流程和不受市场情绪左右的严谨的投资原则、利用逆向思维理解与传统市场不同的收益驱动因素及内生风险，对看准了的公司或业务模式下重注，以此成为亚洲最大的投资机构之一。

1.1.3 创业与融资肩并肩

融资几乎是初创企业发展过程中的必经之路,融资的发生必然存在某些原因。虽然融资并不是一个简单轻易的过程,但它可以作为一个巨大的杠杆,把创业企业推向顶峰。若创业公司需要融资,那么需要明确融资过程中对投资人的吸引点在何处。

(1)融资之由

只有高成长的创业公司才能获得成功。为了追求高成长,创业公司需要合适的催化剂来加速,而融资获得的外部资本就是其中的一种。引入外部资本之后,创业企业不仅可以存活下来,还可以有更多的空间选择自己的成长速度。创业企业和再创业企业具体的融资原因包括五种,如图 1-6 所示。

图 1-6　创业企业和再创业企业融资原因

缺乏资金是大多数公司进行融资的普遍原因,尤其是初创企业。初创企业若有一个新研发出来的产品或者一个想法,并且坚信这个产品或者想法一定能赚取利润甚至能带来一场革命,但是缺乏运营的资金。此时企业就必须借助融资吸引投资人的投资。

对于一些不缺钱的再创业企业来说,依然选择融资就是看中了投资人或团队背后的各种资源。哪怕是诸如 360、京东金融、万达集团、高德地图、麦考林、阿里巴巴、途牛旅行网、创客工厂、今日头条等大公司,背后都是有着包括红杉资本在内的强大投资团队。投资方给再创业企业带来的绝不仅仅是资金,背后还有包括经营管理资源、技术资源在内的各种资源、各式各样的帮助。通过这些资源的强强联合,撬动杠杆,实现企业的发展。

创业企业和再创业企业的推广效果需要融资得以实现。一方面,1 000万的推广和一个亿的推广就像大小石头砸向平静的湖面一般,激起的效果是不同的。冲击市场需要大量的资金,没有融资无法实现推广目标。就如滴滴为了冲击"共享经济"市场，大量融资获取市场推广能力。另一方面，在上市前较好的融资效果有利于提升企业的整体形象，强大资本的进入有利于提高上市时的股票发行价格，也能让股民增加对企业的信任度，心甘情愿地买入高价格股票。

融资能降低创业企业和再创业企业的经营风险。经营企业的创始人永远是把"企业活着"放在首位。融资获取的资金与资源能够降低企业的经营风险，提高企业对市场环境的应对能力。因此如果企业到了最需要融资的节点，哪怕是资本寒冬也要去融，否则企业就会面临生存危机。

融资有利于创业企业的上市。从上述的几个原因可以了解到，上市前的融资可以获得公司发展的资金和各种资源、能够帮助企业的产品得到孵化、有助于扩大生产规模、有利于提升公司知名度等等。在此基础上，企业实现上市目的也就顺其自然。

（2）引资之处

创业者也需要像其他人一样参加面试，只不过他们的面试对象不是企业的雇主，而是投资人。在面对投资人的提问的时候，你必须要给出正确的，或是投资人所期待的答案。投资人来自各行各业，有着自己独特的偏好，你必须针对每一位投资人来调整你的应对方法，这样你才能够让他们对你和你的初创企业产生兴趣。然而，投资人也有一些共性，如果你能够了解这些共性，并且找到应对之策，那么需要融资的企业就能够充分展示自身、吸引资方、提高融资的成功率，为企业发展获得资金，将企业带到另一个高度。

第一，吸引资方要善用网络。众所周知，网络对于各企业融资非常重要。企业需要在融资平台的公开资料中，清晰地展示创始团队、产品、技术和定位并突出独特优势。

第二，吸引资方最关键一点就是证明初创企业或项目是潜力股。潜力股可以从六个方面得到表现，如图 1-7 所示。

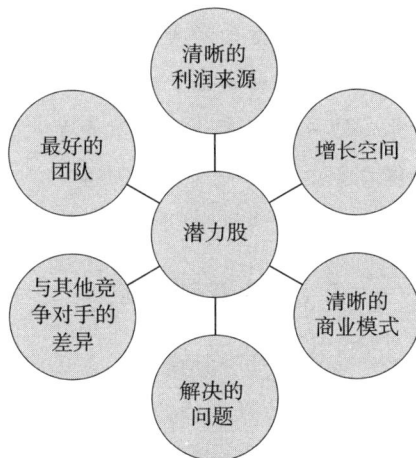

图 1-7　潜力股的表现形式

（3）借贷之路

随着生活水平的提高,资金的需求量越来越大,银行贷款已经不能满足初创企业的需求了。社会在发展,贷款渠道也在不断地多样化。最普遍的商业借贷方式是银行贷款,但银行贷款难申请、要求高、手续麻烦,而且许多是需要做抵押贷款。那么现如今除了银行贷款之外还有哪些主流的贷款途径呢?

对于一些企业来说,如果借款人有商业保险,那么还可以向保险公司进行借款,但是不是任何一种保单都可以,所以在想借款之前可以向保险机构进行咨询和了解。除了以上方式之外,典当、融资租赁也是普遍的资金来源。

专栏 1-1

融资应该考虑的基本因素

一、货币的时间价值

货币资金的所有者之所以放弃货币资金一段时间的使用权无非是希望获得一定的收益。这种收益的多少以利息率来表示。利息率就是货币资金的成本或者价格。货币资金获取利息额的多少与时间成正比,因此又称为货币的时间价值。货币的时间价值是构成筹资成本的一个最重要因素。它可以通过单利或者复利计算的方式得到净现值。

二、币值变动风险

在现代经济社会中货币已经与贵金属脱钩变成纯粹的信用货币,受发行量、流通速度等多重因素的影响,货币币值经常发生变动从而对资产、负债和资本的实际收益率产生影响。

三、信用风险

信用风险是指借款人不能履行还本付息所产生的风险。信用风险越大相应市场上所要求的风险补偿就会越大。

四、流通风险和期限风险

流通能力对证券而言就是转售能力。就金融性资产来说其变现力是由在不作大幅度价格让步的条件下能在短期内出售大量的该类证券的能力所决定的。证券的转售能力和证券的收益率成反比,转售能力强要求的补偿收益率低,转售能力弱要求的补偿收益率就高。

证券到期日的长短与市场利率变化的可能性成正比,到期日越长市场利率变化的可能性就越大,反之则小,这就产生了利率变动风险。所以到期日越长的证券所要求的收益率就高。长期证券高于短期证券的利率就是期限风险的补偿收益率。

1.1.4 创业融资怀抱光辉岁月

任何一家创业成功的企业都有一套成功的融资计划和方案。企业经营融资计划是一份为融资成功而撰写的全方位描述企业发展的文件,也叫作商业计划书。一份完备的商业计划书,是企业融资过程中不可缺少的文件。

作为资金的敲门砖,商业计划书是企业能否成功融资的关键因素,对融资过程产生巨大作用,具体包括理清创业思路、联系投资人的载体、体现创始人素质、吸引人才、讲解项目的提纲、备查资料等方面,如图1-8所示。

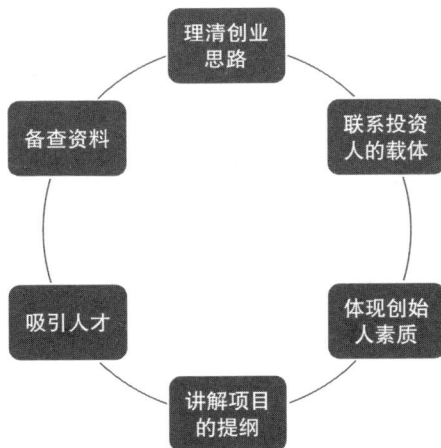

图 1-8 商业计划书对融资过程的作用

1.2　创业融资之旅

　　所谓创业，往往意味着白手起家。然而创业谈何容易，创业要购买设备、租用办公室、雇佣员工，更重要的是要发展壮大，而这一切都离不开资金。所以，绝大多数情况下，创业公司都需要引入外界投资，即所谓的"借鸡生蛋"，来让自己艰难起步。由此便产生了创业融资的一个个现象。一般而言，企业融资轮次有：种子轮、天使轮、A 轮、B 轮、C 轮、D 轮、E 轮、F 轮、X 轮。创业公司在利用这些融资轮次进行融资时，需要权衡许多问题，尤其是重要的融资要点，如图 1-9 所示。

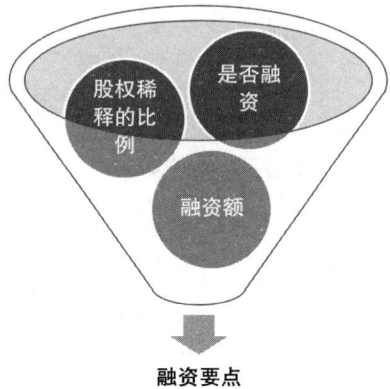

图 1-9　融资要点

1.2.1　种子轮融资

　　初创公司好比襁褓中的婴儿，长得快，饭量大。如果没有足够的启动资金，十有八九会夭亡。然而现实情况是，所需资金往往会超出创始人的资金能力。此时，除了融资外企业几乎别无选择。这一阶段公司只有创意和团队，没有具体产品，进行的融资方式称为种子轮融资。此时的投资人一般是亲朋好友。种子轮融资便已经形成一套规范的流程，如图 1-10 所示。

决定是否需要进行融资

融资金额的确定

准备商业计划书

融资方式的选择

约见投资人

与投资人定下投资意向，并签署投资条款清单

尽职调查，谈判并签署投资交易文件，投资交割

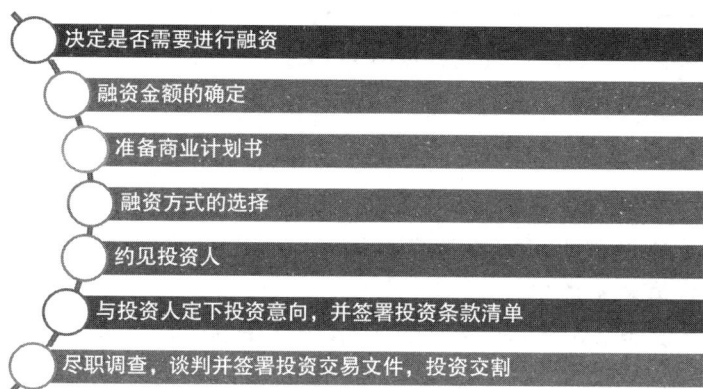

图 1-10 种子轮融资流程

专栏 1-2

挖掘内部资金资源

很多人一想到创业，就想到向风险投资（VC）融资。其实，求人不如求己，融资需要花时间和精力，需要向别人披露自己的商业秘密，而且引入外部股权资本很可能同时引进了矛盾。另外，投资人都是尽量规避风险的，所以一般企业在起步或早期是很难从 VC 融到资金的；而在企业已经成长起来，销售额和利润持续增长的情况下，很多投资人会主动找上门来。

所以在创业的早期必须依赖自己的资金，从销售入手，积极地寻找客户，有了营业收入就有了发展的动力。也有一小部分投资公司专门寻找创业早期的项目，以求获得高倍数的回报率。即使在这种创业早期就获得投资人关照的情况下，创业者也需要投入一部分自有资金，如果创业者自己都不愿担任何风险，怎么指望别人为你担风险呢。

在寻求外部资金之前，先看看内部的资金资源有没有充分利用：

· 企业应该有一个很好的现金流预测系统；

· 向顾客提供足够的激励条件鼓励他们及时付款；

- 对客户要有严格的信用评估程序；
- 做好给供应商付款的计划；
- 尽全力保证销售收入；
- 控制库存量；
- 完善质量控制体系，降低废品率；
- 变现闲置资产。

如果内部资源都已经充分利用，那么再看有什么外部资源：

- 你自己或你的合伙人的资金；
- 家人或朋友的资金；
- 企业的往来账户银行透支或贷款的可能；
- 代理商应付款或票据的贴现；
- 出售反租（出售给租赁公司再租用该项资产）；
- 商业银行贷款；
- 政府或公共机构的无偿资助或贴息贷款；
- 最后才是 VC 投资基金。

不要以为自己的项目好或技术先进，获得 VC 的投资就不成问题。创业融资也需要费用支出，需要花费很多精力和时间，而且如果只是抱着试试看的态度去融资，十有八九是不会成功的。所以，创业融资必须做好融资准备工作。如果融资没有把准备工作做好，很可能不仅仅是未能找到最合适的投资者，而且交易结构和条款对融资企业很不利，从而为企业今后的发展带来隐患。

1.2.2　天使轮融资

经历了种子轮融资之后，创业企业有成熟产品上线，此时的创业企业也积累了一些核心用户。但企业商业模式处于待验证的阶段，企业也陷入"找人——做产品——没人了——找人——做产品——没人了"的循环之中。所以种子轮融资过后的某些企业的资金需求与种子轮融资之前一样。由于融资过程是存在于同一个资本市场的，所以种子轮融资过程与天使轮融资过程出入不大。但是由于天使轮融资与种子轮融资在投资主体和投资金额之间的差距,使得天使轮融资过程存在特殊之处,在天使轮融资第一步"决定是否需要进行融资"与种子轮融资的第一步有所不同。

如若种子轮融资之后企业资金需求依旧大,那么寻找天使投资人或机构进行融资便是创业企业最为合适的选择。天使轮融资金额大于种子轮融资,一般在 100 万～1 000 万元之间。投资人变为专业投资者、融资金额提高,无疑提高了融资要求和难度,某些企业可能无法实现融资。因此,天使轮融资过程中加剧了创业企业对是否融资的考虑。此时创业者若决定融资,则需要确保自己的公司满足一些条件,如图 1-11 所示。

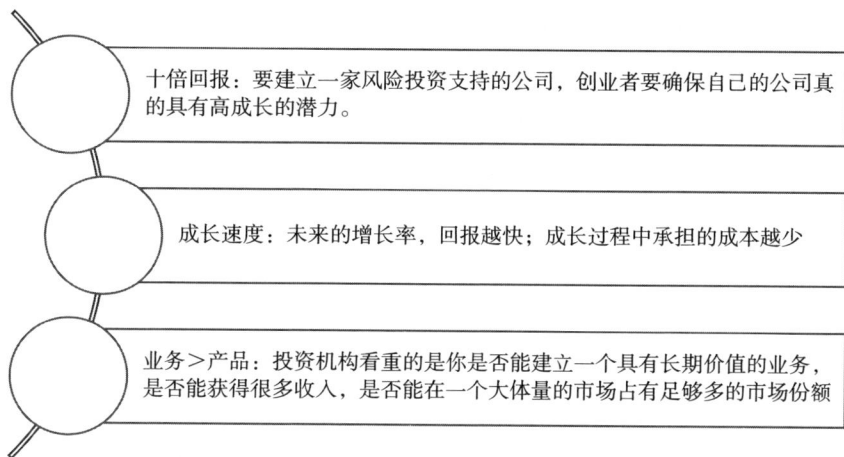

图 1-11 创业公司满足的融资条件

十倍回报:要建立一家风险投资支持的公司,创业者要确保自己的公司真的具有高成长的潜力。

成长速度:未来的增长率,回报越快;成长过程中承担的成本越少

业务>产品:投资机构看重的是你是否能建立一个具有长期价值的业务,是否能获得很多收入,是否能在一个大体量的市场占有足够多的市场份额

如果创业企业满足这些条件,企业便会进行融资,融资实现的过程与种子轮融资过程是一致的。

1.2.3 A～X 轮融资

A～X 轮融资指的是 A/B/C/D/E/F/X 轮融资。种子轮融资和天使轮融资时企业处于初期,没有相应的数据,仅凭项目本身往往难以说服投资方相信产品的市场实力。种子轮融资和天使轮融资的出资方更看重核心团队的实力和项目所在赛道。所以在种子轮融资和天使轮融资过程中,融资计划书需要着重突出团队的优势以及前期的一些调研等,目的在于说服投资方现在的团队是适合这个项目的,而且这个项目是有一定的前景的。这样一来,A～

X 轮融资阶段企业的商业模式已经得到验证，企业的业务得到扩展，企业也有相关的数据证明企业的成长能力。所以在 A～X 轮融资过程中，创业企业需要在商业计划书中着重用企业的数据说明企业的成长能力。

1.3　创业融资"舍、得"之道

自改革开放以来，我国经济处于快速增长的阶段，但由于过于追求 GDP 增速会给社会带来许多不稳定的因素。为了缓解工业产能过剩的问题，我国制定了新发展方向，即经济稳定在中高速增长，不断促进供给侧改革，加快国内企业的创新创业步伐。在这种背景下，创业企业作为宏观经济发展的"稳定器"，就肩负着重大的创新任务。

创业企业是我国经济发展的重要创新力量，尤其是在当下就业形势不太乐观的今天，如何鼓励全民创业，帮助企业筹集到扩大发展规模的资金是一大重要问题。这要求融资企业制定适当的融资方案，确定合理的融资规模。一方面，企业在进行融资决策前必须要审核自身，根据企业对资金的需求确定好所需要的资金额度，过量的资金贷款也会导致企业压力大且容易导致资源的浪费。另一方面，企业进行融资也可能导致企业负债过多，面临的财务风险过大，甚至会危及企业生存。因此，在激发创新企业运营活力的同时，也要慎重审查资本市场与有融资需求的企业之间的平衡，铺设好企业融资的"舍、得"之道。

1.3.1　"得"——创业融资的获取

有多少钱办多少事，这是大多数人的想法，可是创业企业在融资过程中不一定总是获利而无得失的。融资中的"得"一般指的是资金需求企业能获得资本供给方多少的资金支持，并在资金支持的基础上得到其他多方面的资源。现实中，创业中会出现无数种可能，遇到项目融资不顺的企业不在少数，除了投资机构收紧了"钱袋子"外，也存在项目与资本共舞时行差踏错的问题，再或者是遇到某些环节的脱节，最终导致了融资在关键时刻掉链子。因此，无论是初创企业还是再创业企业在进行融资前都要把握好所"得"之道，合理根据企业自身定位，确定融资规模。

（1）把握融资价值获取方法，让"得"有的放矢

一个企业仅靠组织内部的自身调节和积累是不够的，这往往容易造成拆东墙补西墙的效果，而企业的外部资金获取也会碰到许多拦路虎。这时，创业企业需要遵循一定的获取投资的原则，合理科学的制定融资策略。如图1-12所示。

图 1-12　融资价值获取方法

第一，为融资项目制定清晰的目标规划。一般来说，企业融资的目的是多方面的，但在总体上离不开扩大企业规模和加快项目发展这两方面。无论是哪一方面，企业在融资过程中，免不了需要制定合理性的融资设计方案。俗话说，根扎得越深，树木越繁茂。对企业的融资项目而言，要获得长久持续的生命力，就需要领导人勾勒出企业未来的使命、愿景和价值观，还要细致梳理出企业的发展战略框架和资本规划，以支持企业达成长期目标。

第二，把控企业控制权的分散问题。企业控制权也就是谁有权决定企业的生死存亡，其真正价值就是平衡地维护各相关主体之间的利益。根据企业选取的融资方式不同，也可能造成不同的控制权分散的结果。如果企业选择借贷的方式融资，便不会有控制权变动的困扰。创业企业如果通过发行股票进行融资，便可以增加企业的股本，但是随着股本的增加，最初股东对企业的控制权格局可能被打破，从而有可能导致企业的未来经营方向发生变化，其产品结构也可能改变，总体上导致了企业的控制权分散。

第三，权衡融资风险。不同的融资方式预示着不同的优势劣势，企业需要根据自身的特性，也就是应充分结合自身的条件及所处的市场环境进行融资风险的评估，权衡融资方式，力求降低资金成本并增强企业竞争力。企业进行股票融资可以在一定程度上使企业增强自信心。因为股票融资的风险小，也可以长期不受限制地使用融资资金。而债券融资这种融资方式成本相对股票融资来得更低，但其面临的市场竞争情况会更复杂。

（2）"得"充沛的资金，以扩大企业规模

大多数人对"融资"并不陌生，对于多数创业者来说，资金仍然是稀缺的资源，获取资金的技能和有关知识是创业者需要学习的重要内容之一。准备创业就得先满足创业初期的资金需求，资本是一种生产要素也是一种有限的稀缺性资源，稀缺性资源就表示并不是所有人都可以得到，创业企业也不例外。兵马未动，粮草先行，弹药充足才能去施展你的才华。因此，创业企业要努力发展壮大自身的力量，就要获得大量的资金投入来推动自身的发展。

企业想要获得发展过程中所必需的资金就必须经过竞争而取得。而为了在激烈的竞争中可以获胜，就避免不了存在优胜劣汰的局面。成功与否不取决于你的产品或创意多么好，企业家多么专注或工程团队多么强大。相反，这经常取决于你有多少钱能够迅速落实自己的创意，扩大竞争优势，形成关键产品以吸引用户、媒体。当融资情况进展顺利的时候，融资过程就变得非常令人愉快。

（3）"得"多样化价值，以助力企业成长

融资，在某种程度上，可以将企业从生死线上拉回来，就是一种让创业者瞬间从"普通玩家"变身为"人民币玩家"的高效发展手段。没钱的时候当然要融，有钱的时候为了分担风险也要融。但除了最主要的获得资金的"得"，融资对于创业项目来说，还有更多样化的价值，如图 1-13 所示。

图 1-13　企业所"得"的价值

第一，获取指导。投资方，尤其是天使投资人，常常是行业中的大佬或成功的前创业者。他们具备挑选项目的眼光，自然也有培植项目的能力。他们提供的关于产品、技术方面的专业意见，或者关于公司管理、商业模式、战略方向的经验及思考对创业公司是无价之宝，远重于钱。

第二，获取资源。仍然以天使投资人为例。他们具有资金以外的资源，包括但不限于政府、媒体、人才、市场渠道及下一轮融资的渠道等。为了扶持早期项目,天使投资人往往愿意向创业者提供这些资源,事实上很多创业者在选择资方的时候就是以这些资源为依据的。

第三,获取背书。天使投资人即便不向创业者提供指导和资源仍然有其价值,那就是背书。一个有名的投资人投了你的项目,这说明你的项目获得了一个名人的认可。只要投资人愿意透露这起融资消息,你就获得了一个闪亮的宣传点。即便投资人不愿公开披露信息,在小范围的交谈中你仍然可以拿出资方的名号作为强有力的保障。

第四,加快速度。也许自有资金足够支持项目稳健发展,那么双倍的资金有没有可能使项目疯狂生长一回? 当你还在犹疑时,你的竞争对手可能已经采用了这条策略。也许你觉得在项目早期便大把烧钱很愚蠢,但事实是很多安静的项目被狂躁而冒进的项目用钱砸死。融资意味着赶超对手,或者被赶超。

专栏 1-3

寻找天使投资人的三个渠道

获得天使融资对初创公司的发展是十分有利的,天使融资可以为初创公司提供必要的资金支持,使其成功起步。既然天使融资这么重要,那么我们应该如何寻找到天使投资人呢? 一般来说,寻找天使投资人主要有三个途径:朋友推荐、网络搜寻、专业孵化平台。

一、朋友推荐

如果有人信任你,愿意将你推荐给别人,这就意味着他愿意为你的表现承担风险与连带责任。这种信任是非常珍贵的,寻找投资人的最好方法就是通过朋友推荐。聚美优品是徐小平最成功的投资项目之一,该项目为他带来了数千倍的回报。聚美优品创始人陈欧就是通过朋友的推荐认识徐小平的。2006年，陈欧为新加坡创业项目——游戏对战平台Garena寻找投资人时，他的斯坦福校友、兰亭集势创始人郭去疾就把陈欧引荐给了徐小平。徐小平立即决定为这个项目投资50万美元，占股比例为10%，但因学业问题，陈欧这次没有接受徐小平的投资。两年后，陈欧留学归来，又一次遇到徐小平，向他简单介绍自己的游戏广告项目后，徐小平没有任何犹豫，就向陈欧的项目投资了18万美元，甚至将自己在海淀黄庄的房子低价租给陈欧作为办公场地。随着创业项目的深入开展，陈欧发现线上化妆品行业具有不错的发展趋势，当时还不存在权威性的企业。于是，陈欧在做游戏广告业务的同时，上线了团美网（聚美优品前身）。团美网正品平价的形象通过口碑相传，在短期内迅速发展，而后更名为"聚美优品"。随后，在徐小平的支持下，陈欧将之前的游戏广告业务全部停掉，专注于聚美优品的发展，这一次徐小平投资了200万美元。陈欧能够借助朋友的推荐而找到他的天使投资人是极其幸运的。如果没有徐小平，谁也不知道会不会有之后的聚美优品。如果你正在寻找投资人，你应当尽可能地将这一信息传播到你的人际交往圈子里。不管是你的家人、朋友还是同事，他们都有可能为你引荐投资人。对投资人来说，如果你的引荐人恰好是他的熟人，他们将会更加愿意投资，这就是信任的力量。

二、网络搜寻

通过朋友推荐而找到天使投资人的毕竟是少数，对于大多数草根创业者来说，并没有这样的机遇。在这种情况下，创业者就必须充分发挥媒体和网络的作用了。创业者一定要懂得营销。营销的方式有许多种，如病毒式营销、媒体采访等。快走漫画App创始人陈安妮用一篇《只过1%的生活》的文章刷爆朋友圈，为快走漫画获得了几十万人的种子用户，同时也让其获得了天使投资。所以，如果有能力做事件营销的话，一定要试一试，谋事在人，成事在天。另外，走传统道路也是寻找投资人的途径。创业者可以将项目文章发表于虎嗅、创业邦等媒体，这些媒体的曝光效果是非常好的，或许会有投资人在此看到创业者的项目,并愿意投资。媒体营销的方式多种多样,创业者通过多多尝试,可能会有意想不到的结果。除了媒体,创业者还可以将自己的项目放到免费的推广平台上吸引种子用户,同时也能引起投资人的注意。目前,比较优质的免费推广平台如表1-3。

创业者可以选择适合自己项目的平台投递。无论是采取多种营销方式,还是利用免费的推广平台,其目的都是一样的,那就是找到适合自己的天使投资人。创业者使用的方式越多,范围越广,找到天使投资人的概率就越大。

表 1-3　创业项目免费推广平台

序号	免费推广平台	属　性	网址
1	腾讯创业	腾讯旗下的创投领域综合服务平台	http://c.qq.com/
2	IT 桔子	创投行业产品数据库及商业信息服务提供商	https://www.itjuzi.com/
3	Demo8	创业邦旗下的新产品分享交流平台	http://www.dcmo8.com/

三、专业孵化平台

朋友推荐和网络搜寻是见效较快的吸引投资人的方法,还有一些方法可以使创业者直接接触到投资人,这就要用到专业孵化平台。专业孵化平台可以为新创办的科技型中小企业提供基础设施和一系列的服务支持,从而降低创业者的创业风险和创业成本,进而提高创业成功率。例如,创业者可以带着自己的团队入驻孵化器或者联合办公场地,从而接触到投资人,这样就可能让投资人投资自己的项目。目前,比较优质的孵化器或联合办公场地有以下几家,如表1-4所示(排名不分前后)。

创业者可以选择适合自己项目的孵化器或者联合办公场地并申请入驻。这些专业孵化平台对于创业者找到天使投资人也是非常有效的。在这些平台上，创业者可以直接接触到投资人，在投资人面前展示自己，从而增加融资成功的可能性。不过，利用孵化平台寻找天使投资人是一个比较缓慢的过程，需要创业者耐心等候。

表 1-4 比较优质的孵化器或联合办公场地

序号	孵化器或联合办公场地	属性	网址
1	3W 孵化器	创业综合服务平台	http://www.3wcoffee.com/
2	太库	创业综合服务平台	http://www.techcode.com/
3	桔子空间	以联合办公场地为主的创业服务品牌	http://www.juzilab.com/
4	科技寺	创收综合服务平台	http://www.kejisi.com/#1
5	今日头条创作空间	今日头条旗下的新媒体创业加速器	http://space.toutiao.com/space/intro/
6	NEXT创业空间	互联网孵化器机构	http://www.nextdoit.com/#1
7	优客工场	主打创业的共享办公空间	http://www.ucommune.com/

1.3.2 "舍"——创业融资的代价

创业是一个九死一生的过程，企业的生死也只有一个指标可以衡量——是否还有资金。目前，国内企业在发展中遇到的最大障碍就是融资困境。数据显示，当前每 100 家国内创业企业中，有 20～30 家可以熬过 1 年，而能熬过 3 年的，只占其中 30%；至于大学生创业，由于缺乏相关经验，失败率更是高达 99%。这些企业最直接的死亡原因可能都是资金问题。

融资，即便不是家常便饭，也早已让大家习以为常。融资是创业公司需要反复进行的任务，随着资本市场的不断成熟进化，融资速度、额度也在不断刷新纪录。尽管你经常会听说谁谁谁钱多得用不完，但是轮到你去融资时却会发现这很难，因为没有几个项目能够入投资人的法眼。而且，并不意味着融资成功就获得胜利,资金的运用不恰当就会导致企业业务无法正常的发展。一方面,如果在企业成立的一开始就收了很多钱,可能会导致企业目标和安排不合理,使资金浪费收不到成效。另一方面,也可能导致企业无能力还钱,巨大的资金压力危及企业生存。这就说明,在企业还没做好准备和不具备相应能力就融资,对创始人来说是非常不利的。因此,在识别融资有所"得"的同时,也要做好付出相应代价的心理准备,做到适时、适度和适量而"舍"。

(1)识别融资风险特性,实时而"舍"

在融资方面,创业企业最需要做的就是要看准获得融资的时机,并认真规划和分析未来市场,从企业的战略高度做出适合企业的融资决策。其次,要对融资规模进行进一步的考察和分析。最后,融资的费用和收益也是不可忽略的因素,采取多种融资方式分化融资风险。创业企业融资风险特征见表1-5。

表 1-5　融资风险特性

融资风险特性	具体内容
风险与收益对称	在市场经济条件下经济活动的收益和风险是对称的,风险越大,预期收益越高,预期收益实现的概率越低;风险越小,预期收益越低,预期收益实现的概率越高
信息的不对称性	在创业企业融资活动中,融资者比出资者更清楚创业企业的经营状况、投资项目成功的概率和偿还贷款的条件及动机。由于信息不对称,因而在创业企业的融资活动中存在着信息成本,一方面加大了融资成本,另一方面导致了融资风险,有可能产生道德风险和逆向选择
融资风险的客观性	融资风险是受创业企业融资决策者的行为和经济环境的不确定性影响而使创业企业有遭受损失和获取收益的可能性,而且这种不确定性的存在是客观事物变化过程中的特性,不以人的意志为转移
融资风险的相关性	创业企业所面临的融资风险与其融资决策、外部经济环境、融资成本以及资金供给方是紧密相关的。不同的融资决策或外部经济环境的变化会导致不同的融资风险。对于创业企业融资风险的分析,应把融资风险同整个融资活动中各个环节、各个行为主体和各种决策结合起来,才能全面认识,有效控制

（2）把握融资机会，适度而"舍"

融资机会就是表示企业获得有利于企业发展的资金的可能性程度，企业选择融资机会的过程就是进行融资策略制定的过程，尤其对于初创企业来说，机会越大则企业越有可能获得所需要的融资。一般来说，抓住融资机遇需要充分考虑三个方面，如图1-14所示。

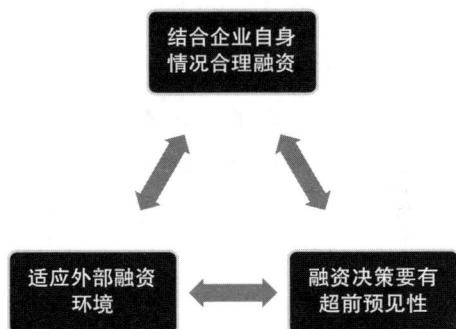

结合企业自身
情况合理融资

适应外部融资
环境

融资决策要有
超前预见性

图 1-14　把握融资机会需考虑的三方面

第一，在熟知融资环境的基础上捕捉有利时机。环境是一个大的系统，企业的价值创造活动都或多或少需要受到环境的影响，虽然企业自身对整个大环境也会造成影响，但影响程度是十分有限的。一般来说，国家经济政策是无法具体控制的，外部环境的变化也变化莫测。事实证明，总是伴随着新产业、新领域的出现。因此，创业企业要保证融资的成功，必须充分发挥自身的主动性在正确的时候抓住融资机遇。

第二，企业融资决策要有超前预见性。由于外部融资环境复杂多变，企业融资决策要有超前预见性，为此，企业要能够及时掌握国内和国外利率、汇率等金融市场的各种信息，了解国内外宏观经济形势、国家货币及财政政策以及国内外政治环境等各种外部环境因素，合理分析和预测能够影响企业融资的各种有利和不利条件，以及可能的各种变化趋势，以便寻求最佳融资时机，果断决策。

第三，根据企业自身的实际情况做出适应性融资方案。企业在把握具体融资方式的特点的基础上，必须结合自身实际情况适时判断融资机会，考虑合理的融资方案。

目前市场上很少有创业公司能靠创业者本身的资金就能实现成功的,但不能说没有,数量实在是太少。对于初创企业来说,无论是办公室设备、日常开销,还是员工工资、出差支出,都需要一笔资金。除此之外,创业企业在融资时还要承担较大比重的融资佣金,佣金的数额可以达到 3%～20% 不等。因此,无论是初创企业还是再创业企业都要注重分析在融资过程中可能产生的成本,进行高效的融资收益分析,权衡成本费用与收益差,以明确在融资中可收获多少。

1.3.3　如何权衡"舍"与"得"

创业企业学会衡量融资过程中的利与弊是十分必要的,合理择取融资方案,拿捏"舍"与"得"。

(1)在融资中权衡股权分配的"度"

股权分配问题是创业企业不面临的问题。股权结构对公司的影响非常大,好的股权设计会让一个公司很快上道,并且快速发展;而糟糕的股权结构,会影响公司发展,严重的话还会使公司四分五裂。而且,在最开始如果没有处理好,很可能为今后的创业失败埋下隐患。

为了防止股权稀释而导致控制权大大减少,创始人可以采取特殊的股权设计,可以达到类似 Google,Facebook、京东的"双层 AB 股股权结构"的效果,保证自己对公司的发展占据主导。例如,京东的刘强东只拥有 16.2% 的股权,却能掌握 80% 的投票权。其中,主要学问就是设立期权池,即在融资前为未来引进高级人才而预留的一部分股份。公司通过设立期权池的方法给员工做股权激励,虽然 CEO 自己手中的股份被稀释掉一部分,但此举留住了关键人才,且吸引了优秀的人才加入公司,长远来看是值得的。

(2)设立合理的融资方案

创业企业在筹集资金时,应关注融资可能会承担的风险,根据市场环境的变化情况尽量选择自己能承担的融资风险,毕竟对于初创企业来说,过高的负债压力会给企业造成巨大的偿债风险。例如,当市场利率处于较高的位置时,则可以估计市场利率在不久将来会下降,那么企业就适合采用可变利率来计算融资的利息。如果当市场利率处于较低的位置时,则可以预测市场利率将有上升的趋势,则企业可以按固定利率计息比较合适,这种方式最终既可帮助企业降低融资风险，又有可能使融资成本大幅度下降。如图 1-15 所示。

第一，政府支持。由于资金短缺是中小企业在发展过程中普遍存在的问题，针对这种问题，大多数国家都达成共识来通过政府担保贷款这一金融手段扶持和帮助他们。例如，美国政府最常用的是通过贷款担保计划来扶持小企业。

第二，风投基金。风投基金可能与创业表签订对赌协议，若创业者未达到对赌协议的要求，就会失去企业控制权，俏江南就是典型案例。

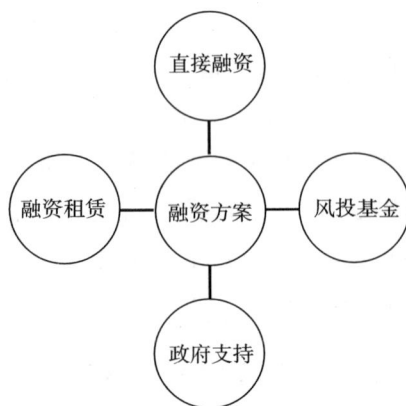

图 1-15 融资方案

第三，直接融资。受资产和资金规模的限制，中小企业不可能通过发行债券的方式直接筹集资金，创业板和新三板不错的选择。

第四，租赁融资。种类繁多的租赁方式并不需要不定期一次性补偿，租金支出可以在设备使用年限内摊销。这样就可以免于支付大量现金，缓解设备改造带来的资金周转压力。

专栏 1-4

创业融资三部曲

1.做好融资准备

融资准备工作应该从以下几个方面着手，如表 1-6 所示。

表 1-6　融资准备工作事项

事项	内　容
确定融资需求	要估计一下企业需要多少资金来启动和维持(用于设备和原料、存货、办公或生产场地、特许经营费),或者哪些产品的扩产、增销上,将为企业带来多大的市场份额,带来多少整体利益等。然后,要认真考虑企业自身可以提供多少资金(如个人储蓄、家人或朋友的捐助等),再确定企业需要向外融资的额度
选择融资方式	中小企业可以选择多种融资渠道:一是金融机构。创业期企业可以从担保公司获取创业启动资金,成长期企业可向银行借款来拓展业务,发展到成熟期以后,企业甚至可以考虑引入风险基金或上市融资。二是股东注入资金。三是上下游厂商。如果有稳定的上下游厂商,而他们又有不错的经营实力,且愿意帮助自己的买家或者供应商共同发展,企业也可以通过向上游厂商预支货款、向下游厂商赊账等形式,获得一定的资金周转。 在进行资金规划的时候,资金获取渠道不宜过度集中或过度分散,要注重开发不同的融资渠道。应与银行建立稳定的伙伴关系,积累良好的信用记录。在资金使用形式上,中小企业应长、中、短期融资合理配置,使企业自身的资金使用有一定的独立性和抗风险性,避免某一方面的冲击导致企业全面的资金瘫痪。商业银行对于小企业来说是最常见的贷方,可以提供很多常规性贷款。还可以找风险投资公司、商业金融公司、合伙经营等。一定要尽可能多地了解每种方案的评估标准和还贷要求
建立企业档案	大多数贷款机构都要求提交一份商业计划,一份详细描述企业主要负责人的教育和商业操作经历等信息的简历,一份附有证明人的信用记录以及具体的贷款文件等。制定企业商业计划时要分成很多部分,分别描述公司的性质和类型、可以获得的资源、如何利用这些资源实现特定目标、时间安排、财务目标、对竞争对手的分析以及公司如何在市场上生存等。特别要注意完善报表记录,这一点银行很看重。许多中小企业属于老板"白手起家",成立初期没有意识到建立完善财务制度的重要性,仅有简单而不完全的记录,而银行无法通过这些记录了解企业的真实财务状况。即便这家企业实际的经营情况非常出色,也很难给予企业足够的融资支持。因此,企业应逐步完善自身的财务制度。详细、准确、透明的财务报表,会让企业在融资道路上获得更多的机会

续表

事项	内　容
利用企业价值	无论在商业计划中,还是谈判的过程中,都一定要充分体现企业自身价值。在项目描述时应尽量要确保对方能够理解,并且要强化优势所在。如果是贷款,贷款机构可能还会要求现金流量预测,以显示公司的发展能力和还款能力。记住对数据的预测一定要比较现实,要有事实来支持你对企业的估计和预测。进行调查研究时不要图省事。要充分利用好企业的流动资产。传统观念上,银行最为看重机器、厂房、土地等固定资产,企业也将自身融资的砝码压在固定资产上。实际上,合理利用企业拥有的流动资产(如应收账款、投资产品、现金等),也可以从银行获得更多的资金支持。目前,很多银行都提供了流动资金贷款业务(如贸易背景项下的中小企业融资贷款),都能让企业全面激活自身资产,进行生产扩张

2.制订融资计划

为确保企业生产经营正常运行,确保企业投资项目如期进行,必须使融通的资金按计划的时间、计划的数额进入企业,否则企业融资就失去了其应有的作用。如果资金提前流入企业,会增加企业的财务成本;如果资金延后流入企业或流入的数额不足,又必将严重影响企业生产经营活动或投资计划。因此,应制订好融资计划并及时实施融资,对融资活动的全过程进行管理。

同时,由于融资活动受制约的因素很多,企业能够把握的只能是企业内部,而企业外部因素的变化,即融资过程中融资环境的变化,企业是无法控制的。除了在融资决策时进行必要的预测外,企业还要对融资过程进行监控,以及时进行融资活动,或及时改变融资计划。

在制订的融资计划中,融资进度管理应从融资所需的工作量、时间、费用三方面来把握。首先,从融资工作量看,融资项目的完成需要各个子项目的完成来支持,并且各子项目有先有后,有难有易,如企业申请银行信贷,就有企业提出贷款申请、银行审查申请、签订借款合同、企业取得借款和借款的归还五个步骤,而每一步骤又涉及一些具体工作,如在银行审查借款申请阶段,企业要协助银行及时提供相关资料。其次,从时间上看,企业应制定融资项目的进度表,使融资在规定时间完成规定的工作量。从费用看,企业应对融资活动中产生的费用进行有效控制,在融资决策考虑总融资成本时,应列出相应的融资活动费用预算,使融资严格按预算执行。

此外,在资金使用上也要追求效益性。由于中小企业的抗风险能力弱以及筹资困难较大,更应该对每笔资金善加珍惜权衡,综合考虑企业自身生产经营需要与所融资金成本、融资风险及投资收益等诸多方面的因素,进而把资金的来源和投向结合起来,分析所融资金成本率与投资收益率的关系,尽可能地避免融资决策失误。

3.控制融资风险

企业融资是一个系统工程,是企业发展战略的重要组成部分之一,同时企业在融资过程中的各个环节都存在风险。融资中常会使企业所有权、控制权有所丧失,而引起利润分流,使企业利益受损。如房产证抵押、专利技术公开、投资折股、上下游重要客户暴露、企业内部隐私不明晰等,都会影响企业稳定与发展。因此,企业在进行融资项目规划时就应当充分考虑到控制融资过程的各个环节,在确保顺利实现融资计划的同时,规避融资风险。

对融资项目的风险性要有清醒、准确的认知。要在保证对企业相当控制力的前提下,既达到融资目的,又要有序让渡所有权,就要控制好融资风险。可以选择风险较小的融资方式和金融产品;运用风险可控制的融资手段;当已知风险足够大时,要有更大的融资收益作为保证。

1.4　融资对赌

"对赌协议"是近年兴起的一个民间词汇,学界称之为"估值调整协议",是指投资方与融资方在达成股权性融资协议时,为解决目标公司对未来发展的不确定性、信息不对称及代理成本而设计的包含了股权回购、金钱补偿等对未来目标公司进行调整的协议。对赌协议在股权融资中十分常见,但是一把双刃剑，用得好能实现双方互利共赢，用得不好甚至会丧失企业控制权。在实践过程中，企业应结合发展实际，考虑周全后慎重选用对赌协议。

1.4.1　融资对赌的基本学问

企业能否获得稳定的资金来源、及时足额筹集到生产要素组合所需要的资金，对经营和发展都是至关重要的。企业要想迅速地发展占领市场，就必须引入资本，只要融资，企业的控制权就会被稀释，这是公司创始人必须接受的代价。企业为了融资，吸引投资，会寻找投资方，为了让投资方没有顾虑，实践中多数公司会签订对赌协议，简单说，"对赌协议"的存在就是目标公司为了让投资方放心，而给予投资方股权，并承诺公司未来的发展方向或盈利点，如果公司没有实现承诺的发展方向或盈利点，那么目标公司将投资方的股权进行回购，投资方退出公司，当然目标公司一般会承诺投资方除拿回自己的回购资金外，还会有一定的金钱补偿。总体来看，对赌的基本形式是一致的，但若细分不同角度，对赌的种类又是多样的。从对赌筹码来看，对赌可被分为现金对赌、股权对赌。

（1）现金对赌

现金对赌也可叫作货币补偿型对赌。此类条款的约定内容是，当目标企业未能如期实现对赌目标时，目标企业或原股东将给予投资方一定数量的货币作为补偿，但并不会影响双方之间的股权比例。小肥羊的货币补偿对赌便是一个典型的案例代表。2008 年 7 月，欧洲 3i 集团和普凯基金以可赎回可转换债券的形式分别出资 2 000 万美元和 500 万美元，对内蒙古小肥羊餐饮连锁有限公司进行了联合战略投资。两家外资在小肥羊中所占股份为 20％，而小肥羊创始人张钢及陈洪凯的股权则从起初的 60％＋40％被稀释到不足40％。投融双方约定小肥羊若在 2008 年 9 月 30 号前实现 IPO，则 2 500 万美元的可赎回可转换债券在上市前夕将自动转换为等价值的普通股，否则小肥羊将向投资方 3i 集团以及普凯基金按照约定的利率支付现金以补偿本息。

（2）股权对赌

股权对赌也被称为股权补偿型对赌。此类条款主要约定，当被投资企业触发对赌条款时，需根据约定向投资方给予一定数量的股权作为补偿；反之，当融资企业实现既定目标时，投资方将给予被投资企业的原股东一定数量的股权作为奖励。如图 1-16 所示。

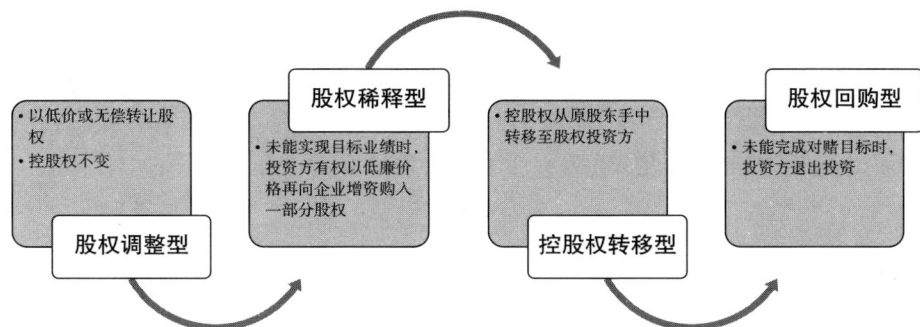

图 1-16 股权对赌的类型

1.4.2 对赌协议:企业融资的利剑

传统的对赌协议主要出现在早些年实现港股或美股上市的优质中概股与境外投资机构间、新三板企业和 PE 之间,以及 TMT 行业的公司与 VC 之间。但近年来对赌逐渐被广泛应用在各大产业中,包括电影票房的业绩对赌、企业股权与净利润的对赌等。以电影票房的业绩对赌为例,作为一种电影发行的保底策略,最具代表性的成功案例便是近年大火的《战狼2》。影片采用保底发行,在上映前发行方北京文化和聚合影联共同支付保底费用,覆盖制片方 2 亿的制作成本,并通过对影片市场前景的预判与制作方对赌了 8 亿的保底票房。也就是说,电影上映后,如若票房没有达到 8 亿,则发行方亏损;只有超过 8 亿,发行方才能获利。最终《战狼2》的票房远超预期,因此作为发行方的北京文化获得了极为可观的票房分成。

对赌成为投资协议中典型的投资人保护性条款被广泛使用。然而,对赌虽然常见于各种投资协议或补充协议,但由于对赌涉及股权回购、现金补偿、清算等一系列投资条款,会影响到企业的股权架构、公司治理,甚至影响创业者的控股股东身份,牵一发动全身,涉及诸多法律风险。

在企业股权与净利润的对赌方面,投资方对被投资企业会有一定的税后净利润或每年净利润增长率要求,倘若要求无法兑现,则被投资方需按照协议执行一定的股权回购或者现金补偿。以华谊兄弟和冯小刚个人作为美拉公司股东所签订的对赌为例。2015 年 11 月华谊兄弟发布上市公司公告,决定以 10.5 亿元一次性收购美拉公司 70％的股权，并与冯小刚签订了 5 年期限、总计 6.75 亿元的对赌协议。对赌条款中业绩承诺部分规定，2016 年度目标公司税后净利润需达到 1 亿元，且其后四个年度每年度的净利润增长率需达到 15％。目前对赌虽未全面完成，但 2017 年年底，冯小刚凭借电影《芳华》实现 14.23 亿的电影票房，成功实现了当年的对赌承诺业绩。

专栏 1-5

猿辅导：撕裂的两极

　　随着各家的投放规模增加，在线教育的用户获取成本也越来越高，同质化的大班课模式竞争必将越来越激烈。但猿辅导却能跳出"烧钱怪圈"，其坚守长期主义，从很早开始就坚持在 K12 领域布局与探索，并且在市场反馈中敏锐捕捉到迭代机会，维持收支平衡，发挥融资的最大效用。

一、公司介绍

　　猿辅导创办于 2012 年，现今是国内知名的 K12 直播课程平台，也是中国拥有用户最多、最具影响力的在线教育公司，其主体公司为北京猿力教育科技有限公司，以做教育工具类产品起家。

　　猿辅导在线教育分别于 2013 年和 2014 年推出了猿题库和小猿搜题两个产品，为猿辅导这一在线教育产品的诞生打下了根基。公司旗下拥有猿辅导、小猿搜题、猿题库、小猿口算、斑马 AI 课等多款在线教育产品，以及一家专注于公务员考试等成人教育方向的全资子公司粉笔网。截至 2020 年 1 月，其累计用户数已经超过 4 亿。

二、猿辅导的融资胜利

　　疫情之下，在线教育迎来高光时刻，行业竞争格局也在悄然发生变化。

2020年3月，在线教育公司猿辅导宣布完成10亿美元G轮融资。这是在线教育行业迄今最大一笔融资。融资后，猿辅导成为估值最高的在线教育独角兽。这也是高瓴资本在一级市场最大的一笔投资，这轮投了5亿美元左右。一位据称猿辅导本来的融资金额是5亿美元，但因为搞不定各方配额，最终变成了10亿美元，其中光是一家就领投5亿美元。资本看中了什么呢？

第一，线上服务。猿辅导完全不涉及线下培训，通过互联网和人工智能技术为中小学生提供线上教学服务。在中小学学龄段，猿辅导主要采用在线直播大班课。这一模式使得全国各地的学生都可以享受到一线城市的名师资源，也省去了远途求学的舟车劳顿，也突破了地方教师教学水平的局限。对于老师来说，则可以在单位时间内服务更多的学生，获取更多的收入。

第二，市场前景好。在线教育赛道处于快速扩张阶段，资本希望培育头部企业迅速占领市场，而非仅实现盈利。猿辅导获得IDG资本、华平投资、腾讯等知名基金和互联网巨头投资，最主要的原因是：猿辅导重视打磨用户产品体验和提高服务质量，这也是腾讯最根本的价值观和考察一家公司时最看重的核心能力。

三、暗潮汹涌的猿辅导

猿辅导几乎每年都会获得一轮融资，融资金额从开始的200万美元一直上升到现在的10亿美元。猿辅导作为在线教育的一分子，完美地继承了行业"烧钱"特色。

第一，广告轰炸。从腾讯系应用到头条系应用再到央视春晚，甚至包括疫情期间的家乐福超市，猿辅导的广告席卷了都市人生活的每一个角落。猿辅导广告轰炸，需要强大的资金链，一旦资本出现问题，就会出现生存危机。长此以往，就是在"跑马圈地"，盈利也将因此变得"遥遥无期"。因此需要深思如何平衡线上产品的续费率与线下培训机构间的关系。

第二，高度同质化的竞争。在线教育从2015年兴起到现在经历了一个业务模式探索的过程，从早期的O2O，到"1对1"到"小班课"，再到"在线直播双师大班课"。在线直播双师大班课被认为是最能平衡教学质量和规模效益的模式，并被各家纷纷采纳。在这场大战中要想保持头部优势并不容易。

猿辅导在投融资这件事情上，始终坚持自己的节奏。从 A 轮到 G 轮共计八轮，猿辅导也刚好成立八年，每年一次的融资节奏已经成了固定规律，而每次融资的时间点都是猿辅导准备开拓新业务或者新市场之前。

资料来源：

1.《再获 10 亿美元融资，资本为何青睐猿辅导》

http://caifuhao.eastmoney.com/news/20200731101242913538220

2.《猿辅导 G 轮融资背后：垂直类在线教育产品更具潜力》

https://www.sohu.com/a/384855973_162522? scm＝0.0.0.0

1.4.3 融资对赌：投资方的"盾牌"

对赌条款的触发执行会对被投企业造成巨大压力。这是因为对赌条款基本上规范的都是企业业绩和估值目标，且 VC/PE 都是到期清盘的，在一定的存续期内有资本回报的要求，故而对投资方来说是一种"保护性条款"的存在。

总体来看，对赌是存在一定风险的。尽管对赌协议受到合同法和公司法的规范，但也是惊险的生死契约。现实股权融资条款中大多包含对赌协议。2006 年，为取得融资，京东与今日资本对赌，协议要求京东在五年内达到一个远超当时业绩的指标。为实现这个约定的目标业绩，京东此后每年的业绩增长率都必须超过 100%；2016 年，万达商业因不满港股市场的低市盈率决定从港股中退出。为此，万达和港股上的 A 类、B 类投资人都签订了对赌协议，要求万达商业要在一定时期内实现 A 股上市，否则须按约定价格进行股权回购。后来，万达引进苏宁、腾讯等企业的战略投资，以战略投资为对赌协议买单；小米于今年 7 月份实现的港股上市备受瞩目，其中也涉及对赌协议。小米在申请材料中披露，上市涉及小米之前融资轮次的优先股赎回条款，这一条款规定了小米的上市地点、估值水平，倘若小米之后未能实现这一目标，那么

A轮到F轮这些不同轮次的优先股股东有权进行股权赎回。

章 末 案 例

蒙牛乳业:融资对赌获股票

蒙牛是中国领先的乳制品供应商,专注于研发生产适合国人健康的乳制品,全球乳业10强。蒙牛乳业成立以来,已形成了拥有液态奶、冰激凌、奶粉奶酪等多品的产品种矩阵系列,拥有特仑苏、纯甄、优益C、未来星、冠益乳、酸酸乳等子品牌。

一、公司介绍

蒙牛乳业(集团)股份有限公司(简称蒙牛乳业或蒙牛),成立于1999年8月,总部设在内蒙古呼和浩特市和林格尔县盛乐经济园区,自公司成立以来,蒙牛乳业就获得摩根士丹利等投资公司的认可,智慧且顺利地助推企业向前发展,最终成为国家农业产业化重点龙头企业、乳制品行业龙头企业。

二、业绩增长助推双方共赢

摩根士丹利等机构投资蒙牛,是对赌协议在创业型企业中应用的典型案例。

1999年1月,牛根生创立了"蒙牛乳业有限公司",公司注册资本100万元。后更名为"内蒙古蒙牛乳业股份有限公司"(以下简称蒙牛乳业)。

2001年底摩根士丹利等机构与其接触的时候,蒙牛乳业公司成立尚不足三年,是一个比较典型的创业型企业。

2002年6月,摩根士丹利等机构投资者在开曼群岛注册了开曼公司。

投资方:可换股文据的期权价值得以兑现

蒙牛乳业:股票价格达到6港元以上;获得投资机构的股份奖励

图1-17 业绩对赌要点

2002年9月，蒙牛乳业的发起人在英属维尔京群岛注册成立了金牛公司。同日，蒙牛乳业的投资人、业务联系人和雇员注册成立了银牛公司。金牛和银牛各以1美元的价格收购了开曼公司50％的股权，其后设立了开曼公司的全资子公司——毛里求斯公司。

同年10月，摩根士丹利等三家国际投资机构以认股方式向开曼公司注入约2 597万美元（折合人民币约2.1亿元），取得该公司90.6％的股权和49％的投票权，所投资金经毛里求斯最终换取了大陆蒙牛乳业66.7％的股权，蒙牛乳业也变更为合资企业。

2003年，摩根士丹利等投资机构与蒙牛乳业签署了类似于国内证券市场可转债的"可换股文据"，未来换股价格仅为0.74港元/股。通过"可换股文据"向蒙牛乳业注资3 523万美元，折合人民币2.9亿元。"可换股文据"实际上是股票的看涨期权。不过，这种期权价值的高低最终取决于蒙牛乳业未来的业绩。如果蒙牛乳业未来业绩好，"可换股文据"的高期权价值就可以兑现；反之，则成为废纸一张。为了使预期增值的目标能够兑现，摩根士丹利等投资者与蒙牛管理层签署了基于业绩增长的对赌协议。

双方约定，从2003—2006年，蒙牛乳业的复合年增长率不低于50％。若达不到，公司管理层将输给摩根士丹利约6 000万～7 000万股的上市公司股份；如果业绩增长达到目标，摩根士丹利等机构就要拿出自己的相应股份奖励给蒙牛管理层。

2004年6月，蒙牛业绩增长达到预期目标。摩根士丹利等机构"可换股文据"的期权价值得以兑现，换股时蒙牛乳业股票价格达到6港元以上；给予蒙牛乳业管理层的股份奖励也都得以兑现。摩根士丹利等机构投资者投资于蒙牛乳业的业绩对赌，让各方都成为赢家。

资料来源：

1.《对赌协议及经典案例解析》

https://wk. baidu. com/view/d79917a201f69e3142329477? pcf＝2&from＝singlemessage

2. 蒙牛乳业官网：https://www.mengniu.com.cn/

3.《摩根士丹利与蒙牛的对赌》

http://www.360doc.cn/mip/662067331.html

第二章 融资理论与融资战略

开 篇 小 语

在市场经济条件下,企业经营面临着大量风险和不确定性,因此,通过研究资本结构来确定企业合理的筹资方式,对于规避财务风险,引导企业资金运转实现良性循环,具有十分重要的意义。企业在不同的发展阶段也可以采取不同的融资战略,以实现企业价值最大化,降低企业融资成本。

很讨厌把融资多当成功,钱并不是成功的原因,只有产品和服务才会助你成功。

——阿里巴巴创始人 马云

开 篇 案 例

L公司股权众筹案例

一、L公司简介

酒店行业按照服务提供的类型可以分为全服务型酒店和有限服务型酒店，L公司属于全服务型酒店。作为我国酒店行业中的一家中端酒店，L公司服务的人群主体是商务人士，致力于打造优质专业的商旅酒店品牌。

二、L公司股权众筹融资动因

2014年股权众筹开始进入实体行业，最初各大众筹平台热衷上线餐饮实体店项目，不过最近几年酒店开始接棒餐饮店铺，成为实体场所众筹新宠。包括人人投、第五创、大家投等股权众筹平台频繁上线实体酒店项目，势头正在逐渐逼近实体餐饮。随着互联网金融的兴起，众筹已经成为大众投资者重要的投资理财方式，因为大众投资人抵御风险能力弱，所以他们普遍倾向于选择风险较小、回报收益稳定的投资项目，而酒店行业具有收入稳定、风险可控的特点，前期筹备过程需要花费大量资金，一旦投入经营，收益稳定持续。总体来说，酒店行业的收益相比其他实体行业更容易预估，所以越来越多的众筹平台按照大众投资人的投资偏好，选择上线酒店众筹融资项目。

正是因为股权众筹市场的这一变化，才吸引了L公司的关注，想要借助股权众筹改变之前融资渠道单一的困境。研究发现，L公司进行股权众筹融资的动因包括内部因素和外部因素。内部因素是企业要扩大经营、提升服务质量和提升品牌知名度；外部因素是企业传统融资渠道具有局限性，股权众筹市场调整变化后更适用于中小企业融资，为公司提供了新的融资思路。

三、L公司股权众筹融资项目方案

本次股权众筹是老店众筹，所以投资人可以自由选择代持或自持，自持是投资人需要到项目所在地工商局进行工商变更，最后为了使所有投资人保持一致,全体投资人占 49%,选择与投资人签代持协议比较好,L 公司于 2017 年 7 月 18 日与第五创众筹平台签订股票代持协议,计划通过"第五创"股权众筹融资平台实现融资 857.5 万元,因为 L 公司并不是一家新店,本次融资的主要目的是酒店基础设施的修整与完善。L 公司的融资项目包括以下两个:

(1)"小试牛刀"标

本项目是老店,估值总额 1 750 万元人民币。项目方出资 892.5 万元,占 51%股权;众筹总额 857.5 万元,占 49%股权;其中,本标众筹金额为 857.5 万元中的 22.75 万元,每份投资额 3500 元,占 0.02%的股权。

(2)"游刃有余"标

本标众筹金额为 857.5 万元中的 834.75 万元,每份投资额 5.25 万元,占 0.3%的股权。本标股东权益:投资每份每年可免费入住该酒店两晚心意影院大床房(需提前一天预定,房满即止,国家法定节日外使用);已投资本项目的投资人推荐一位新用户投资,亦可获得 L 公司黄金会员卡一张,可享受门市价 8 折优惠;每个用户只要投资满 10 份,即可获得 L 公司黄金会员卡一张。截至 L 公司股权众筹融资成功,投资人共认购 159 份,合计融资金额 834.75 万元。

四、收益方案、股权回购及转让方案

本项目的分红时间是按月分红,收益起算日是众筹成功第二天起,收益率是年化收益率 20%加上浮动收益率。从众筹成功第二天起 10 年内,项目先按照每月的实际净利润进行分红,每年度进行一次财务业绩统计,若项目实际分红率低于约定的保底分红率(即低于年化收益率 20%)时,则按照约定的保底的分红率(年化收益率 20%)补足差额。

L 公司预期的回本周期是 42 个月,本项目众筹成功第二日起满三年后的 30 天内,众筹投资人可申请被回购(回购价格为原认购价格的 94%,不扣除之前的收益,该次回购总额最大为融资总额的 100%)。而关于股权的转让,由于公司希望投资人能持久拥有公司的股份,因此在三年后公司会进行相应的回购并公布转让方案。如众筹投资人在三年内回本,项目方从回本次月起收取净利润的 15%作为管理股;如众筹投资人在三年后回本,项目方从回本次月起收取净利润的 10%作为管理股。

除依照合伙协议约定进行的转让,项目方不应该以其他任何方式转让其在项目中的任何权益。

五、L 公司股权众筹融资的效果分析

我们首先对 L 公司在进行股权众筹融资前后企业财务报表数据进行简单分析,公司的财务数据情况可以反映出公司融资前后的偿债能力、盈利能力和财务风险变化,说明股权众筹融资对公司财务状况和经营成果的影响,具体财务指标如表 2-1 所示:

表 2-1　L 公司部分财务指标

单位:万元

财务指标	2015 年	2016 年	2017 年	2018 年
流动资产	550.86	2 666.81	7 540.85	8 085.35
流动负债	727.75	1 520.57	2 161.45	3 728.94
总资产	1 297.59	4 278.07	9 910.63	17 039.77
总负债	727.75	1 520.57	2 161.45	3 498.49
资产负债率	0.56	0.36	0.22	0.21
流动比率	0.76	1.75	3.49	2.17

数据来源:L 公司 2015—2018 年度财务报表

根据表 2-1,自从公司进行股权众筹融资以后,一直保持着高速增长,公司的主营业务快速扩张。对比 2017 年总资产与 2016 年的总资产发现,L 公司的总资产增加了 131.66%,从将近 0.43 亿上升到近 0.99 亿总资产,总资产规模迅速扩大。

2016 年企业的资产负债率是 36%,L 公司进行股权众筹融资后,2017 年和 2018 年企业资产负债率明显降低了,表明企业的长期偿债能力提高。流动比率是衡量一个企业资产的短期偿债能力的重要指标之一,它反映了企业资产变现能力的强弱。通过公司近几年的流动比率变化可以看出,从 2015 年的 0.76 提高到 2017 年的 3.49,正是由于企业在 2017 年积极运用股权众筹融资

模式,提高了流动资产的比重,提高了企业的短期偿债能力。

综上分析,企业股权众筹融资不仅改变了企业的资本结构,同时也提高了企业的长期偿债能力和短期偿债能力,可以解决 L 公司在短期内资金短缺的问题,提高了企业综合偿债能力。

2.1　国内外创业融资的历史和现状

2.1.1　国外创业融资发展历史和现状

国外创业融资的历史渊源可以追溯到 19 世纪末,当时美国与欧洲的一些财团以铁路、钢铁、石油以及玻璃工业为融资对象,进行创业融资。

20 世纪 30 年代,美国一些具有商业头脑且富裕的家庭或个人投资者为初创企业提供私募资本,其中的一些企业后来发展成为诸如东部航空公司、施乐以及其他知名的大企业。

20 世纪 40 年代,由波士顿的地方官员筹集了一笔足够的资金成立了"美国研究与发展公司"(ARD,American Research & Development Corp.),与私募的个人资本不同,ARD 成为第一家向新兴和高成长性企业提供风险资本的公司。因此,ARD 的成立标志着有组织的创业融资活动正式诞生。在 1957 年,ARD 公司对 DEC 公司(Digital Equipment Company)的投资仅为 6 万美元,十几年后的出售则高达 4 亿美元,这也成为创业融资的经典之作。

1958 年,美国中小企业局(SBA)出台了《中小企业投资法案》,该法案促成了中小企业投资公司(SBICS)的成立,SBICS 通过优惠贷款和贷款担保等形式使创业企业家获取资金支持。

20 世纪 70 年代末,以有限合伙企业形式设立的创业资本组织得到了迅速发展,成为创业资本组织的主流形式。有限合伙制的创业投资公司通常由两类合伙人所组成:有限合伙人(limited partnership,LP)和普通合伙人(general partnership,GP)。

20 世纪 90 年代初,受股市的影响,国外创业资本的发展有所停滞,90 年代后期高科技股持续走强,创业资本获得了高速发展。

21 世纪初,互联网的出现,颠覆了既有格局,美国风险投资行业出现了两派新玩家：一派以标杆基金(Benchmark Capital)和 USV 为代表,从老牌机构独立出来的职业投资人团队；另一派以 Founders Fund 和 a16z 为代表,是转战投资领域的成功人士。

至今,创业投资在世界各地实现了空前的发展,创业投资的规模和支持创业投资的企业数量都在不断增加。据统计,2019 年美国融资事件总额为 1 365 亿美元,交易总量为 1.07 万笔。其中,大额交易尤为突出,达到 237 笔,比 2018 年增长了 11.8％。

2.1.2 国内创业融资的发展历史和现状

中国的创业投资发展经历了三个历史阶段：第一个阶段,从 1980 年代中期到 1998 年以前。1985 年 3 月,颁布的《中共中央关于科技体制改革的决定》,拉开了我国创业投资的序幕,资金来源为政府出资。1985 年 9 月,中国第一家创业投资公司——中国新技术创业投资公司(中创公司)经国务院批准成立,标志着我国创业投资业的起步。第二个阶段,从 1998 年到 2004 年,在当时全国政协一号提案和随后国家七部委制定出台的政策推动下,以及受到互联网泡沫和创业板即将推出的影响,涌现出了数百家创业(风险)投资公司,资金来源包括各级地方财政、民间资金和外资,金融机构除了少数证券公司以外基本未进入。大批国际创业投资基金和公司涌入中国,为刚起步的中国创业投资业注入了新的资金,同时也带来了西方新的风险管理技术和规范化的风险运行机制,从而促进了我国创投业的发展。第三个阶段,约从 2005 年开始至今。《公司法》、《证券法》和《合伙法》的修订颁布,基本解决了创投设立和投资运作的法律障碍。金融业的资本充实和机构投资者的逐渐成熟,使金融机构的资金开始入主基金型的创投。加上国外 PE 大举进入的影响和本土产业投资基金试点的起步,创投企业向国际主流的基金管理型转变。十部委《创业投资企业管理暂行办法》的出台,标志着创投企业进入了一个规范发展的新阶段。

2018 年,我国创业风险投资机构数量为 2 800 家。近几年,我国创业风险投资市场的投资事件总体呈递增趋势。2013 年至 2018 年,我国创业风险投资事件呈现大幅增长的趋势,2018 年创业风险投资累计投资数目达22 396 个,累计投资金额 4 769 亿元。2018 年中国创业风险投资管理资本总额为

9 179亿元。

专栏 2-1

创业企业创新型银行融资十二招

第一招：应收账款质押贷款

应收账款质押贷款是指生产型企业以其销售形成的应收账款作为质押，向银行申请的授信。目前国内已有不少银行正式推出此项融资服务，深受中小企业欢迎。用于质押的应收账款须满足一定的条件，比如应收账款项下的产品已发出并由购买方验收合格；购买方（应收账款付款方）资金实力较强，无不良信用记录；付款方确认应收账款的具体金额并承诺只向销售商在贷款银行开立的指定账户付款；应收账款的到期日早于借款合同规定的还款日等。

应收账款的质押率一般为六至八成，申请企业所需提交的资料一般包括销售合同原件、发货单、收货单、付款方的确认与承诺书等。其他所需资料与一般流动资金贷款相同。

第二招：应收账款信托贷款

应收账款信托贷款是指以申请企业作为委托人，信托公司作为受托人，银行作为受益人，三方共同签订信托合同。企业将应收账款委托给信托公司，信托公司负责监督企业对应收账款的回收工作。应收账款的收益归银行，同时银行和该企业签订贷款合同，银行向企业发放贷款。由于这种操作方式利用信托财产独立性的特点，将应收账款安全隔离为信托财产，与前述应收账款质押相比，提高了银行贷款的安全性，而且对融资申请企业来讲，只是会增加一定的融资成本，因此，对银行与企业都会有较大的吸引力。

第三招:保理融资

保理融资,是指销售商通过将其合法拥有的应收账款转让给银行,从而获得融资的行为,分为有追索与无追索两种。前者是指当应收账款付款方到期未付时,银行在追索应收账款付款方之外,还有权向保理融资申请人(销售商)追索未付款项;后者指当应收账款付款方到期未付时,银行只能向应收账款付款方行使追索权。

对于融资企业来讲,保理融资与应收账款质押虽然都是基于应收账款而得到的融资,但有着不同的财务意义:前者在企业内部账务处理上,直接表现为应收账款减少,现金增加(对于有追索保理融资,企业需披露保理融资产生的或有负债),企业的资产负债率直接下降;而后者由于是销售商以自己名义向银行申请贷款,因此在财务报表上,应收账款并未减少,资产负债率则会相应上升。从上面的特点可以看出,一些上市公司为了降低资产负债率,改善自身的财务指标,满足再融资的硬性条件,比较热衷于与银行叙做保理融资业务。

第四招:商业承兑汇票贴现

与银行承兑汇票相比,尽管商业承兑汇票无银行信用担保,只有出票人(相当于前述应收账款付款方)的信用担保,但对于销售商来讲,由于容易取得付款方的认同与配合,而且操作规范,因此销售商仍乐于接受。

商业承兑汇票贴现实际也是应收账款融资的一种形式。由于无银行的信用担保,因此贴现银行对销售商及其下游付款方的资信要求较高,只对符合特定条件的企业办理此项业务。近年来,建行等一些银行还推出了无追索商业承兑汇票贴现服务,即银行放弃对贴现申请人(销售商)的追索,只享有对付款方(出票人)的追索权。因此,对那些需改善财务指标的上市公司或拟上市公司来讲,可积极尝试向银行提出无追索贴现申请。

第五招:收费权质押贷款

这里所说的收费权,一般是指经过政府有权部门批准的收费权,如污水处理收费权、垃圾处理收费权、公路收费权、有线电视收费权等。收费权质押贷款,对于企业来讲,即是以未来现金流换取现时的资金融通便利,可充分盘活自身财务资源;对于银行来讲,由于通过一系列账户安排与封闭操作,风险可控,收益显著。因此,拥有此类财务资源的中小企业,不妨向银行申请一试。

第六招:知识产权质押贷款

知识产权质押贷款是指以合法拥有的专利权、商标权、著作权中的财产权经评估后向银行申请融资。由于专利权等知识产权实施与变现的特殊性,目前只有极少数银行对部分中小企业提供此项融资便利,而且一般需由企业法定代表人加保。尽管如此,那些拥有自主知识产权的优秀中小企业仍可一试。

第七招:股权质押贷款

目前国内对企业持有的上市公司流通股质押,在政策上还没有放开,但银行已普遍接受上市公司非流通法人股的质押(考虑到法人股变现的可能性,一般须为前三大股东的法人股)。用于质押的法人股,银行一般会在调整后每股净资产的基础上,再考虑或有负债、应收账款等情况,核定一个质押值。这个质押值一般为每股净资产的六至九成。因此,对于那些持有上市公司法人股的企业来讲,这是一个很好的担保资源。

但对于非上市企业的股权,由于没有一个统一规范的股权质押登记机构与登记办法,在法律有效性上得不到保障,因此目前国内银行普遍不愿意接受。

第八招:动产质押贷款(监管仓仓单质押贷款)

企业可用于质押的动产主要包括产成品、原材料等。由于动产的流动性与不可控性,目前国内部分银行与仓储公司或物流公司合作,推出了监管仓仓单质押贷款这一新品种,操作要点是:申请企业将动产运至指定的物流、仓储公司的监管仓,物流、仓储公司向申请企业出具仓单,并交付银行,银行据此发放贷款。当申请企业需支用该部分动产时,需征得物流、仓储公司及银行的双重同意。若由于物流、仓储公司工作失职,导致银行抵押物落空,则物流、仓储公司需向银行承担连带赔偿责任。目前这种方式已被许多产成品、原材料数量较大的中小企业所采用。

第九招:出口退税账户托管贷款

对于一些外向型的中小企业,经过银行与税务部门的合作,出口退税账户也可成为一种担保资源。原外经贸部、人民银行与国家税务总局对此项业务已作出专门规定。

第十招:融资租赁方式

与经营性租赁不同的是,融资租赁对企业来讲,其实就是一种分期付款,可减轻短期内的现金流压力。随着我国金融租赁业的恢复性发展,对于那些需要大型机电设备、大宗原材料采购的中小企业来讲,融资租赁不失为一种好的融资方法。

第十一招:集合委托贷款

一般由银行根据申请企业的项目建设与资金需求情况来发起,但此类项目必须有明确、稳定的现金流,出资者需承担贷款风险。对于那些拥有优质项目资源的中小企业来讲,如其项目能取得银行的间接贷款承诺,获得银行发放的集合委托贷款,其融资成本将可下降一至二个百分点。

第十二招:买方信贷

顾名思义,买方信贷是指银行向销售商的下游客户(买方)发放的、专门用于购买销售商所售商品的贷款。以此,银行间接支持了销售商的货款回收,改善了销售商的现金流量。这种贷款一般由销售商负责安排,并可为买方提供贴息便利。对于那些下游客户资金实力雄厚或信用记录良好的中小企业,可广泛采用此种方式来促进销售。

2.2　融资理论

2.2.1　现代企业融资理论——MM 理论

1958 年,美国学者莫迪利亚尼和米勒(Modigliani and Miller,1958)在《美国经济评论》上发表的著名论文《资本成本、公司财务与投资理论》中提出MM 理论,标志着现代企业融资理论的确立。MM 理论认为,如果不考虑公司所得税和破产风险,且资本市场充分发育并有效运行,则公司的资本结构与公司资本总成本和公司价值无关,或者说,公司资本结构的变动,不会影响公司加权平均的资本总成本,也不会影响到公司的市场价值,这是因为,尽管负债资本成本低,但随着负债比率的上升,投资者会要求较高的收益率,因而公司的股权资本成本也会上升,也就是说,由于负债增加所降低的资本成本,会由于股权资本成本的上升所抵销,更多的负债无助于降低资本总成本。在考虑企业所得税的影响的情况下,MM 理论的修正结论是:尽管股权资本成本会随负债比率的提高而上升,但上升速度却会慢于负债比率的提高,因此,修正后的 MM 理论认为,在考虑所得税后,公司使用的负债越高,其加权平均资本成本就越低,公司收益乃至价值就越高。按照修正后的 MM 理论,公司的最佳资本结构是 100% 的负债,但这种情形在现代社会显然不合理,因此,后来有些学者引入市场均衡理论和代理成本、财务拮据成本(因偿债能力不足而导致的直接和间接损失)等因素,对 MM 理论进一步加以完善。

首先是斯蒂格利兹(Stiglitz)等人将市场均衡理论(Market Equilibrium)引入资本结构研究,他们认为,提高公司负债比率,会使公司财务风险上升,破产风险加大,从而迫使公司不选择最大负债率(100%)的筹资方案而选择次优筹资方案;另一方面,随着公司负债比率的上升,债权人因承受更大的风险而要求更高的利率回报,从而导致负债成本上升,筹资难度加大,这样也会限制公司过度负债。在此之后,又有一些学者将代理成本、财务拮据成本等理论引入资本结构研究,结论是:当公司负债比率达到某一界限之前(如50%),举债的减税收益将大大超过股权资本成本上升的损失,随着负债比率的升高,举债的减税收益与股权资本成本的增加将呈现此消彼长的关系,超过此点后,财务拮据成本和代理成本会上升,在达到另一个峰值时(如 80%),举债减税的边际收益正好被负债提高的损失(包括股本成本、财务拮据成本、代理成本的提高)所抵销,超过此峰值后,负债提高的损失将超过举债的减税收益。因此,资本结构与公司价值相关,但也不是负债越高越好,从而使资本结构理论更趋完善。

2.2.2　权衡理论

权衡理论即最优融资结构理论。权衡理论探讨企业存在财务风险和破产成本以及代理成本的情况下,市场价值与融资结构的关系。

权衡理论分为早期权衡理论和后期权衡理论,早期权衡理论完全是建立在减税收益和破产成本相互权衡基础上的,后期权衡理论则将负债成本扩展到代理成本和非负债减税收益损失等方面。詹森—麦卡林模型(1976)认为债务的代理成本包括:一方面,由于所有者和债权人之间的利益的不一致,债务融资的增加会诱使股东选择风险更大的项目进行投资。另一方面,由于理性的债权人将正确地预期到股东的资产替代行为,他们将调高债券的价格或者在债券合同中加入各种限制性条款,这将提高债务融资的成本。由于存在负债的破产成本及代理成本,当负债比率上升时,在减税收益增大的同时,企业的破产成本和代理成本也相应升高。

2.2.3　融资优序理论

20 世纪 70 年代,资本结构理论研究开始突破旧的框架的约束,向更新的理论发展。Ross 首先将信息不对称理论引入对企业资本结构问题的分析之中,假定企业经理人能够掌握外部投资者所不能了解的有关企业未来收益和投资风险的"内部"信息。Myers 在 Ross 的研究思路和权衡理论、代理理论和信号传递理论基础上,提出了融资优序理论。进一步考察了信息不对称对融资成本的影响,在企业面临一个优质投资项目时,由于信息的不对称,投资者会对该项目的盈利能力缺乏足够认识。因而,企业一般融资顺序是:内部融资、债权融资、股权融资。

2.3 杠杆企业的资本预算

2.3.1 调整净现值(APV)法

调整净现值(APV)法可用下述公式来描述:

APV＝NPV＋NPVF

即一个项目为杠杆企业创造的价值(APV)等于一个无杠杆企业的项目净现值(NPV)加上债务效果现值(NPVF)。

这里债务效果现值包括四个方面:

(1)债务减税收益。在长期债务情形下,债务减税收益为 T_cB(T_c是公司所得税率、B 是债务总额)。

(2)新债券发行成本。企业发行债券需要投资银行的参与,企业要给予相应的补偿。这就是发行成本,它会减低项目价值。

(3)财务困境成本。随着企业债务融资的增加,企业陷入财务困境甚至破产的可能性增加,财务困境会增加企业成本,从而降低其价值。

(4)债务融资补贴。投资者从政府债券中获得利息收入是免税的,政府债券收益率通常低于公司债券收益率。公司通常可以以地方政府名义按政府债券利率获得资金融通。这种补贴可以提高企业或项目价值。

尽管上述四种债务效果现值都比较重要,实践中债务减税收益最重要,下例分析仅考虑债务减税收益。

【例 2-1】假定 A 公司的一个投资项目参数为:

现金流入:100 万元/年

付现成本:销售收入的 72％

初始投资:95 万元

公司所得税率(T_c):34％

公司无杠杆融资时资本成本(r_0):20％

如果公司只有股权资本,则项目现金流量如表 2-2 所示。

表 2-2　A 公司项目现金流量表

单位:万元

现金流	金额
现金流入	100
付现成本	−72
税前收益	28
所得税	−9.52
无杠杆融资现金流(UCF)	18.48

给定折现率为 20%,公司无杠杆融资时项目净现值为:

NPV＝项目现值－初始投资＝18.48/0.20−95＝−2.6(万元)

由于 NPV 为负值,公司无杠杆融资时项目应被否决。

假定公司为该项目的债务融资额为 252 459 元,因而权益融资则为 697 541 元(950 000−252 459)。那么,在有杠杆情况下,项目净现值或调整净现值(APV)为:

$$APV = NPV + TCB$$
$$= -26\,000 + 0.34 \times 252\,459$$
$$= 59\,836(元)$$

由此可知,杠杆融资后项目价值等于无杠杆融资时项目价值和债务减税收益之和。由于该值为正,因此,该项目可行。

2.3.2　权益现金流量(FTE)法

权益现金流量法是另一种资本预算方法,它是用杠杆项目的权益现金流量按权益资本成本(r_S)折现。对于无限期现金流量,计算公式为:

$$权益现金流量现值 = \frac{杠杆企业项目的权益现金流量}{r_S}$$

权益现金流量法的资本预算决策包括三个步骤。

(1)计算杠杆项目股权现金流量

杠杆融资项目的权益现金流量也可以从项目无杠杆融资时的现金流量

中直接计算得出。杠杆融资项目的权益现金流量(LCF)与无杠杆融资项目权益现金流量(UCF)的主要区别,在于税后利息支付(这个利息中不包括本金偿付,因为债务被认为是无限期的),其代数式可以表示为:

$$UCF - LCF = (1 - T_C) r_S B$$

仍以上例说明,假定债务利率 10%,则权益所有者的现金流量如表 2-3 所示。

表 2-3　A 公司权益现金流量表

单位:万元

现金流	金额
现金流入	100
付现成本	-72
利息	-2.525
税前收益	25.475
所得税	-8.662
杠杆项目权益现金流	16.814

本例中,无杠杆项目权益现金流量(UCF)为 18.48 万元,税后利息支付$(1-T_C) r_B B = (1-0.34) \times 0.10 \times 25.246 = 1.666$(万元),杠杆项目权益现金流量$=18.48 - 1.666 = 16.814$(万元)。这个结果与前面计算的结果一样。

(2)计算 r_S

计算 r_S 的公式为:

$$r_S = r_0 + \frac{B}{S}(1 - T_C)(r_0 - r_S)$$

我们已经假设无杠杆的权益折现率 r_0 为 0.20,将目标债务/股权比率 1/3 等代入上述公式得到:

$$r_S = 0.20 + (1 - 0.34) \times (0.20 - 0.10)/3 = 0.222$$

(3)估价

杠杆项目的权益现金流量现值为:

16.814/0.222＝75.738（万元）

由于初始投资为 95 万元，其中 25.246 万元为债务，公司从现金留存中只需给予 69.754 万元。杠杆项目净现值是有杠杆权益流量现值和公司初始投资额中来自权益的部分之差。因此为：

75.738－69.754＝5.984（万元）

这个结果与调整净现值法的计算结果完全一致。

2.3.3 加权平均资本成本（WACC）法

评估项目价值的第三种方法是加权平均资本成本法。由于杠杆企业项目同时采用债务和股权融资，融资成本为债务成本和股权成本的加权平均。权益资本成本是 r_S，在不考虑公司所得税的情况下，债务成本即贷款利率 r_B，考虑公司所得税的债务资本成本则为 $(1-T_C)r_B$。通常我们考虑公司所得税因素，因此加权平均资本成本（r_{WACC}）为：

$$r_{WACC}＝\frac{S}{S+B}r_S＋\frac{B}{S+B}(1-T_C)r_S$$

其中，权益的权重 $\frac{S}{S+B}$ 和负债的权重 $\frac{B}{S+B}$ 就是目标比率。目标比率一般用市场价值来表示。

针对公司项目无杠杆现金流量（UCF）按加权平均资本成本贴现即得到杠杆项目净现值，其代数式可以表示为：

$$杠杆项目 NPV＝\sum_{t=1}^{\infty}＝\frac{UCF_t}{(1+r_{WACC})^t}－初始投资额$$

若项目是无限期的，其净现值为

$$杠杆项目 NPV＝\frac{UCF}{r_{WACC}}－初始投资额$$

上面的例子中，项目的目标债务/市值比率为 1/4，公司所得税率为 0.34，因此加权平均资本成本为：

$$r_{WACC}＝0.222×3/4＋0.10×(1-0.34)×1/4＝0.183$$

注意到 $r_{WACC}＝0.183$，小于公司无杠杆融资加权平均资本成本 0.20，这种情况总是这样的。因为债务融资提供了减税收益，这就必然降低加权平均资本成本。

前面我们还得出了项目无杠杆融资时现金流量为 92 400 元，因而项目有杠杆融资时的现值为：

18.48/0.183＝100.984（万元）

初始投资为 95 万元，杠杆项目净现值为：

100.984－95＝5.984（万元）

在这个例子中，三种方法都得出了一致结论。

2.3.4　调整净现值法、权益现金流量法和加权平均资本成本法比较

资本预算技术考虑杠杆融资后，债务主要通过减税收益提高公司价值，上面我们介绍了杠杆公司资本预算的三种方法，现在比较这三种方法的利弊。

调整净现值法估计无杠杆融资时项目价值，这是用项目无杠杆融资的税后现金流量，除以设定的无杠杆项目贴现率，然后加上债务效果现值。它包括四个方面：减税收益、发行成本、破产成本和融资补贴。

权益现金流量法是将杠杆项目股权现金流量进行现值折算。杠杆融资项目的股权现金流量，是扣除利息和税收后的股东净收益，贴现率为 r_S。对杠杆公司而言，r_S 总是大于无杠杆企业的权益资本成本 r_0，这是因为杠杆融资提高了公司股权风险。

加权平均资本成本法先计算项目无杠杆时税后现金流量，然后以 r_{WACC} 作为贴现率计算其现值。债务利息节税则反映在 r_{WACC} 中。

所有三种方法都可用于存在债务融资时的项目估价。它们的区别在于这些方法的技术基础不同。在此我们有必要强调两点：

（1）调整净现值法和加权平均资本成本法，都使用了项目无杠杆融资时的现金流量。调整净现值法的贴现率采用 r_0，计算出项目无杠杆融资时的价值，然后加上有杠杆融资时的减税收益；而加权平均资本成本法的贴现率采用 r_{WACC}，低于 r_0。通过降低贴现率计算出杠杆项目的具体价值。

（2）调整净现值法和加权平均资本成本法，在最后一步中都减去初始投资；而权益现金流量法仅仅减去公司对初始投资的贡献（即股权资本）。这是因为：权益现金流量法中直接考虑了杠杆融资时的未来现金流量，这种现金流量由于利息支付而降低，相应地初始投资中亦应扣除债务融资部分。

上述例析中，三种方法得到的杠杆项目净现值相同，但在不同情况下，某

种方法可能比其他方法的计算更容易。

首先考虑运用加权平均资本成本法和权益现金流量法为最好方法时的情形。如果项目风险在其存续期间不变,就有理由假定在项目执行过程中 r_0 保持不变。同时,如果债务/股权比率在项目执行过程中亦保持不变,r_S 和 r_{WACC} 也将保持不变。在这些假定下,加权平均资本成本法和权益现金流量法都比较容易运用。然而当债务/股权比率每年都发生变化时,r_S 和 r_{WACC} 每年都会发生变化,使用加权平均资本成本法和权益现金流量法由于分母经常变化,计算就非常复杂,计算复杂时出错率也将随之上升。因此加权平均资本成本法和权益现金流量法在债务/股权比率总是变化时,应用就比较困难。

2.4　融资战略

企业生命周期理论是研究企业萌芽、成长、成熟、衰退各阶段特征及其运行规律的理论。基于企业生命周期特征以制定其融资战略是企业开展融资活动的内在要求。

2.4.1　企业初创期的融资战略实施路径

第一,初创企业应重视融资风险控制。初创企业的融资风险根植于投融资双方的企业文化差异。企业创始人与投资者在确定投资前应首先磨合二者在企业运营理念方面的差异,创始人应消除投资人对初创企业的顾虑,解决因投资资金运用分歧所引致的风险。初创企业应在创业计划书中明晰企业投资价值、盈利模式及远景发展规划等内容,将其团队的基本运营理念公示给投资者,以建立双方真诚与坦率的合作基础。

第二,谨慎选择股权投资人。初创企业不仅资本金匮乏,更缺乏市场资源、人力资源及供应链资源。初创企业首次股权融资战略不仅可获取急需资本资产,还可借助投资人的商业关系网络来弥补本企业发展进程中各项能力不足。初创企业应选择战略投资人,以借助其商业网络整合其供应链和营销渠道,通过实现企业长期利益最优化的方式给投资者的投资收益最大化回报。

第三,初创企业应统筹考量其战略目标下企业实际资本需求量及融资规模。初创企业应将本企业发展战略划分若干阶段,并匹配分阶段融资策略来实施资本筹措。初创期企业经营水平有限,企业发展前景不确定性强,投资人故此更为偏好分阶段投资模式。而企业创始人则期望通过分阶段融资确保其对企业的实际控制权。

第四,初创企业的财务风险防范能力普遍较弱,资金链断裂是初创期企业面临的主要风险。资金链断裂通常由企业经营者缺乏对投资与融资的有效平衡能力所致,资金链断裂后的融资失败则将直接导致企业申请破产。再者,初创企业在与投资人签订投资协议时应当审视投资先决条件、投资收益率对赌条款及投资退出条款等关键内容,审慎对待协议中可强化己方责任的未决事项所引致的或有负债。

2.4.2　企业成长期的融资战略实施路径

第一,实施债权性融资战略的首要前提是预测债权融资所对应的投资项目的资产收益率水平高于债权融资利息率水平。过高的债权融资利息率水平可能导致企业融资净收益为负,威胁企业财务稳定和企业的长期健康发展。但企业若为扩张市场份额而进行的债权利息率高于资产收益率的债权融资可以在短期内实施,且要将融资风险控制在预期水平。

第二,成长期企业运营者容易被迅速扩张的市场份额所迷惑,而大肆举债扩张,故需明确成长期企业的投融资方向,选择适合培养企业产品核心竞争力的投资项目展开融资。成长期企业应当集中投资资本于企业优势项目上,不可盲目实施多元化经营,分散投资力量。

第三,对有实力的成长期企业可采取上市融资战略,通过上市直接融资规避债权融资的苛刻条件限制,获取充分的资金运用自由权。

第四,在内源性分配政策方面,成长期企业可降低对所有者的现金收益分配率,将所有者权益资产集聚以用于企业长期发展所需。成长期企业的销售增长迅速,盈利水平提高,但市场投资机会众多,市场开拓所需资金超越经营现金流所能提供的资金支持。为企业长期发展考量,企业可通过压制现金收益分配率的方式获取企业发展所需的低成本资金,以提升企业长期市场竞争力。为满足企业所有者适当股权分红的诉求,企业可采取低现金股利匹配送股、配股的方式进行分红。

2.4.3 企业成熟期的融资战略实施路径

成熟期企业产品技术水平和市场营销渠道趋于稳定，市场占有率相对稳固，经营现金流保持较高水平，故其设计融资战略时应考虑如下因素。第一，保持适度外源性债权融资以提升企业财务稳健发展水平。成熟期企业的运营风险较低，投资风险也相对较低，故对融资对象的吸引力较强，并愿意给予诸多融资优惠政策。但成熟期企业的盈利保持较高水平，资金匮乏状况缓解，部分企业出现资金冗余现象，对外源性融资需求较低或无需求。但保持合理的资产负债率对企业财务的稳健发展更为有利，因此企业可根据投资项目具体收益率水平选择适当的外源性债权融资方式，以提升企业的权益净利率水平。

第二，成熟期企业应采取保留适度资本公积金及资本公积金转增股本的方式来满足企业的内源性融资需求。成熟期企业的销售额和总利润额虽然保持较高水平，但增长速率趋于平稳或停滞。在缺乏合适投资项目的前提下，成熟期企业可采用稳健的高股权分红策略，通过降低企业总股东权益的方式提升股权收益率水平。

第三，成熟期企业融资资本的投资风险控制应当采取分散风险策略，实施以企业传统优势产品为核心的同心多元化投资，将融资资本用于对传统优势产品的优化升级，以拓展产品线的方式开发新产品等领域。通过同心多元化模式下的分散化投资活动，成熟期企业可创造新的利润增长点，增加企业盈利空间，延长企业处在成熟期的时间，降低企业传统产品步入衰退期所引致的经营风险和财务风险。

2.4.4 企业衰退期的融资战略实施路径

企业在衰退期的市场客户需求及主营产品或服务收入下降，导致销售利润率下滑，应收账款坏账率上升，进而威胁企业融资能力。企业经营者亟须改进融资战略，优化资本结构，扭转企业财务困境。衰退期企业可采取压缩不良资产回收投资资本的方式筹措发展新业务所需资金。企业主营业务产品或服务的市场份额衰退是导致企业进入衰退期的主因，通过以变卖不良资产或资产重组的方式削减衰退产品或服务项目，集中企业资源用于开拓新业务,以促进企业进入新的生命周期循环。衰退期企业应当采取内源权益融资战略,通过减少银行贷款、发行债券等融资额度以压缩资产负债率水平,转而采取以盈利充实资本金,发行股票扩充股本的方式以改进资本结构,预防主营业务下滑所引致的财务危机。

2.5 创业资金来源

发达国家创业企业的资本金主要来自主要所有者、主要所有者的亲友和其他企业创建人及天使投资。Beth Crosa、Howard E. Aldrich、Lisa A. Keister(2002)认为金融资本可以作为初创企业的支撑因素。就是在企业发展的后期,金融资本还是很重要的,金融资本充裕的企业生存的可能性要更大些。Angela Tablac、Rachel Melcer(2008)提到圣路易斯的社区已经创造了一个网络的天使和风险资本投资者,以培育初创公司。在斯波坎的创业中心,一个新的斯波坎市中心的小企业孵化器,提供实验室和办公用房以及各类商业支援服务外,该中心还提供各种的物理设施,并且租金廉价。Sahlman(1990)和 Wetzel(1994)认为,创始企业的融资非常严重地依赖于初始的内源融资、贸易融资和天使融资,风险投资一般是在产品被市场测试成功以后才全方位地资助市场营销和生产活动,在企业融资的第二阶段,商业银行扮演了重要的角色,美国 NFIB 1995 年做的企业调查表明,63%的被调查者依赖银行贷款。Zoltan (2001)从经济层面的支持政策主要通过政府、大学、联邦政府基金、金融机构等部门为企业成长过程提供资金支持。Crosa,Aldrich 和 Keister(2002)认为金融资本可作为初创企业的支撑因素。研究提出了关于金融资本作用的三个假设,即拥有家庭资产净值、拥有家庭收入、拥有房产所有权将提高潜在创业者转化为现实创业者的可能性。

国外在促进创业方面已经制定了很多制度,但在融资制度方面仍然存在着“金融缺口”,当企业需要的外源性资本的规模很小时,他们就很难在资本市场上融到资金。很多学者对非正式风险投资的研究也证明了这一点,即创业企业筹集某一数额以下的资本时都面临着资本缺口的障碍。Diamond(1984)肯定了金融中介的作用,认为金融中介积极参与监管既代表了投资者利益,又解决了创业企业信息不透明问题。但是,金融机构在对创业企业贷款方面存在许多问题。Berger 和 Udell(1998)发现在美国,金融机构贷款占创业企业全部股本和债务额的 26.66％,占全部债务额的 53％。但创业企业在申请银行和其他金融机构的债务融资时,其资金需求通常无法得到充分满足,有 91.94％属于有抵押或担保的债务。

创业机会协会(Association for Enterprise Opportunity,AEO,2003)从支持创业者和完善创业环境出发,提出促进地方创业应该提供金融支持。Kayne(1999)认为创业资金的获取尤其是创业初期的权益资本是重要的。

章 末 案 例

UCWEB 创业故事(梁捷口述)

一、梦想的开始

UCWEB 是我和何小鹏两个人创办的。我们俩是华南理工大学计算机系的同学。虽然我们俩都是学计算机的,但是性格很不一样。小鹏是湖北人,头脑灵活,喜欢玩游戏;我是土生土长的广东人,老老实实,喜欢编程序。

毕业后,我们都进入了亚信公司广州分公司工作,属于同一个研发团队。我们所开发的大容量电子邮件系统,是公司的旗舰产品,占领整个市场的40％份额,著名的 21CN、中华网等网站都是我们的客户。2000 年 3 月,亚信公司成功在纳斯达克上市,而我们的研发团队也被公认为是亚信最优秀的研发团队。

这让我们开始相信,我们的技术的确能为世界带来一点改变。同时,我和小鹏也萌发了创业的想法,我们希望能像 GOOGLE 一样,做出令人惊叹的技术产品。

手机上网实在不方便

时间回到 2004 年,我们经过反复的讨论,最终选择了移动互联网的方向。我和小鹏都是超级网虫,时刻都想要上网冲浪,所以,我们很早就开始用手机上网了。但是当时 WAP 网站上的内容实在是太少了,而且手机上的操作很慢,很不方便。我们觉得,需要一个更好的浏览器软件,让大家可以在手机上便捷地访问 WWW 网页。

于是,我们决定自己去做一个工具。我们给她起了一个名字,叫作 UCWEB,UCWEB 是 YOU CAN WEB 的缩写,意思就是:"你能随时随地访问互联网"。我们希望,有了 UCWEB,每个人就都可以"把互联网装进口袋"里了。我和小鹏都觉得,"这个主意真棒!"

于是,我们辞去了工作,开始了创业生涯。

二、痛并快乐的创业过程

"云计算"的 UCWEB

经过了大半年的研发,在 2004 年 10 月,我们推出了 UCWEB 的第一个公众版本。这个产品一经推出,就得到了用户的欢迎,完全靠着用户的口碑相传,我们在第一个月就发展了 5 000 多个注册用户。

在那个时候,最流行的手机型号是诺基亚 6610,屏幕很小,运算能力很低,而且无线网络质量也要比现在差很远。我们为了解决手机终端运算能力不足的问题,想了一个好办法,就是通过手机终端和网络服务器混合运算的技术来解决这个问题。

后来,当 GOOGLE 发布"云计算"战略的时候,我们非常开心,我们和 GOOGLE 想到一块去了,"云计算"的思想,早在 2004 年就已经应用在 UCWEB 产品中了。当时,全世界有 2 家公司通过客户端—服务器架构来做手机上的浏览器,一家是加拿大的 REQWIRELESS,这家公司现在已经被 GOOGLE 收购了;另外一家就是中国的 UCWEB。

两年搬了 6 次办公室

2005 年 3 月,我们正式注册了广州动景公司。应该说,创业的过程是令人兴奋的,但同时,创业的环境也是非常艰辛的。

我记得,在最初的一年多时间里,我们并没有固定的办公场地,完全是依靠借用朋友的地方来办公,所以经常需要从一个地方搬到另外一个地方。我们常常是在夜里扛着机器,从一个地方搬到另一个办公室,当时的情景让我印象非常深刻。从创业到现在,我们广州的办公场地已经搬迁了 6 次。

那些在"云端"运算的服务器,都是我和小鹏在电脑城攒的 PC 机,连测试手机也是在广州的二手市场淘回来的。我和小鹏 3 年都没拿工资，生活过得非常节俭。而支撑着我们的，是用户对 UCWEB 的赞许和不断上涨的用户数量。

我们要活下去

从 2005 年到 2006 年，2 年的时间，我们一直在改进浏览器技术，产品的功能和质量都有了很大的提升。团队也增长到了 10 多人。

但是由于资金的制约，我们一直不敢做更大的人员扩张，也没有钱去买新的服务器和终端设备，公司面临着严峻的生存压力。

为了让公司能活下去，我们决定执行"以战养战"的策略，向企业客户提供移动浏览的技术服务，用项目收入来养公司。

2006 年的春天，我们在中国移动集团和中国移动研究院进行了长达 5 个月的反复技术测试，终于打败了包括 IBM 在内的所有对手，夺得了中国移动全国手机办公系统的项目。用我们的技术，帮助中国移动公司实现了手机办公的目标。

从项目里面，公司挣到了一些钱，这些钱很快就统统都拿去买服务器了。因为我们的用户增长实在是太快了。

想要融资不容易

为了彻底地解决资金上的问题，我们开始主动去寻找风险投资。花了大半年的时间，跟很多家 VC 都作了交流，但是最终都没有能达成投资协议。那个时候，我和小鹏才发现，融资真的不像网上说的那么容易。技术本身并不是唯一的决定性因素，要得到 VC 的认可，还需要有清晰的商业策略和能力互补的经营团队。

三、遇到有福之人

就是在寻找 VC 投资的过程中，我们认识了俞永福。

当时永福是以联想投资副总裁的身份来我们公司考察，看到我和小鹏递上来的名片，头衔都是"副总经理"，他很困惑，想了一会才问："那总经理是谁？"可能他当时怀疑我们背后还有一个老板。

实际上，因为我和小鹏都是技术出身，我们认为公司要做大，将来一定需要引入更合适的管理人才，我们需要找一个 CEO 搭档，因此，我们两个都不是 CEO；其次，这样也方便对外的商务合作，遇到不好决定的事情，可以跟客户讲"需要回去和老大商量一下"。

自从认识了永福，我们经常在一起交流，讨论公司发展的方向。永福有非常全局的视野，一些在我们看来非常迷惑和为难的问题，他总是能够找到问题的根源，理清解决问题的思路。这些建议对于我们的帮助非常大。

不过，我们跟永福的交流也是非常漫长的。在经过了半年多的沟通之后，我们最终获得了联想投资的初步投资意向。联想投资的投资决策会议是 2006 年 11 月 20 日召开的，按联想投资的流程，当时我和小鹏专门从广州飞到了北京，在决策会议的前一个小时，我们与联想投资决策委员会的全体成员，进行了最后的当面交流。

在我和小鹏做完了案件的最后陈述之后，我们就离开了会场，联想投资开闭门决策会议。我和小鹏并没有直接回酒店，我们来到了联想投资一楼的西餐厅等待结果。因为当时公司账上已经没有钱了，我们的压力都很大，希望能有一个好结果。我们苦苦的等待了 4 个小时，到了晚上 7 点多，永福来到了一楼的西餐厅，三个人都没 有吃饭，永福来的时候很沮丧，他说："一票之差，没有通过"。

大家都很失落，一下子说不出话。沉默了一阵，小鹏说的第一句话是："永福，你愿不愿意，加入我们一起干？"

永福没加思索："好，我们一起干！"

大家的心情立即好了起来，点了晚餐，并且讨论了很多发展规划和融资资金的问题。

吃完饭后，永福立即打电话给雷军，约着当晚见面聊 UCWEB 项目的事情。

几天之后，永福就反馈说雷总爽快地答应了投资我们。

毫无疑问，当我们把永福发展成兄弟之后，UCWEB 拥有了一个志同道合、能力互补的经营团队。

四、我们找到"组织"了

雷总的投资，对 UCWEB 来说，是一个历史性的转折点。

2006 年 12 月，我记得非常清楚。在第一次讨论未来业务规划的会议上，雷总提出了一个重要的建议:"放弃企业市场,主攻个人市场"。

当时,公司经过一年多的打拼,已经在企业市场取得了突破,每年稳定的技术服务收入达到了千万级。放弃这些现实收入,对于我们显然是一个痛苦的决定,但是为了集中全部精力主攻最有价值的市场,团队还是接受了这个建议,迅速地将该业务转让给了合作伙伴。将原来投入企业市场的研发骨干转到 UCWEB 产品上来。

在接下来的时间里面,雷总花了非常多的精力,和我们团队一起,明确了公司的目标和方向。他给我们提出来这样的要求:"强化后台管理系统,推行量化的运营,把 UCWEB 打造成为最完美的产品。"

在雷总的指导下,永福和我们很快建立起了市场和运营队伍,构建了量化运营平台,并成立了北京公司,公司人员扩展到了将近200人。

同时,公司的业务发展非常的顺利,在雷总投资之后的将近两年时间里面,UCWEB 的用户量惊人地增长了 25 倍。

2007 年 7 月,在雷军的帮助下,公司顺利完成了 B 轮融资,引入知名 VC 投资机构 MORNINGSIDE 及策源投资,公司价值在 8 个月内增值超过 10 倍。UCWEB 的发展从此驶入了快车道。

资料来源:

http://www.wabei.cn/p/201004/360538.html

第三章 股权融资的敲门砖：商业计划书

开 篇 小 语

一份好的商业计划书是企业融资的关键。创业企业融资过程中与投资方的接触与联系就是依靠商业计划书。商业计划书需要展示给投资人，让投资人了解项目的发展状况和自己的商业蓝图，以便于他们能对企业或项目做出判断，从而使企业获得融资。融资项目要获得投资方的青睐，其中最重要的是做出高质量商业计划书。

你不是在跟投资人对话，本质上你是在跟客户对话、和用户对话以及和市场对话。作为创业者，向投资人介绍产品时，要了解投资人在听你介绍时考虑的是他身后的用户会不会用你这个产品。

徐小平　真格基金创始人

九毛九：借力资本市场玩转快时尚餐厅

新冠疫情突发，餐饮行业首当其冲。绝大部分餐饮企业面临资金紧张甚至现金流断裂的危机，部分企业通过加大外卖力度、优化菜单等等措施来增加现金流，但想要摊平庞大的人力、租金等成本并不容易。在这种自救艰难的情况下，九毛九想到了借助外力——资本，来增强抗风险能力。巧的是，资本看到了餐饮企业的困境，也看到了入局的机会，于是纷纷抛出橄榄枝。希望能够投出更多的优质餐饮企业，帮助企业渡过疫情持续成长。行业的迫切需求与资本的积极推动，或许真的能掀起一场"餐饮投资热潮"。

一、公司介绍

九毛九国际控股有限公司主要是以连锁经营作为运营方式的中国餐饮企业，它是由山西面王发展而来。1995年创始人管毅宏先生在海口成立首家面馆；2005年广州九毛九成立；2015年开启多品牌运作阶段，推出太二酸菜鱼品牌；2017年，推出2颗鸡蛋煎饼品牌，该品牌于2018年开放加盟模式；2019年，推出怂和那未大叔是大厨品牌。截至2019年12月，公司经营287家直营餐厅及管理41家加盟餐厅，覆盖中国39个城市，其中九毛九和太二分别开设143、121家，经营区域覆盖了华东、华南、华中和华北几大区域。

九毛九集团以多品牌、多概念作为其经营战略。经典的九毛九山西面馆是它发展的起点，对于不同层次的消费者建立了许多不同层次风格的品牌，扩大了消费者市场，为消费市场带来全新的体验。2020年1月15日，太二酸菜鱼母公司九毛九国际控股正式在香港上市。公司有四家基石投资者，分别是资产管理公司BlackRock Funds（贝莱德基金）、China Alpha、WT和东方资产管理，共投资5500万美元。

二、把握时机，抓紧IPO

九毛九的发展基础山西面食馆，近三年几乎没有新增的店面，到了品牌周期的临界点，触碰到自身的"天花板"，开始进入老化期。九毛九最拿得出手的太二酸菜鱼，虽然从 2016 年的 4 家增长到 2019 年 7 月的 98 家，但是经营利润率却不断下滑。此外，疫情严重影响了餐饮业。餐饮企业品牌周期一般为三至五年，九毛九急于上市，或许既考虑到太二正值"壮年"，也考虑缓冲疫情带来的风险，如图 3-1 所示。

图 3-1　九毛九急于上市之因

三、多层面经验助力成长

九毛九对品牌、拓展和管理三个方面的经验在中国的快时尚餐饮行业中具有一定代表意义。

第一，品牌多元化。九毛九在发展之初便确立多元化的品牌发展路径，九毛九的商业模式与海底捞（06862）和呷哺呷哺（00520）截然相反。这些已打通成功通路的餐饮企业，其发展历程多是先注重主品牌的发展，待上市后进而谋求多元化，而九毛九却是先通过多元化扩大商业版图，然后寻求上市。在投资者眼中，九毛九开创的这一发展模式却很"新鲜"。因为尽管多元化已是国内餐饮行业转型升级最核心的方式之一，但能顺利实现多元化提升估值的企业却寥寥无几。因此，九毛九是否能体现出投资价值取决于其在多元化的道路上能走多远。

第二，拓展。在购物中心兴起和风投资本涌入的背景下，资本进入餐饮业，显然不是为了获得现有餐厅那点分红，而是为了扩张，裂变出不同的子品牌，再扩张，最终上市退出。因此必须重视对企业的拓展，积极采取各种方式促进企业规模的扩大，例如可以通过拓宽企业的融资渠道，让企业可以更快地获得资金投入生产，从而提高企业效益；企业可以通过连锁经营的方式扩大企业的经营规模，实现市场全覆盖；企业还可以进行并购或与其他企业组成联盟，使得两家企业可以进行互补，从而出金生产力的提高。九毛九选择以直销为主要发展策略，以特许经营为补充策略，加盟模式仅在一部分子品牌中尝试。为了解决门店集中的问题不断提出有关措施，加快改建门店数量和提高全国布局的渗透率是大势所趋。

第三，管理角度。企业通过合理的管理方式能大大提高企业的运营效率，并使企业确定自己的发展目标，挖掘企业潜能。要不断加大企业的资金投入，将其用来培养专业的专利人才，或者通过融资的方式，得到金融机构专业人才的管理。九毛九实行的管理体制是自上而下进行管理，这确保了品牌的生命力，而标准化业务扩展的基础主要体现在四个方面：简化食品选择、中央厨房、标准化运营程序和员工培训。

四、酸菜鱼霸主九毛九的 IPO 之路

回顾九毛九的 IPO 之路走得并不顺畅。毫无疑问，网红品牌太二是餐饮界的一个巨大成功，它凭一己之力拯救了母公司九毛九，短短四年就让一家经营二十年陷入困境的传统餐饮企业起死回生，并得以完成曾经破碎的 IPO 计划，如图 3-2 所示。

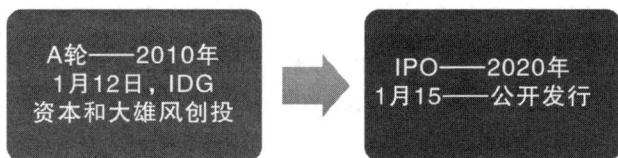

A轮——2010年1月12日，IDG资本和大雄风创投 ➡ IPO——2020年1月15——公开发行

图 3-2　九毛九的 IPO 之路

五、启示与总结

九毛九的发展主要源于其独特的品牌、拓展和管理三个方面的经验。九毛九考虑到太二的实际情况决定上市，其上市是通过换市实现的，即从 A 股市场换至港股。

第一，企业 IPO 融资的选择要考虑自身的经营情况与经济环境。经营情况决定了企业是否能够上市，经济环境决定了企业融资需求的大小。

第二，投资方对融资活动的选择要权衡企业品牌、战略等。企业的品牌、管理和战略经验有利于企业经营管理水平的提高，能够反映内部治理的程度，有利于融资退出时的价值增值。

第三，创业企业要注意用户体验。用户体验能够反映产品或服务的水

平,影响企业的营业收入,影响企业的盈利水平和融资活动的进行与否。

资料来源:

1.九毛九官网:http://www.cyjm58.com

2.《一碗面起家,IDG 曾投资,靠酸菜鱼"逆袭",市值 137 亿港元》

http://finance.ifeng.com/c/7tGSHISAlKm

3.《一路狂奔的网红太二酸菜鱼 国金首予九毛九买入评级》

https://finance.sina.com.cn/stock/hkstock/hkstocknews/2020 — 01 — 15/doc—iihnzahk4181651.shtml

3.1　商业计划书:PPT 经济的文案

商业计划书是一份有利于投融资双方的材料。创始人在编写商业计划书时能够不断丰富融资活动的思路;投资人可通过商业计划书快速地了解创业企业的融资内容。但是融资活动的促成不能仅依靠商业计划书,还需要成功的路演,而商业计划书能助路演一臂之力。

3.1.1　让融资思路有条不紊

一份制作精美、言简意赅和内容丰满的商业计划书,是打动投资人最关键的一步。创始人在写商业计划书的时候需要把关于企业的这些相关信息都呈现出来,凸显企业的优势所在。这一过程会让创始人创业和融资思路更加清晰,如图 3-3 所示。

通过商业计划书的梳理能让创始人对企业全方位思考。商业计划书是一份全方位的项目计划,它从企业内部的人员、制度、管理以及企业的产品、营销、市场、公司的发展状态、发展战略、搭建团队和资本部署对即将展开的商业项目进行可行性分析。商业计划书

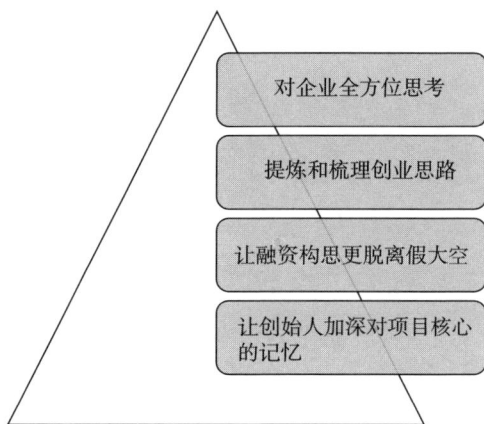

对企业全方位思考

提炼和梳理创业思路

让融资构思更脱离假大空

让创始人加深对项目核心的记忆

图 3-3　商业计划书对融资方思路的作用

还可以使企业有计划地开展商业活动，增加成功的概率。

好的商业计划书可以帮创始人提炼和梳理创业思路。商业计划书能指导创始人分析市场和用户、找到好的定位和切入点、明确产品逻辑和业务走向、规划发展路径，定制资金规划。

形成文字的商业想法更不容易停留于浮浅表面。通过商业计划书梳理，将想法和计划落实到纸面上，可以迫使创始人检查自己的运作构思到底是否可行，改正不切实际的想法，降低试错的代价，进一步深化思路。

商业计划书的梳理，还能够让创始人加深对项目核心的记忆，如盈利模式、融资结构等。如果创业者对整个企业发展逻辑和战略规划了然于心，那么将有利于商业计划书中的各项内容落地。

3.1.2 让投资人乐此不疲

只有一份内容属实、计划清晰、体系完整、数据丰富、执行力度高、装订精致的商业计划书才能真正打动投资人的心。商业计划书不仅要让投资人对项目本身感兴趣，还要让投资人看懂并理解整个运作计划，才能使企业融资的需求成为现实。商业计划书能从三个方面让投资人对融资感兴趣，如图3-4所示。

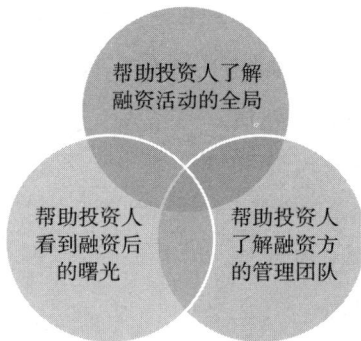

图3-4 商业计划书让投资人对融资感兴趣

商业计划书帮助投资人了解融资活动的全局。让投资人满意的商业计划书不仅讲清了企业如何生产、如何销售、如何购买原材料，而且写出投资者最想了解的关于创业者将怎样组织和指挥自己的团队实现既定方针和目标。

商业计划书帮助投资人了解融资方的管理团队。让投资人满意的商业计划书把一个创业设想转化为一个成功的创业企业，在商业计划书中反映创业队伍的人才结构特点、优势、潜能及在特殊条件下的实战能力，使投资者感觉到这是一支充满战斗力的团队。

商业计划书帮助投资人看到融资后的曙光。让投资人满意的商业计划书展示出创业企业未来美好的发展前景，清晰展示了企业未来盈利计算的依据，让投资者对企业未来发展充满信心。

3.1.3　让路演风光无限

一份好的商业计划书可以通过路演帮助投资者发现具有投资价值和发展潜力的创业项目和创业企业，可以在投资者和创业者之间搭起现实沟通的桥梁，这对于创业企业在路演中获得风险资本的支持非常重要。路演失败有两类原因：一类是创业者的项目本身存在瑕疵；另一类是因为方法错误，既不能向投资人清晰明了地传达信息，又做不到引起投资人兴趣，最终令路演无法达到预期的效果。那么，利用优秀的商业计划书进行路演时，如何才能做一场令投资人记忆深刻、无法抗拒的融资路演呢？如表 3-1 所示。

表 3-1　优秀路演的要求

方　面	内　　容
穿着得体	因为创业者登台之后，不只是项目，连同这个人本身都会成为门面担当；打扮干净得体不仅可以让创业者更加自信，给投资人及观众一个好的第一印象，同时也是对人的基本尊重
把控时间，做好应变准备	通常情况下融资路演需要创业者进行 PPT 演示，将自己的创业故事、项目、团队等多重信息传递给投资人；演示时间变短的情况时有发生，创业者一定要提前做好完全准备，保证能够随机安排时间并将最好的内容推介出去
激情背后的愿景与使命	有的投资人想要的并不只是一桩普普通通的生意，而是可能改变行业生态，有梦想有情怀同时有未来的项目
建设好心态，路演 ≠ 融资成功	项目有着新颖可行的商业模式，有很棒的团队与技术，路演也发挥得不错，但这并不代表着路演后一定可以遇到"伯乐"

3.2 符合融资需求的商业计划书编写

写商业计划书需要去揣摩投资人的心理。投资人想要了解的内容涉及了商业计划书的基本要素；但创始人团队在了解商业计划书组成要素之后，往往还是无法落实编写工作，这时便需要正确的撰写逻辑的指导；此外，在编写过程中，创始人团队还需要注意商业计划书编写的原则和需要避免的误区，只有这样才能完成一份合格的商业计划书。

3.2.1 铺垫融资需求的商业计划基石

商业计划书作为一份全方位的项目计划，是对即将开展的创业项目进行可行性分析的过程，包括企业的产品、营销、市场及人员、制度、管理等各个方面，在一定程度上也是创业企业和再创业企业对外进行宣传和包装的文件。其基本内容的组成存在一定的要求，如图 3-5 所示。

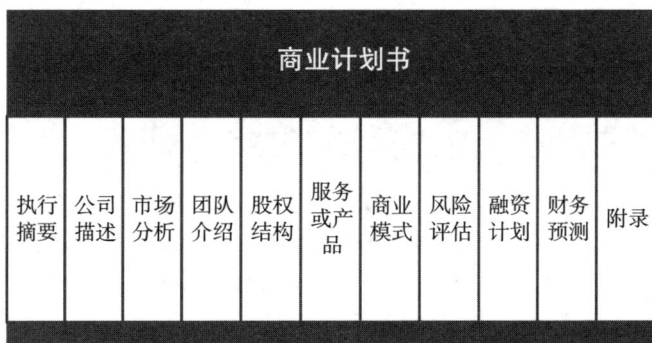

图 3-5 商业计划书的基本内容

执行摘要在商业计划书的最前面，它是浓缩了的商业计划书的精华。公司描述就是描述公司的工作，就是将公司已经运营的业务说清。市场分析就是向投资人证明市场需求的存在、这个需求市场容量，也有对公司所在行业、市场和竞争对手的研究。团队介绍的内容是核心团队的背景履历、能力、经验、团队的分工情况，有效说明团队的配置适合企业的发展。股权结构需要创始人团队在商业计划书中表明企业股东及其股权占比，也需要说明投票权利人。服务或产品就是介绍公司提供的产品或服务。商业模式这一部分需要创始人说明如何赚钱。风险评估就是项目实施可能出现的风险及拟采取的控制措施。融资计划包括两个部分：第一部分就是明确企业需要投资方投资的金额；第二部分内容就是因融资而出让的股份比例。财务预测就是企业未来一段时间需要做到的具体目标，具体包括但不限于用户规模、收入和盈利。附录是可选部分，包含简历、许可证、媒体报道等。

商业计划书是在向风险投资家、银行、客户和供应商宣传创业企业及其经营方式。上述基本内容能让投资人快速了解创业企业的产品或项目，明确产品或项目可以创造怎样的价值，以及能从中获得的利益。

3.2.2 理顺融资需求的商业计划书

商业计划书的最终目的是获得投资，因此，商业计划书的设计应当从投资者的角度分阶段来考虑。在了解了商业计划书的基本内容之后，需要确定内容编写的具体步骤。完成商业计划书大致可以从五个步骤来循序渐进地进行，如图 3-6 所示。

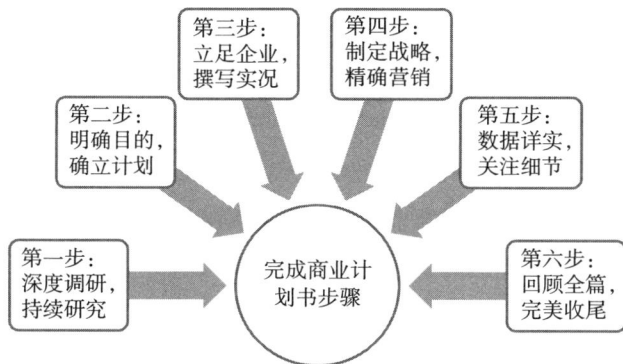

图 3-6 完成商业计划书步骤

完美的商业计划书要求创始人认真了解公司、产品、竞争对手和市场，这就要求第一步的长时间研究、评估和再思考。商业计划书能引导企业规划未来，体现明确的企业发展目的，因此第二步要确定企业前进的路线。第三步开始下笔写公司的实际情况，包括公司的历史、提供的产品和服务、目标市场和受众、资源、如何解决问题等，这些对应于商业计划书中的公司描述、团队介绍、股权结构。投资者最根本的目的是希望业务能够帮助他赚钱，他们希望能全面了解业务。所以第四步需要撰写项目收入、成本、现金流和行业预测,制定企业的业务和战略,实现精准营销,这些内容对应于商业计划书中的服务或产品、市场分析、商业模式、风险评估。针对前述内容,第五步要写融资计划和财务预测,财务预测数据要翔实,关注到细节。执行摘要浓缩了的商业计划书的精华,因此需要放在最后编写。

3.2.3 拿捏融资需求的商业计划书要害

想要将商业计划书做得更好,不仅需要编写商业计划书的基本内容,也需要拿捏住商业计划书的要害,具体包括遵循商业计划书编写的原则和避免编写过程中踩雷,如表 3-2 所示。只有满足这些条件的商业计划书才可能吸引到投资人的注意力。

表 3-2　编写商业计划书需遵循的原则和避免的问题

遵循的原则	简明扼要
	意思表述精确
	条理清晰
	内容完整
	语言通畅易懂
避免的问题	对产品服务的前景过分乐观,令人产生不信任感
	是产品或服务导向,而不是市场导向
	对竞争没有清醒的认识,忽视潜在竞争者,甚至忽视竞争威胁
	选择进入的是一个拥挤的市场,企图后来居上
	在写作商业计划书以前,未进行充分的市场调研,无法用事实说话或者数据没有说服力
	一份商业计划书通常由几个人一起完成,但最后的版本未由一个人统稿完成,导致商业计划书各部分写作风格和分析深度不一致

专栏 3-1

11 张 PPT,帮你完成一场完美的路演

一个好的路演 PPT 应具备以下几个特点:讲述一个逻辑通顺的故事,以实验和研究数据作为验证的基础,结尾有经过充分研究得出的融资数额。下面,我们来介绍一下怎样制作一份完美的"融资路演 PPT"。

幻灯片 1:问题/痛点

这或许是路演 PPT 中最重要的幻灯片之一。我们着重强调问题而非解决方案的原因是,大多数创业者在他们的解决方案上用力过猛,却难以让潜在投资人明白他们可以解决的问题是什么。因此,在此张幻灯片中你要做的就是尽可能简洁地阐明以下几点:问题/痛点是什么? 你怎么知道这是一个问题? 你有专业的研究数据来支持这个问题吗? 你要为谁解决这个问题?

幻灯片 2:解决方案

在介绍完第 1 张幻灯片后,你已经告诉投资人,某一个群体有一个重要的问题需要解决,并且你通过对大量专业数据进行研究后验证了这一个观点,这时候你就可以讲述如何解决这个问题了。

以下是你需要回答的问题:现在常用的其他解决方案是什么? 为何这些解决方案都无法真正解决问题? 你的解决方案是什么? 你的方案为何比其他解决方案更好? 最终能带来的好处是什么? 你的方案有何专利或者独特之处?

幻灯片 3:数据验证

前两张幻灯片讲完后,投资人便想看到有关解决方案的数据验证。事实上,大多数投资人对产品的细节并不是特别关注,他们更多的是凭借具体的数据参数来判断你的公司是否值得投资。因此,这张幻灯片可被视为融资路演 PPT 中的"关键幻灯片",因为它决定了投资人是否会继续观看下

去。这时,你应该思考如何回答以下问题:你有多少付费用户?你每月或每年拥有多少收入?你每月的业务增长量是多少?你开始获得利润了吗?你有合作伙伴吗?你有来自用户的嘉奖或高的净推荐值吗?

幻灯片 4:产品

在幻灯片 2 中,你通过解决方案向投资人展示了你能提供的所有好处。在本张幻灯片中,你要做的就是为投资人进行产品演示,在不透露过多细节的基础上向投资人解释产品是如何工作的,你可以用简洁的语言配上几张产品截图予以说明。你应该回答以下几个问题:你的产品是如何工作的?你的产品如何为你的客户带来价值?你介绍以上 4 张幻灯片的核心目的是让投资人对你的业务产生兴趣,这样他们才会想要了解更多。因此,在接下来的第 5~8 张幻灯片中,你要做的就是说服投资人,让他认可你的项目,让他感觉你将用一个独特的策略来切入市场。

幻灯片 5:市场分析

市场可细分为市场总量(Total Available Market,简称 TAM)、可服务市场总量(Serviceable Available Market,简称 SAM)与实际可服务市场总量(Serviceable Obtainable Market,简称 SOM)。假如产品市场细化升级,你可以讲述怎样成为"小池塘里的大鱼"。你应该考虑如下问题:TAM、SAM、SOM 有多大?用户的画像是什么?谁是你的早期用户?你的生命周期价值与获得成本各是多少?你的用户流失率是多少?

幻灯片 6:竞争分析

创业者可能最不想听到的问题之一:假如某行业巨头准备进入你的市场,并且愿意投入超出你拥有的资源,你该如何应对呢?这个问题没有标准答案,因为除非这件事真的发生,否则没人知道会出现什么结果。这时,你要做的就是展示你在获得市场份额上的信心,并向投资人展示你当前的客户满意度与忠诚度。你需要考虑下列问题:你的市场定位是什么?如何应对竞争对手抢夺市场份额这个问题?你的秘诀是什么?你如何变得比竞争对手更优秀?

幻灯片 7:商业模式

Lean Canvas 的创始人阿什·毛里亚曾说过:"创业者的真正产品是一

个行之有效的商业模式,而非一套成熟的解决方案。创业者真正该做的是降低商业模式的风险。"在这张幻灯片中,你应该展示自身企业商业模式的工作原理,以及该模式如何通过早期用户的验证。这里需要解答两个关键问题:你如何赚钱? 你的商业模式有没有经过实验或案例研究的验证?

幻灯片 8:市场推广策略

截至目前,你已经确定了目标市场与商业模式,接下来你要做的就是让投资人知道你将如何赢得这个市场。你的市场推广策略已经在小范围内通过了验证,并且你已经确定了最有效的用户获取渠道。这里你需要回答如下问题:你该如何让自家产品出现在用户面前? 基于你当前的资源,你有哪些推广渠道? 你做了哪些工作来验证这些渠道的推广效率? 你最具备竞争力的分销策略是什么?

幻灯片 9:融资需求+财务数据

为了支持你在前1张幻灯片中提出的市场推广策略,你需要融资的支持。你的整个路演都是为了这一个目的。讲到这里,投资人应该清楚了为何你的公司会是一个良好的投资机会,现在他们想知道你需要多少资金才能实现这一点。你需要回答如下问题:你需要多少资金来验证你的商业模式? 你手上的资金还能维持多久? 你还需要多少资金? 所融资金将如何分配? 资金将花在哪些方面? 获客成本是多少?

幻灯片 10:团队

在这张幻灯片中,你需要把自己团队的成员及其职务和经历介绍给投资人,并向投资人解释为何你的团队是这个商业模式的最佳选择。你应该回答如下问题:你的团队里有谁? 团队成员有哪些相关技能和经验? 你是如何认识你的联合创始人的? 团队成员过去一起做过什么? 讲述一些能表明你们合作愉快的事情。你有哪些顾问? 他们的经验与你需要解决的问题有什么关系?

幻灯片 11:愿景

你的愿景可以设置在标题幻灯片中作为宣传标语,也可以设置在PPT的最后,提醒你的投资人选择投资你的项目。当你向投资人展示了所有事实、数据及检验信息后,假如这些都符合他们的标准,他们接下来就想知道你有何动力去完成这些项目,或者说为何你能完成这些项目。你应该描述以下两点:你的愿景是什么? 是什么在激励着你实现这个愿景?

3.3 焦点一:企业商业模式设计

商业模式是商业计划书的重要内容,商业模式设计具体包括战略定位、盈利模式、资源整合、协同创造和价值创新与分享这几个方面的设计。

3.3.1 战略定位与盈利模式

战略定位是创业企业自身的内在认识,盈利模式是创业企业生存发展的关键,是商业计划书的重要内容。通过战略定位与盈利模式的设计,商业计划书中的商业模式才能发挥效应。

(1)战略定位设计

战略定位是指创业企业与再创业企业通过什么方式和途径为哪些客户提供什么产品和服务的决策,以获取和保持经营优势,实现公司战略目标。战略定位主要包括四部分:企业从事什么业务? 企业如何创造价值? 企业的竞争对手是谁? 哪些客户对企业是至关重要的,哪些是必须要放弃的? 因此商业计划书的战略定位设计可以从这四方面实现,如图 3-7 所示。

图 3-7　战略定位设计内容

(2)设计创业企业自身的盈利模式

盈利模式是对创业企业经营要素进行价值识别和管理,在经营要素中找到盈利机会，探求创业企业利润来源、生成过程和产出方式的系统方法。盈利模式是否靠谱，对商业模式的是否成立产生影响，也决定创业团队能否带来源源不断的收入。创始人主要可以从顶级盈利模式的要素来设计商业计划书中的盈利模式，如图 3-8 所示。

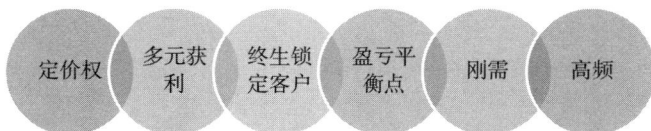

图 3-8　盈利模式设计方向

第一，展示定价权。企业若有好的盈利模式，必定掌握了定价权，而非单依靠单一的市场竞争而决定价格。定价权能让企业拥有独特的优势，保持自身的核心竞争力，比如苹果、微软、滴滴。

第二，展示多元获利。通过单一流量入口的切入，能够实现多重服务的提供，进而从单一客户身上赚取更大的利润，比如 360、腾讯、阿里巴巴、网络游戏等。

第三，展示终生锁定客户。服务提供方一次投入终身受益，且圈定用户终生价值。这种情况比较容易发生在技术壁垒或者行业垄断时，比如移动、联通、电信、电力、燃气、水务、微软、保险、物业、加油站。

第四，分析盈亏平衡点。真正方向正确的商业模式，盈亏平衡点是可以被预测的，且利润率较高，现金流非常充足。

第五，分析刚需。多数盈利模式的核心点在于发现生活中用户的痛点，也被称为"问题原点"。

第六，突出高频。高频的创业项目由于用户黏性比较强，更容易找到多元获利的价值点。

3.3.2　资源整合与协同创造

资源整合是商业模式应用于实践的基础，协同创造是商业模式实践的方式。协同创造就是基于资源整合而进行的。创始人在编写商业计划书时需要认识到二者之间的潜在关系。

(1)资源整合

创业者不仅要学习方法,要赚钱,从各方获取资源,还要找到更多有能力的人一起工作,对企业、部门、员工、资金、品牌等进行重新整合,达到最佳的组合效果,这便是资源整合。商业计划书设计需要体现企业实现资源整合要求的六个步骤,如图 3-9 所示。

图 3-9　资源整合六步骤

创业者要想整合资源,一切行动都必须从制定明确的目标出发,以结果为导向。没有明确的目标,整合资源也就无从谈起。当然,只有目标远远不够,创业者必须分析实现这一结果所需要的资源,以便分析已经拥有的资源和仍然缺乏的资源,并进一步分析缺少的资源在哪儿。只有这样,才能采取相应的措施来满足整合资源的需要。

(2)协同创造

协同创造是指通过突破主体间的壁垒,有效汇聚创新资源和要素,充分释放彼此间"人才、资本、信息、技术"等要素而实现深度合作。对于创业企业,协同创造是各个主体要素内实现创新互惠、知识的共享、资源优化配置、行动最优同步、高水平的系统匹配度。这些协同效应都是从企业内部的部分要素上获得的。所以恰恰就是这些微观要素的相互结合,创造出了新的价值,在宏观上表现为企业的整体价值增大。由此我们得到,协同创造并不是单纯地由企业全部经营单元产生的现象,而是由不同的经营单元中具有资源与技能共享的要素之间产生的。这样说并不是对过去定义的协同概念进行否定,而是一个新的提炼。企业的协同创造完全能以经营单元的价值行动为基础的,在特殊的相互作用的行为之间取得。设计商业计划书的协同创造可从以下几方面入手:要素识别、合理操作、有效管理、员工认同,如图 3-10所示。

图 3-10　协同创造步骤

　　首先，分析识别出的协同要素。协同通常发生在存在相互关系（即行为与技能的共享）且相关联的企业不同经营单元之间。所以，创业企业在融资计划中寻找协同机会时，要认真分析不同经营单元之间存在协同可能性的要素。

　　其次，分析协同管理的实现。在企业系统中，协同管理常常通过运用内部协同管理软件、明确分工、做好计划、及时的信息反馈消除信息孤岛、加强团队交互等方式实现。

　　最后，分析员工认同的程度。员工认同是企业内个体与群体共同成长的重要元素，认同是组织内外有效协同的基础。员工认同最终决定企业协同创造能力。

专栏 3-2

如何做一场让投资人无法拒绝的路演

　　想要做一场让投资人无法拒绝的路演有两个条件：第一，路演时间不能超过 7 分钟；第二，将路演变成讲故事。

路演时间不能超过 7 分钟

　　从路演计划书的特点和适合直奔主题的模式这两个方面来考量，路演最佳的展示方式就是 PPT 形式。由于时间的限制，现在企业常用的是 7 分钟 PPT 路演。对于融资企业来说，这是非常重要的 7 分钟。那么，在这 7 分钟时间里，企业要向投资者展示的要素就是重中之重。一份优秀的路演 PPT 应该包含五大要素：

①企业概况。这一部分一定要在PPT中展示出来,要让投资者了解你的企业,并看到企业取得的成绩,这里最重要的就是企业的联系方式,因为你必须要让投资者能够找到你。

②管理团队。介绍企业的核心管理团队,使投资者了解管理团队的整体实力,并使之相信企业是值得信赖的,是有发展前景的。

③市场分析。用图表数据来分析现在的市场情况,要让投资者看到项目的广阔市场,使之相信企业有足够的实力在竞争中取得胜利。

④财务状况。用报表的形式展示企业的历史财务状况和未来能达到的财务预期,让投资者从报表中看到他的投资是可以得到收益的。

⑤融资方案。向投资者展示你的融资计划、融资额度和股权比例之间的联系,说明"为何需要这个额度的资金",要让投资者知道他的资金将用在什么地方。由于时间短暂,PPT路演不可能做到面面俱到。只要把以上内容展示在PPT中,就不失为一份优秀的路演商业计划书。

把路演变成讲故事

讲故事的方式可以吸引听众的关注,并使你的路演变得令人难忘。实际上,投资人并不喜欢PPT之类的商业计划书,假如他们想了解PPT上的信息,绝对可以很轻松地获取。因此,在投资人面前,你可以将路演变成一个讲故事的平台,将自己的创业故事告诉投资人。每个人都喜欢听好故事,即使最出色的投资人也不例外。需要注意的是,这个故事一定要精彩,而且要表述清楚。你的任务是吸引投资人的关注,达到这个目的就可以了。

3.3.3 价值创新与分享

价值创新与分享就是企业价值的突破式创造与分享过程。做企业就是创新价值、分享价值、收获价值的3个过程。价值创新与生产需求、解决问题相关联,价值分享与市场营销有关,编写商业计划书的价值创新与分享就是按这两类关系展开。

(1)价值创新

价值创新需要将商业模式好的点子落地,通俗讲就是要解决问题。进一步分析，价值创新是指企业进行融资、投资、经营三大活动的过程中各环节效率的改变，进而引发的企业价值的变化。企业实现商业价值创新的三个基本逻辑——用户逻辑、产品逻辑、合作逻辑，如图 3-11 所示。如何变现，看似朴素的需求，却是商业运营、创业企业融资的终极目标。商业计划书中的价值创造可以从两个方面进行设计：一是卖当下，即传统的利润模式，可以从企业的主营业务进行展开；二是卖预期，即金融资本模式。

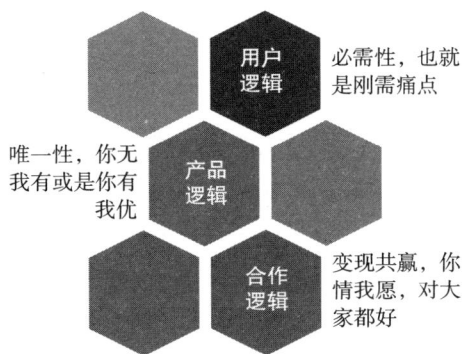

图 3-11　商业价值变现的基本逻辑

（2）价值分享

企业在重视价值创造同时，也需要重视把产品价值分享给用户。产品价值的分享就是让用户觉得产品是值得他购买的。商业计划书中的价值分享设计可从以下三步骤入手，如表 3-3 所示。

表 3-3　价值传递设计思路

步骤	内涵	具体内容
不停打磨价值产品信息，让信息具备可传播性	打磨信息是为了更好地传播价值给用户，能够让用户快速地感知到产品的作用	重复原则：用户的大脑就是一个高效的信息过滤系统，信息重复才能影响用户；独特原则：让自己的产品变得与众不同；聚焦原则：为产品设定一个焦点，有利于信息传播；体验原则：通过产品使用体验把价值传导给用户
选择合适的传播渠道，进行有效传播	寻找一个传播媒介，然后产品通过媒介连接用户	传播渠道需要三算：算信息，"算"清楚核心信息想要表达什么意思；算时机，需要进行提前布局传播的时机；算渠道，要选择一个合适渠道来传播产品的价值

续表

步骤	内涵	具体内容
以原型为基础，创作出故事	依据原型＋意象创作故事，让用户获得不一样的感悟、启发、共鸣	产品核心能够让用户记忆深刻，能够解决用户的痛点；企业需要在产品价值传递中加入产品核心观点，才能使故事具有产品传递新价值的功能

3.4　焦点二：财务分析如何画饼

商业计划书最重要的一部分便是财务分析。财务分析首要目的是让投资人看到企业的盈利点。商业计划书中对股权转让价格和融资股权占比的设计能让投资人了解融资资金需求。退出机制是投资人增值的关键点，公司章程的重新制定能够实现退出机制设计的创新，能吸引投资人的眼球。

3.4.1　如何细化盈利点

投资人在向创业者投入资金时，并不是希望创业企业的资金充裕，他们希望创业企业通过高效运营和有效的资源投入实现企业的尽快盈利。对于盈利能力，常规的财务分析工具众多，如表 3-4 所示。这些财务工具能够利用数字的形式直观地为投资人展示企业的盈利。

表 3-4　盈利能力的常规财务分析工具

财务工具	含　义	意　义
内部收益率（IRR）	资金流入现值总额与资金流出现值总额相等时的折现率	它是一项投资渴望达到的报酬率；该指标越大越好
净资产收益率（ROE）	公司税后利润除以净资产得到的百分比率	该指标反映股东权益的收益水平，用以衡量公司运用自有资本的效率，体现了自有资本获得净收益的能力；指标值越高，说明投资带来的收益越高

续表

财务工具	含　义	意　义
投资回收期	投资项目投产后获得的收益总额达到该投资项目投入的投资总额所需要的时间(年限)	该指标反映回收投资成本的时间；指标值越小越好

在此基础上，创始人团队在商业计划书中制定和展望未来盈利能力时，需要通过数据解释清楚。商业计划书中的利润计划无疑会吸引投资者眼球。通过数据细化盈利点的具体做法包括三方面：一是细分客户类别；二是分析企业与各类别客户进行业务往来的具体业务，此处称为利润的转化途径；三是根据转化途径分析利润来源，并计算盈利额估计值和盈利能力的财务分析指标。

以教辅市场的某一家"图书＋互联网＋共享经济"相结合的网络公司为例，利用净资产收益率作为分析指标，如表 3-5 所示。该公司服务的用户包括出版单位、图书批发企业、零售书店、中小学教师和中小学生，该企业与以上用户之间的业务就是企业所有业务。假设净资产为 H，其他业务收入与投资收益之和同成本费用支出与资产减值损失相抵消，因此营业利润就是主营业务收入，即表格中的各营业利润额估计之和。营业外净收支为 0，因此利润总额等于营业利润，即表格中的各营业利润额估计之和。企业所得税税率为 25%，人为净资产。因此 $ROE = (Aa\,X_1 + Bb\,X_2 + Cc\,X_3 + Dd\,X_4 + Ee\,X_5) \times (1-0.25)/h$。

表 3-5　案例分析之细化盈利点

用户类别	基数	单位业务利润	预计单位用户年业务量	转化途径	利润来源	营业利润额估计
出版单位	A 家	a 元	X_1	样书配送	出版社信息费等	$Aa\,X_1$
图书批发企业	B 家	b 元	X_2	专版图书	提成与折扣	$Bb\,X_2$
零售书店	C 家	c 元	X_3	线上转型	提成与折扣	$Cc\,X_3$

续表

用户类别	基数	单位业务利润	预计单位用户年业务量	转化途径	利润来源	营业利润额估计
中小学教师	D 人	d 元	X_4	好书推荐，共享学习	知识共享收费	DdX_4
中小学生	E 人	e 元	X_5	在线商城	网上商城	EeX_5

3.4.2 股权转让的价格和数量如何确定

创业企业在融资过程中需要在商业计划书的融资计划中，说明出让的股权数量以及这些股份的价值。这并非刻意为之，而是因为股份制有限公司的公司股权转让是由企业估值、股价和股权结构的内在逻辑决定的。

（1）股权转让的价格

股权的转让价格的公式为：公司估值＝总股本×每股价格。因此，在融资过程中，企业应该通过估值与股本总数来确定每股价格。股本总数在融资股权转让过程中是不变的，而估值就无法简单地得出。行业不同，企业估值方法就不同，比如科技公司的估值比餐饮行业、商品生产行业等传统公司要高。在给公司估值时，非上市公司一般也会比上市公司低 $25\%\sim35\%$。而处于不同发展阶段的企业，估值也不尽相同。但估值有一个基本定律，就是要考量企业现在或将来创造利润的能力，如图 3-12 所示。因此，每股价格可以由估值基本定理得出，即公司估值除以公司总股数得出。

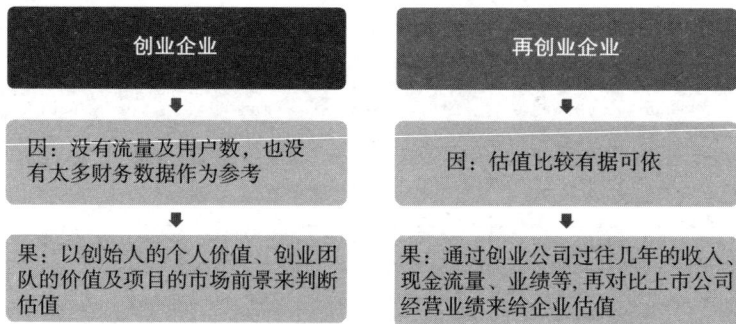

创业企业	再创业企业
因：没有流量及用户数，也没有太多财务数据作为参考	因：估值比较有据可依
果：以创始人的个人价值、创业团队的价值及项目的市场前景来判断估值	果：通过创业公司过往几年的收入、现金流量、业绩等，再对比上市公司经营业绩来给企业估值

图 3-12　估值基本定律

(2)创始人控股权在融资过程中的动态变化

企业估值越高,每股价格越高,融资越多。那如何确定出让的股权数量呢?事实上,创业者尽量不要让给投资人过多股权。公司越小越要珍惜股权。为了保护核心团队的控股权(创始团队加上期权始终处于控股地位),创始人可以适当将公司估值高一些,这样既可以提高融资的金额,又可以少给投资人股权。创始人最好规定一个出让股权的标准,在企业进行估值之后,超过这个标准就下调融资金额或选择不融资,如表 3-6 所示。

表 3-6 各融资阶段的股权出让范围

融资阶段	股权出让范围	融资诠释及金额
初期	0%	股东自己出注册资本金,创始人自身要拿出部分股权分享给股东以及建立期权池
天使轮	10%~20%股权	天使投资人"看人下菜碟",这个时期的融资在50万~200万左右
A 轮融资	20%~30%股权	企业的商业模式、团队的作战能力被市场所检验是可行且有效的,企业已经实现初步盈利,VC 会投出 A 轮,通常在 5000 万左右,支持企业进一步的扩张、发展
B 轮融资	10%~15%股权	公司的经营状况步入正轨,更多的投资方也会随之而来,融资的数目通常在 1 亿~5 亿之间
C 轮融资	5%~10%股权	年营收达到 2 亿以上,PE 或者其他投资者才会进一步投资,融资主要的作用是助推企业上市
IPO 融资	很低	发展壮大,投资人要套现离场,企业上市,面向公众进行更大范围与规模的融资

由于从天使轮开始到最后一轮的融资都会影响股权结构,因此创业企业在不同融资活动结束后的创始人股权皆不一样。企业创始人按照表 3-6 的要求进行融资时,在商业计划书中也需要说明融资对创始人股权的影响,最好用清晰的数据表示。此处以某公司进行 C 轮融资为例分析创始人控股权,如表 3-7 所示。

表 3-7 某公司创始人股权结构

股东	创立初期	天使轮融资后占股	A 轮融资后占股	B 轮融资后占股	C 轮融资后占股
张三	50％	45％	40.4％	37.5％	35％
李四	50％	45％	31.6％	27％	25％
天使投资人		10％	8％	6％	5.3％
A 轮投资人			20％	14.5％	11.7％
B 轮投资人				15％	13％
C 轮投资人					10％
总计	100％	100％	100％	100％	100％

由表 3-7 可知，某公司在进行 C 轮融资后的创始人依旧持有最大股份。这是最理想的状态，但不是绝对的。很多创业公司（如阿里巴巴）最后虽然失去了控股权，但并没有失去对公司的控制力，这个主要还是看 AB 股设计方案、团队的能力和贡献度。

专栏 3-3

商业计划书范例

公司名称

地址

邮政编码

联系人及职务

电话

传真

网址

电子信箱

第一部分　摘要(整个计划的概况,文字在 2～3 页以内)

一、对公司的简单描述

二、公司的宗旨和目标(市场目标和财务目标)

三、公司目前的股权结构

四、已投入的资金及用途

五、公司目前主要产品或服务介绍

六、生产概况和营销策略

七、主营业务部门及业绩简介

八、核心经营团队

九、公司优势说明

十、目前公司为实现目标的增资需求:原因、数量、方式、用途、偿还

十一、融资方案(资金筹措及投资方式)

十二、财务分析

1.财务历史数据(前 3～5 年销售汇总、利润、成长)

2.财务预计(后 3～5 年)

3.资产负债情况

第二部分　综述

第一章　公司介绍

一、公司的宗旨(公司使命的描述)

二、公司介绍资料

三、各部门职能和经营目标

四、公司管理

1.董事会

2.经营团队

3.外部支持(外聘人士、会计师事务所、咨询公司、技术支持、行业协会等)

第二章　技术产品

一、技术描述及技术

二、产品状况

1.主要产品目录(分类、名称、规格、型号、价格等)

2.产品特性

3.正在开发、待开发产品简介

4.研发计划及时间表

5.知识产权策略

6.无形资产(商标、专利等)

三、产品生产

1.资源及原材料供应

2.现有生产条件和生产能力

3.扩建设施、要求及成本,扩建后的生产能力

4.原有主要设备及添置设备

5.产品标准、质检和生产成本控制

6.包装与储运

第三章　市场分析

一、市场规模、市场结构与划分

二、目标市场的设定

三、产品消费群体、消费方式、消费习惯及影响市场的主要因素分析

四、目前公司产品市场状况、产品所处市场发展阶段(空白、新开发、高成长、成熟、饱和)、产品排名及品牌

五、市场趋势预测和市场机会

六、行业政策

第四章　竞争分析

一、有无行业垄断

二、从市场细分看竞争者市场份额

三、主要竞争对手情况：公司实力、产品情况（种类、价位、特点、包装、营销、市场占有率等）

四、潜在竞争对手情况和市场变化分析

五、公司产品竞争优势

第五章　市场营销

一、概述营销计划（区域、方式、渠道、预估目标、份额）

二、销售政策的制定（以往和现行计划）

三、销售渠道、方式、行销环节和售后服务

四、主要业务关系状况（代销商、经销商、直销商、零售商、加盟者），各级资格认定标准政策（销售量、回款期限、付款方式、应收账款、货运方式、折扣政策等）

五、销售队伍情况及销售福利分配政策

六、促销和市场渗透（方式及安排、预算）

1.主要促销方式

2.广告公关策略、媒体评估

七、产品价格方案

1.定价依据和价格结构

2.营销价格变化的因素和对策

八、销售资料统计和销售记录方式，销售周期计算

九、市场开发规划、销售目标（近期、中期）、销售预估（3～5年）、销售额、占有率及计算依据

第六章　投资说明

一、资金需求说明（用量期限）

二、资金使用计划及进度

三、投资形式（贷款利率、利率支付条件、转股——普通股、优先股、认股权对应价格）

四、资本结构

五、回报偿还计划

六、资本与负债结构说明（每笔债务的时间、条件、抵押、利息等）

七、投资抵押（是否有抵押、抵押品价值及定价依据、定价凭证）

八、投资担保（是否有抵押、担保者财务报告）

九、吸纳投资后股权结构

十、股权成本

十一、投资者介入公司管理层说明

十二、报告（定期向投资者提供的报告和资金支出预算）

十三、杂费支付（是否支付中介人手续费）

第七章　投资报酬与退出

一、股权上市

二、股权转让

三、股权回购

四、股利

第八章　风险分析

一、资源（原材料供应商）

二、市场不确定性风险

三、研发风险

四、生产不确定性风险

五、成本控制风险

六、竞争风险

七、政策风险

八、财务风险（应收账款坏账）

九、管理风险（含人事、人员流动、关键雇员依赖）

十、破产风险

第九章　管理

一、公司组织结构

二、管理制度及劳动合同

三、人事计划（配备、招聘、培训、考核）

四、筹资、福利方案

五、股权分配和认股计划

第十章　经营预测

增资后 3～5 年公司销售数量、销售额、毛利率、成长率、投资报酬率预估及计算依据

第十一章　财务分析

一、财务分析说明

二、财务数据预测

1.销售收入明细表

2.成本费用明细表

3.薪金水平明细表

4.固定资产明细表

5.资产负债表

6.利润及利润分配明细表

7.现金流量表

8.财务指标分析

（1）反映财务盈利能力的指标

a. 财务内部收益表

b. 投资回收表

c. 财务净现值

d. 投资利润表

e. 投资利税表

f. 资本金利税表

g. 不确定性分析：盈亏平衡分析、敏感性分析、概率分析

（2）反映项目清偿能力的指标

a. 资产负债率

b. 流动比率

c. 速动比率

d. 固定资产投资借款偿还期

第三部分　附录

一、附件

1. 营业执照影本

2. 董事会名单及简历

3. 主要经营团队名单及简历

4. 专业术语说明

5. 专利证书生产许可证鉴定证书等

6. 注册商标

7. 企业形象设计宣传资料（标识设计、说明书、出版物、包装说明等）

8. 简报及报道

9. 场地租用证明

10. 工艺流程图

11. 产品市场成长预测图

二、附表

1. 主要产品目录

2. 主要客户名单

3. 主要供货商及经销商名单

4. 主要设备清单

5. 市场调查表

6.预估分析表

7.各种财务报表及财务估计表

3.4.3　退出机制

投资人只有明晰地看到资本运动的出口，才会积极地将资金投入风险企业。投资退出机制的存在的根本意义就是为了确实保证投资人的基本权利，退出机制决定投资的成败。因此，商业计划书中的退出机制是投资人进行投资决策的关键之一。目前投资的退出方式不仅一种，如表3-8所示。

表 3-8　融资资本退出方式

方　式	含　　义	内　　容
公开上市	将风险企业改组为上市公司，投资方的股份通过资本市场第一次向公众发行，从而实现投资回收和资本增值	优点：它不但为风险投资者和创业者提供了良好的退出路径，而且还为风险企业筹集资金以增强其流动性开通了渠道，通过股票上市，风险企业能够在资本市场上筹集到大量的资金。缺点：创始人股权通常需按一定的条件并在一定的时限后才能出售，这就使得发起人的投资不可能立即收回，也就拖延了风险投资的退出时间，增加了投资风险
股份回购	创业者回购投资者的股份或者创业企业回购风险投资者的股份	当创业企业不是很成功的时候，为了保证已投入资本的安全，便可采用此种方式退出。因为企业回购对投资双方来说都有一定的诱惑力，所以创业企业从风险投资家手中回购股权的方式发展得很快。在美国，创业企业回购已成为风险投资退出的最主要的途径之一；虽然我国当前以此种方式退出的案例并不多，但是从发展趋势看，股份回购应该是未来我国风险投资基金退出的一种现实选择

续表

方式	含 义	内 容
兼并与收购	风险投资人在时机成熟的时候，通过并购的方式将自己在创业企业中的股份卖出，从而实现风险资本的退出；	这类方式是风险资本退出的常用方式，并购时机选择适宜，风险投资就能获得较大的收益，一般风险企业应该选择在企业未来投资收益的现值比企业的市场价值高时把公司出售，这时风险投资公司能够获得最大的投资收益
破产清算	破产清算是在风险投资不成功或创业企业成长缓慢、未来收益前景不佳的情况下所采取的一种退出方式	虽然以清算方式退出一般会带来部分损失，但也是明智之举的，因为投在不良企业中的资金存有一定的机会成本，与其被套牢而不能发挥作用，倒不如及时收回资金投入到下一个更有希望的项目中去。风险投资家应拿出壮士断腕的勇气，果断地抽出资金，转向投入预期回报更高的标的之中，寻求更好的获利机会

　　发行股票上市是投资回报率最高的方式。因此发行股票上市是实现投资人和创业企业双方利益最大化的退出机制。一般的商业计划书中未能设置好退出机制。融资之后，投资人的退出机制往往会按照投资人的标准来进行重新设计。而上市公司向特定股东或投资人增发时，都会修改公司章程。在股东之间或股东与公司之间的纠纷中，公司章程是最直接、最有效的判断行为对错的标准。当章程缺乏相对应的规定时，这些纠纷往往充满了不确定性，其结果往往是长时间的、大量的诉讼，给公司经营造成严重的打击，对于中小企业投资者来说，这种打击常常是致命的。因此创始人可以根据公司章程的重新制定实现内部治理结构的优化，实现"发行股票上市"这一完美退出机制。一份好的有限责任公司章程，应当至少符合 5 个标准，如图 3-13 所示。

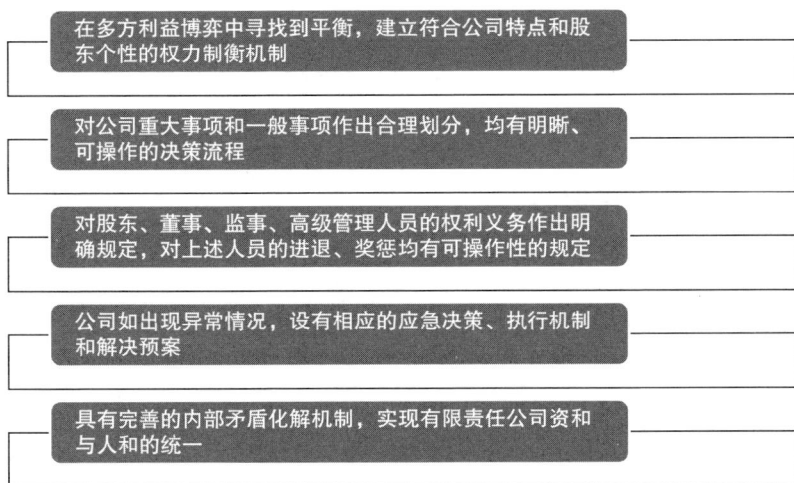

图 3-13　公司章程制定标准

在多方利益博弈中寻找到平衡，建立符合公司特点和股东个性的权力制衡机制

对公司重大事项和一般事项作出合理划分，均有明晰、可操作的决策流程

对股东、董事、监事、高级管理人员的权利义务作出明确规定，对上述人员的进退、奖惩均有可操作性的规定

公司如出现异常情况，设有相应的应急决策、执行机制和解决预案

具有完善的内部矛盾化解机制，实现有限责任公司资和与人和的统一

章末案例

神策数据：帮助企业实现数据驱动

现阶段，我国正处于从互联网和移动互联网时代向数据时代转型，越来越多的企业已经意识到并开始挖掘数据资产价值。随着大数据价值的明朗化，越来越多企业将数据驱动产品、运营、商业决策及产品智能作为发展的必备环节，数据分析能力已然成为企业刚需。根据 IDC 最新预测，2020 年我国大数据相关市场的总体收益将达到 104.2 亿美元，较 2019 年增长 16.0%，科学的数据分析，可以使企业走得更快更远。

一、公司简介

神策数据（Sensors Data）隶属于神策网络科技（北京）有限公司，是专业的大数据分析平台服务提供商，致力于帮助客户实现数据驱动。2015 年成立至今，经过三年的摸爬滚打，神策在产品服务上已经有了明确的方向和足够的底气。再加上资本助力，神策数据很快就能在体量上与竞争对手拉开距离。目前，神策数据已积累中国银联、中国电信、小米、纷享销客、妈妈帮等1000余家付费企业用户的服务和客户成功经验，为客户全面提供指标梳理、数据模型搭建等专业的咨询、实施和技术支持服务。

二、神策数据融资历程

2018年4月，神策数据获得4400万美元C轮融资，由华平投资领投，红杉资本中国基金、DCM资本、襄禾资本、晨兴资本、线性资本、明势资本跟投。除了新进入的华平资本领投外，AB轮和天使轮资方几乎全部跟投。而神策数据也成为首家完成C轮融资的大数据服务商。桑文锋将融资比喻成一个"套光环"的过程，每家投资机构的背书都是一道光环。C轮过后，神策数据的光环也盖过了同一赛道上的其他选手。这意味着神策数据业务将发展很快，服务的客户群愈来愈大。

2020年5月19日，神策数据5周年产品暨融资线上发布会正式召开。神策数据创始人＆CEO桑文锋在发布会上宣布重磅融资信息，即获得由襄禾资本领投，晨兴资本、DCM资本、华平投资、红杉资本中国基金、线性资本、明势资本跟投的共计3000万美元的C＋轮融资。作为领投方，襄禾资本创始合伙人汤和松表示："企业的数据处理、分析与应用，是企业提高效率和竞争力的关键。以桑文锋为核心的神策团队，战略和执行力非常到位，产品和服务备受好评，为中国互联网企业以及正在数字化转型的传统企业，都提供了长远的价值。在我国To B市场中，神策数据无疑是一颗耀眼的新星。"

三、神策数据崛起的启示

神策数据是专业的大数据分析平台服务提供商，公司围绕用户级大数据分析和管理需求，致力于帮助客户实现数据驱动。其快速的崛起给同行业其他企业树立了榜样。

第一，从数据基础建起。不同行业的客户，甚至相同行业的不同客户，对大数据分析工具的需求往往五花八门。神策数据服务了这么多细分垂直行业的客户，是如何满足他们的不同需求的呢？桑文锋认为，标准化是核心关键点。他指出，对于2B企业来说标准化非常重要，如果不能标准化就很难实现规模化。

第二,技术驱动。给客户带来价值,而价值源于打磨。神策数据以技术实力为根据地,通过构建更强大产品性能和功能,让用户从数据中获得更深入的数据洞察力。

第三,从用户需求出发。神策数据一贯坚持从用户需求出发,以解决客户业务诉求为根本目标。做 90 分的产品是神策数据全体员工的共识。为什么不是 100 分? 因为任何产品都有提升的空间;能用产品解决的问题就不用服务解决,能用服务解决就不用咨询解决,咨询工作尽量服务化,服务工作尽量产品化。企业全员上下都致力于给客户带来价值,神策注重交付团队的反馈,产品研发坚持以终为始,让产品在客户应用场景中真正释放价值。

第三,涉猎领域广化。从 2016 年底开始,神策数据"互联网"与"互联网+"双管齐下,经过 4 年发展,神策数据在互联侧聚焦电子商务、互联网金融、在线教育、在线文娱、企业服务等 5 大重点行业,在"互联网+"侧聚焦大金融、泛零售、广电等重点行业。2020 年,神策数据正式实施行业化战略,在不改变产品的情况下,不断调整客户群体,成功实现整体业务层面的规模扩大。

资料来源:

1.《领跑行业率先斩获 C 融资,神策数据都做对了哪些事情?》

https://www.leiphone.com/news/201804/xR2WfCJsmLLzuHa7.html

2.《领跑行业率先斩获 C 融资,神策数据都做对了哪些事情?》

https://www.leiphone.com/news/201804/xR2WfCJsmLLzuHa7.html

3.《神策数据宣布融资 3000 万美元 C+轮融资》

https://www.360kuai.com/pc/9ddf69e3e0180e7c3? cota＝3&kuai_so＝1&sign＝360_57c3bbd1&refer_scene＝so_1

4.《神策数据玩转 To B 生意经:4 年融资 4 亿,围绕用户级数据》

https://baijiahao.baidu.com/s? id＝1638472001403085250

第四章　创业成功之路：上市 IPO

开 篇 小 语

　　在资本全球化的推动下，中国国内经济也飞速发展，各行各业迅速崛起，面对呈上升态势的 IPO，大部分企业都选择参与其中，以期实现企业的利益最大化，奔向创业成功之路。随着大众创业、万众创新浪潮的掀起，市场机制逐步引导深化，各行业涌现出大量的创新创业型企业，创业企业前期的股权设计和分配问题对于创业新人也显得尤为重要。在企业 IPO 路演中，演讲者精彩绝伦的故事分享，吸引了投资者眼球，打动了资本市场。当然，在走向成功的路上，不少企业也折戟于 IPO 审核途中，错失了参与到资本市场中的发展良机，如何穿越 IPO 火线也彰显着企业的智慧。

　　在当下资本市场动荡期间，能够完成上市本身就是公司里程碑式的成功。

——晨兴资本创始合伙人　刘芹

开 篇 案 例

澜起科技：内存接口芯片领域的领先者

一、公司简介

澜起科技股份有限公司成立于 2004 年 5 月 27 日，是业界领先的集成电路设计公司之一，在内存接口芯片领域的竞争中处于领先地位。澜起科技的主营业务是为云计算和人工智能领域提供高性能芯片解决方案，提供高性能且安全可控的 CPU、内存模组及内存接口芯片解决方案。公司的主要产品包括内存接口芯片、津逮服务器平台以及消费电子芯片等。其发明的 DDR4 全缓冲"1＋9"架构更是被 JEDEC 采纳为国际标准，相关产品在国际市场上都占据重要份额。2018 年，澜起内存缓冲芯片收入超过行业龙头美国 IDT，2019 年澜起科技内存接口芯片收入占比更是高达 99.06％。2020 年，澜起紧抓前沿，将大量精力投入 AI 芯片的研发工作中。澜起战略调整的背后不仅体现了其自身强大的底气与实力，更是显现其冲击 AI 芯片战场背后的决心。

二、融资亮点

(1)融资亮点 1：领导层丰富的经验与技术

1997 年，杨崇和与合作伙伴共同创建了以硅谷企业为运作模式的高科技公司——新涛科技(上海)有限公司。杨崇和将在硅谷学习到的经验与技术应用于新涛的发展之中。仅用了 3 年多的时间，新涛科技就已发展成为具有相当竞争力的高科技公司，并开发了一系列集成电路产品。在新涛被全球最大的内存芯片厂商美国 IDT 公司高价收购之后，杨崇和在 IDT 工作了三年。2004 年，杨崇和开始二次创业，创办自己的第二家公司澜起科技。杨崇和察觉到数据市场正开始兴起，蕴藏着巨大的商机，将产品瞄准数字机顶盒芯片和高端计算机的内存缓冲芯片，并通过将部分环节外包的方式降低企业成本。

(2)融资亮点 2：高度重视研发合作

杨崇和非常明白企业核心技术对发展的驱动作用，因此他十分重视研发合作的重要性，力求通过研发创新塑造企业的核心竞争力。澜起科技的核心技术均为自主研发结果。2016年1月，澜起科技与英特尔及清华大学鼎力合作，研发出津逮系列安全可控CPU，为云计算数据中心提供更为安全、可靠的运算平台。澜起科技的"1＋9"分布式缓冲内存子系统框架使得企业拥有了核心技术，并借此打通了下游DRAM市场的高集中的国际龙头企业。杨崇和丰富的研发经验以及强大的研发技术是带领澜起大踏步发展的重要力量。

三、数轮融资打造芯片独角兽

澜起科技股份有限公司2004年由Montage Group独资设立，并于2004年5月27日正式成立。在十几年的发展过程中，澜起经历数轮融资，从上市退市再上市，最终成为内存接口芯片领域的领先者。澜起科技融资历程，如图4-1所示。

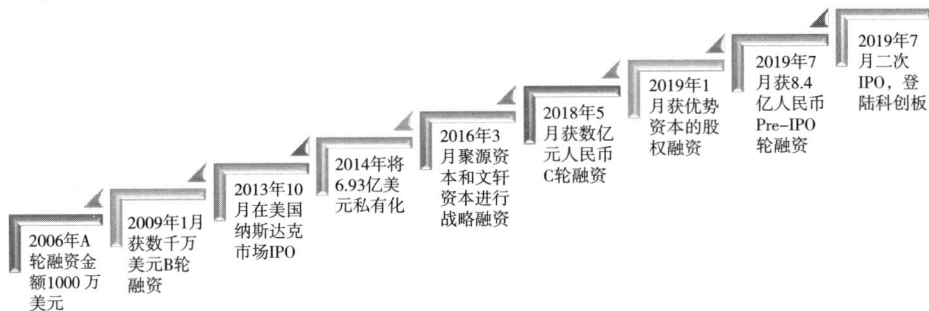

图4-1　澜起科技的融资历程

澜起科技经过数轮融资彰显了其在资本市场强大的吸引力。2006年，澜起科技获得了Intel Capital和永威投资公司合计超过1000万美元的A轮融资，为其成长积累了一定的资金支持。2009年1月，其又获得了数千万美元B轮融资。2013年10月1日，澜起科技在美国纳斯达克市场正式IPO，以10美元/股的价格发行了816.5万股普通股，融资净额达到4690万美元。2014年，澜起受到国新基金6.93亿美元的私有化要约。2016年3月1日，聚源资本以及文轩资本对澜起进行战略融资。2018年5月，澜起科技又进行了数亿元人民币C轮融资，此次融资投资方包括中信证券、中电投资、临芯投资、中国光大集团、英华资本、齐银基金、朗玛峰创投、国新基金等大批知名机构。2019年1月，获得来自优势资本的股权融资。同年7月，澜起进行Pre-IPO

轮融资,融资金额达到 8.4 亿人民币,投资方包括中网投、徐汇国投、中信证券、Intel Capital 以及静水投资。2019 年 7 月,澜起二次 IPO,登陆科创板,总市值一度超 1000 亿元。

澜起的融资充分展现出资本的强大实力,不仅在初创时期为企业自身的发展提供广阔的机遇,实现了资本的积累,也为其在遭遇集体诉讼时,顺利实现私有化回归提供了良好的契机。

四、澜起医疗发展的经验与启示

在杨崇和的带领下,澜起科技成为目前全球唯一可提供从 DDR2 到 DDR5 内存全缓冲/半缓冲完整解决方案的供应商,相关产品已成功进入全球主流内存、服务器和云计算领域,并占据国际市场的主要份额。澜起医疗发展的经验也给我们带来如下启示。

第一,重视产品研发,培育企业核心竞争优势。在五年的工作中,杨崇和深刻认识严谨、认真的高科技精神以及核心的研发能力对于高科技产业发展的重要性。因此,澜起一直聚焦于客户需求和产品研发,2016 年至 2018 年,澜起研发费用分别达到了 1.98 亿元、1.88 亿元和 2.77 亿元,占营收比例均值达到了 15％左右。通过研发资金的投入,澜起完成了每个技术环节的积累,形成了自身独特的一套模式。正如澜起科技副总经理兼财务负责人苏琳在谈及澜起的核心竞争力时说到的那样,"我们的技术源于每一个环节的积累,这也使得其他企业较难复制"。核心技术助推澜起在激烈的市场竞争中保有一席之地。

第二,敏感抓住市场变化,做出及时、准确的战略决策。澜起的业务拆分与正确的战略决策也是推动其实现业务专业化的关键。2017 年,澜起科技重新梳理组织架构,主动剥离运营机顶盒芯片业务,将智能家庭娱乐业务独立,专注于内存接口芯片产品的研发并取得了良好的成果,使得内存接口芯片业务目前成为澜起收入占比超 99％的主营业务。

第三,鼎力合作整合优质资源,突破资金瓶颈。澜起的融资为企业的经营活动提供了强大的助力。通过融资,澜起与许多企业形成了良好的合作关系,实现了资源共享,弥补各方劣势,实现综合效益的提高。例如,在津逮系列安全可控 CPU 的研发过程中,Intel 为其提供了资金及其他重要资源的支持。这使得澜起突破资金的瓶颈，实现企业研发活动的有序推进。

资料来源：

1.澜起官网：http://www.montage－tech.com/cn/Corporate_Overview/index.html

2.孙俊杰.止为潭渊深，动作涛澜起——澜起科技创业小史[J].中国工业和信息化，2020，7：84－89.

3.《澜起科技半年报：AI芯片战场迎战巨头》

https://new.qq.com/omn/20200821/20200821A04Y3D00.html

4.《"芯片独角兽"澜起科技的做空往事》

https://www.huxiu.com/article/309253.html

5.《澜起科技私有化退市后拆分业务 聚焦云计算或再谋上市路》

https://baijiahao.baidu.com/s? id ＝ 16286235496628630378&wfr ＝ spider&for＝pc

6.俞灵琦.澜起科技：掀起内存接口芯片的"巨澜"[J].华东科技 2019，(9)：39－41.

7.《澜起科技：紧锣密鼓上市 欲打响科创板第一枪?》

http://finance.eastmoney.com/a/201901251034769331.html

4.1　IPO：企业股东利益最大化

随着改革开放，我国的经济实力和综合国力都得到了快速的发展，一大批优秀的企业涌现，但公司的迅速发展需要资金支持，而当企业内部自身积累的资本无法满足公司扩张的需要时，则需要寻找外部融资渠道，而相对其他外部融资渠道，如私募来说，通过首次公开发行（IPO）可以筹集较大规模的资金。

IPO(initial public offering)是指某公司首次向社会公众以公开招股的发行方式募集资金。股票是资本市场交易的主要产品，而 IPO 是企业公开发行股票的唯一途径，还未上市的企业只要通过 IPO 就能成为上市公司。IPO 成功后，意味着企业有更多的筹资渠道，并能筹集到更充足的资金，支持公司的发展需要，以期实现企业股东利益最大化，因而 IPO 受到众多企业的青睐。

4.1.1 改善资本结构,增强自身免疫力

资本市场本就是一个大鱼吃小鱼的竞争场所,纵观历史,世界知名大企业,几乎都是通过上市融资,进行资本运作,实现一次又一次的裂变,跻身世界 500 强。从企业利益的角度从发,进行 IPO 可以改善其资本结构,增强自身免疫力,如图 4-2 所示。

第一,提高企业价值,实现多方共赢。股票上市发行后,公司估值迅速成数倍提升,企业价值在资本市场中也迅速提升,有利于公司扩大生产规模,提高市场竞争力,达到盈利效果,这样又会达到提升股价的效果,从而形成良性循环,实现多方共赢。

图 4-2 企业利益的角度

第二,有利于规范公司的规章制度和组织架构。首先,企业进入资本市场,并不单纯为了融资,还有一个重要作用就是借资本社会化的契机,转换企业经营机制、实现企业的可持续发展;其次,企业 IPO 即成为公众公司,受公众监管,促使企业脱胎换骨,实现实质性的飞跃,建立起适合企业长远发展的现代管理制度;最后,上市有利于公司进行彻底的改头换面,进一步完善公司的规章制度,创新企业管理模式和人才激励机制,有利于科学化管理,对公司发展来说大有益处。

第三,扩大企业知名度和影响力。IPO 有利于增加企业在同类竞品中的优势,获得消费者的信任,对公司的产品也更加放心。公司发行上市的过程本身就是非常好的广告,发行上市后,公司的影响力和知名度会大幅提高,更容易被国内和国际市场所认可接受,也有利于吸引和留住人才,促进企业发展壮大。

第四,企业获得持续融资的能力。首先,上市后,企业可以筹集大量低成本资金,不用归还,用来做企业想做的事。企业资金短缺了,可以通过增发的手段,在一定时间内获得大量的资金,用于缓解公司短期困境。其次,与银行

贷款资金不同，通过企业上市能够拓宽企业融资渠道，多方筹集到大量社会资金。而且可以直接转化为资本，获得源源不断的融资，从根本上解决企业发展与资金短缺之间的矛盾，使企业步入发展的快车道。最后，上市融资还具有便捷、经济、实用等特点，是一种成本低、效率高的筹资方式。

4.1.2 获得资金源水，实现个人梦想

成功 IPO 后，企业价值会得到提升，市场交易价格数倍或数十倍增长，从而使资本实现快速增值。对于企业创始人来说，股票上市后，企业估值提升，股东凭借手中的股份都实现了资产迅速增值。并且在上市后，股票的流动性大大增强。直白地说，通过上市可以简单地将手中的股票折现。因此，从企业创始人出发，进行 IPO 不仅获得资金源头活水，还能实现个人梦想。

第一，企业创始人能实现个人财富的巨大增长。通过 IPO 上市，公司的创始人可以把一部分股权以股票的形式卖给社会公众投资者。一般来说，股票价格与每股收益的比，也就是市盈率，在 10～20 倍的水平上。而对于一些发行规模较小的公司，其市盈率可以高达 30～40 倍（中国创业板上市公司的市盈率甚至达 100 倍之多）。企业的发行价格有可能是原始股权价值的 30 倍甚至 100 倍，这样创始人就获得了巨额的收益。

例如，一个中小企业每年盈利 500 万元，且经营持续稳健，那么企业的创始人仅靠生产经营想成亿万富翁，需要 20 年时间。而通过上市融资，按照目前的市盈水平，企业的创始人就可以将未来 30～50 年的收益予以贴现，马上就可以拥有几亿甚至几十亿元财富。因此，对中小企业的创始人来说，通过资本市场既可以使股权大大增值，又可以实现股权货币化。

第二，IPO 给企业的创始人提供了调整其投资组合的机会。一般来说，一家私人企业的创始人会把绝大多数资金都投入自己的企业，把所有的鸡蛋放在一个篮子里。而通过 IPO，创始人的投资变成了公司的可流通股票，其财富获得了很好的流动性。另外，在很多情况下，由于缺乏资金，公司的管理者会主动地借款给公司，甚至推迟工资的发放，将工资暂时借给公司。而当公司通过 IPO 募集了资金后，这些资金就可以归还给公司的管理者，而那些用管理者个人财产作抵押的银行借款也同时被归还，这样，公司的管理者又可以自由地支配其个人财产。

当然，企业的创始人并不是 IPO 的唯一受益者，IPO 也给企业的管理者和一般员工带来了利益。一般来说，大公司的薪水要远远高于中小企业。在上市公司中，股票期权对很多员工来说极具诱惑力，无论对于企业还是管理层，它都具有正面的积极效应。工资直接从企业的利润中支付，而只有当公司价值有大幅度提升时，才会将股票期权授予员工们，它的价值也随着公司价值的提升而上升。同时，股票期权也给管理者规避国内税收提供了很好的工具。在大多数情况下，更高的收入往往导致更高的税收，但是对股票期权则按长期资本收益来征税，这就合法地规避了一部分所得税，降低了员工的税收负担。

专栏 4-1

IPO 上市流程

IPO 上市流程一般分为四个阶段：筹备阶段、辅导阶段、申报与审核阶段、IPO 上市。公司在完成第四个阶段后，就正式上市了。

一、筹备阶段

筹备阶段中的公司需要做一些准备工作，包括组建上市工作小组，选定中介机构进行尽职调查，制订上市工作方案，召开董事会、监事会会议、申请登记注册等。

1. 组建上市工作小组

公司在确定了上市目标之后，首先要做的就是组建上市工作小组。上市工作小组成员应当是公司内部技术专业、经验丰富的人员，一般由董事长任组长，董事会秘书、公司财务负责人、办公室主任及相关政府人员为组员。

2.选定中介机构进行尽职调查

公司为上市而寻找的中介机构有四种类型:证券公司(保荐机构/主承销商)、会计师事务所、律师事务所及资产评估师事务所。中介机构选定后就可以展开尽职调查了。尽职调查是指拟上市公司在开展上市工作之前,由中介机构按照本行业公开的执业标准、职业精神、职业道德等从法律、财务两方面对公司各有关事项进行现场调查和资料审查的过程。尽职调查有助于拟上市公司更加全面地了解自身的基本情况,发现问题,找到与上市要求所存在的差距,为上市奠定基础。另外,尽职调查还要求中介机构评估项目风险,提高公司业务的风险防范和风险管理水平。尽职调查要求公司真实、准确、完整地为中介机构提供所需要的材料。如果公司刻意隐瞒,则不利于中介机构发现问题,最终的结果就是上市失败。尽职调查的内容主要包括公司成立、组织和人事等基本信息;公司业务和产品状况;公司经营现状及可持续发展状况;公司的财务状况;公司的资产状况;公司的重要合同、知识产权、诉讼状况;公司的纳税、社保、环保、安全状况等。

3.制订上市工作方案

完成尽职调查后,公司上市工作小组应当和保荐人、注册会计师、律师、评估师等对尽职调查的结果进行分析,找到拟上市公司当前存在的问题,提出解决思路,然后制订上市工作方案。上市工作方案的主要内容包括公司现状分析,公司改制和重组的目标,股权结构的调整,资产重组的原则和内容,重组中应当注意的问题,公司上市工作程序和时间安排,以及组织实施和职责划分等。

4.召开董事会、监事会会议

公司召开董事会与监事会会议的前提是完成董事会与监事会的创建。一般来说,只有股份有限公司才能上市,所以有限责任公司在申请上市之前必须改制为股份有限公司。注资、验资完成后,发起人需要在30天内主持召开公司创立大会。创立大会的组成人员是参与公司创立并认购股份的人。发起人需要在创立大会召开15日前将会议日期通知各认股人或者予以公告。我国2018年修订的《中华人民共和国公司法》第90条规定,创立大会行使下列职权:审议发起人关于公司筹办情况的报告;通过公司章程;

选举董事会成员；选举监事会成员；对公司的设立费用进行审核；对发起人用于抵作股款的财产的作价进行审核；发生不可抗力或者经营条件发生重大变化直接影响公司设立的，可以作出不设立公司的决议。创立大会对前款所列事项作出决议，必须经出席会议的认股人所持表决权过半数通过。如果出席创立大会的发起人、认股人代表的股份总数少于 50％，那么创立大会则无法举行。创立大会顺利结束意味着董事会、监事会成员的诞生。然后，发起人需要组织召开股份有限公司的第一届董事会会议、第一届监事会会议，并在会议上选举董事长、董事会秘书、监事会主席、公司总经理等高级管理人员。

5.申请登记注册

我国 2018 年修订的《中华人民共和国公司法》第 92 条规定，董事会应于创立大会结束后 30 日内，向公司登记机关报送下列文件，申请设立登记：公司登记申请书；创立大会的会议记录；公司章程；验资证明；法定代表人、董事、监事的任职文件及其身份证明；发起人的法人资格证明或者自然人身份证明；公司住所证明。以募集方式设立股份有限公司公开发行股票的，还应当向公司登记机关报送国务院证券监督管理机构的核准文件。公司登记机关收到股份有限公司的设立登记申请文件后，便会对其进行审核，并在 30 天内做出是否予以登记的决定。如果登记申请文件符合《中华人民共和国公司法》的各项规定条件，公司登记机关将予以登记，并给公司下发营业执照；如果登记申请文件不符合《中华人民共和国公司法》的相关规定，则不予登记。股份有限公司的成立日期就是公司营业执照的签发日期。公司成立后，应当进行公告。取得公司营业执照意味着公司改制顺利完成。

二、辅导阶段

依据中国证监会的有关规定，拟上市公司在向中国证监会提出上市申请前，均须由具有主承销资格的证券公司进行辅导，辅导期最低为三个月。2018 年 6 月，深圳某科技股份有限公司发布公告，公告显示："深圳某科技股份有限公司准备拟首次公开发行 A 股，并在深圳证券交易所创业板上市，目前正在接受中国国际金融股份有限公司的辅导。"该公司提醒各位投资人注意,公司已进入上市辅导阶段,将来若公司向中国证监会提交有关上市的申请材料并获受理,公司将在股转系统申请暂停交易。上市辅导是指相关机构对拟上市的股份有限公司进行的正规化培训、辅导与监督。拟上市公司接受上市辅导的程序一般分为九步。

1.聘请辅导机构

在选择辅导机构时,拟上市公司须综合考察证券公司的资信状况、专业资格、研发力量、市场推广能力、承办人员的业务水平等因素。《证券经营机构股票承销业务管理办法》第15条规定:"证券经营机构持有企业7%以上的股份,或是其前五名股东之一,不得成为该企业的主承销商或副主承销商。"一般而言,保荐机构为拟上市公司的主承销商,辅导机构可以与保荐机构合二为一,也可以另行聘请。

2.辅导机构提前入场

拟上市公司在选定辅导机构之后,应使辅导机构尽早介入本公司的上市规划流程。

3.签署辅导协议

股份有限公司成立后,公司需要和辅导机构签署正式的辅导协议。此外,公司与辅导机构需要在辅导协议签署后5个工作日内到公司所在地的中国证监会派出机构办理辅导备案登记手续。

4.报送辅导工作备案报告

签署辅导协议后,辅导机构每隔三个月向中国证监会报送一次辅导工作备案报告。

5.整改问题

在辅导过程中,辅导机构会针对拟上市公司现存的问题提出整改建议,然后由公司整改。如果公司遇到难以解决的问题,可以尝试征询权威部门的建议,尽快解决问题。

6.公告发行股票等事宜

拟上市公司需要在辅导期内针对接受辅导、准备上市事宜,在媒体发布公告,接受社会监督。公司在辅导期满六个月后的10天内,应该就此次辅导过程及拟发行股票事宜，在当地最少两种主要报纸上连续公告两次以上。公告后，如果中国证监会收到关于对拟上市公司的举报信，便会进行相关调查。此时，公司应积极配合，消除上市的风险隐患。

7.辅导书面考试

在辅导期内，辅导机构会对接受辅导的人员进行至少一次的书面考试，全体应试人员的成绩须达到合格。

8.提交辅导评估申请

辅导期结束后，辅导机构如果认为拟上市公司已符合上市标准，可向中国证监会派出机构报送《辅导工作总结报告》，提交辅导评估申请。如果辅导机构与拟上市公司认为还未达到计划目标，可向中国证监会派出机构申请适当延长辅导时间。

9.辅导工作结束

中国证监会派出机构收到辅导机构提交的辅导评估申请后，将在 20 个工作日内完成对辅导工作的评估。如果该申请被评定为合格，中国证监会派出机构将向中国证监会出具《辅导监管报告》，发表对辅导效果的评估意见，这也意味着辅导工作圆满结束。如果中国证监会派出机构认为辅导评估申请不合格，则会依据实际情况要求延长辅导时间。最后，辅导有效期为三年。在有效期内，拟上市公司可向主承销商提出股票发行上市申请；超过三年，拟上市公司则须按《证券经营机构股票承销业务管理办法》规定的程序和要求重新聘请辅导机构进行辅导。

三、申报与审核阶段

拟上市公司顺利通过上市前的三个月辅导期之后，就可以向中国证监会提出上市申请了。中国证监会受理后的核查工作是决定公司能否成功上市的关键，公司须格外重视。

1.申报阶段

在申报与审核阶段，拟上市公司要先制作申报上市的材料。申报材料一般由各中介机构分工制作，然后由主承销商汇总并出具推荐函。主承销商核查通过后，将申报材料报送中国证监会审核。依据中国证监会发布的

《公开发行证券的公司信息披露内容与格式准则第 9 号——首次公开发行股票并上市申请文件》,拟上市公司需要制作的申报材料包括 10 类,内容如表 4-1 所示。

表 4-1　拟上市公司需要制作的申报材料

种类	文件类别	具体文件名
第 1 类	招股说明书	招股说明书;招股说明书摘要
第 2 类	发行人关于本次发行的申请及授权文件	发行人关于本次发行的申请报告;发行人董事会关于本次发行的决议;发行人股东大会关于本次发行的决议
第 3 类	保荐人关于本次发行的文件	发行保荐书
第 4 类	会计师关于本次发行的文件	财务报表及审计报告;盈利预测报告及审核报告;内部控制鉴证报告;经注册会计师核验的非经常性损益明细表
第 5 类	发行人律师关于本次发行的文件	法律意见书;律师工作报告
第 6 类	发行人的设立文件	发行人的企业法人营业执照;发起人协议;发起人或主要股东的营业执照或有关身份证明文件;发行人公司章程(草案)
第 7 类	关于本次发行募集资金运用的文件	募集资金投资项目的审批、核准或备案文件;发行人拟收购资产(或股权)的财务报表、资产评估报告及审计报告;发行人拟收购资产(或股权)的合同或合同草案
第 8 类	发行人关于最近三年及一期的纳税情况的说明	发行人最近三年及一期所得税纳税申报表;有关发行人税收优惠、财政补贴的证明文件;主要税种纳税情况的说明及注册会计师出具的意见;主管税收征管机构出具的最近三年及一期发行人纳税情况的证明
第 9 类	成立不满三年的股份有限公司需报送的财务资料	最近三年原企业或股份公司的原始财务报表;原始财务报表与申报财务报表的差异比较表;注册会计师对差异情况出具的意见

续表

种类	文件类别	具体文件名
第9类	成立己满三年的股份有限公司需报送的财务资料	最近三年原始财务报表；原始财务报表与申报财务报表的差异比较表；注册会计师对差异情况出具的意见
第10类	与财务会计资料相关的其他文件	发行人设立时和最近三年及一期的资产评估报告（含土地评估报告）；发行人的历次验资报告；发行人大股东或控股股东最近一年及一期的原始财务报表及审计报告
	其他文件	发行人拥有或使用的商标、专利、计算机软件著作权等知识产权及土地使用权、房屋所有权、采矿权等产权证书清单；特许经营权证书；有关消除或避免同业竞争的协议及发行人的控股股东和实际控制人出具的相关承诺；国有资产管理部门出具的国有股权设置批复文件及商务部出具的外资股确认文件；发行人生产经营和募集资金投资项目符合环境保护要求的证明文件；重组协议；商标、专利、专有技术等知识产权许可使用协议；重大关联交易协议；其他重要商务合同；保荐协议和承销协议；发行人全体董事对发行申请文件真实性、准确性和完整性的承诺书；特定行业（或公司）的管理部门出具的相关意见
	定向募集公司还应提供的文件	①有关内部职工股发行和演变情况的文件：历次发行内部职工股的批准文件；内部职工股发行的证明文件；托管机构出具的历次托管证明；有关违规清理情况的文件；发行人律师对前述文件真实性的鉴证意见。②省级人民政府或国务院有关部门关于发行人内部职工股审批、发行、托管、清理及是否存在潜在隐患等情况的确认文件。③中介机构的意见：发行人律师关于发行人内部职工股审批、发行、托管和清理情况的核查意见；保荐人关于发行人内部职工股审批、发行、托管和清理情况的核查意见

拟上市公司可依据表4-1准备申报材料,也可对比该表检查有无遗漏,若发现遗漏,须及时补充完整。

2.审核阶段

2015年11月27日,中国证监会发布《关于进一步规范发行审核权力运行的若干意见》,意见指出:"在正常审核状态下,从受理发行申请到召开反馈会不超过45天,从发行人落实完毕反馈意见到召开初审会不超过20天,从发出发审会告知函到召开发审会不超过10天。"这预示着审批流程的进一步简化。中国证监会在收到拟上市公司的上市申请文件后,将在5个工作日内做出是否受理的决定。如果同意受理,拟上市公司需要按照相关规定向中国证监会交纳审核费。受理拟上市公司的上市申请后,中国证监会便开始进行初审。初审时,中国证监会至少向拟上市公司反馈一次初审意见,主承销商与拟上市公司依据初审意见补充完善申请文件,然后第二次报至中国证监会;中国证监会对补充完善的申请文件做进一步审核,并将初审意见和申请文件提交至发行审核委员会审核;中国证监会根据发行审核委员会的审核意见对拟上市公司的申请做出核准或不予核准的决定。核准通过后,中国证监会将出具核准文件。反之,中国证监会将出具不予核准的书面意见,并说明理由。上市申请未被核准的公司可以在接到中国证监会书面决定之日起两个月内提出复议申请。中国证监会收到复议申请后两个月内重新做出决定。

四、IPO上市

取得中国证监会核准上市的文件以后,公司就可以刊登招股说明书、进行询价与路演、刊登上市公告书并进行上市交易了。当完成这些工作以后,公司就正式完成了IPO上市的所有流程。

1.刊登招股说明书

公司在首次公开发行股票,上市交易之前须刊登招股说明书。招股说明书包括五个部分:封面、目录、正文、附录、备查文件。制作招股说明书时需要注意以下六个问题。第一,在列举投资的风险因素时,给出有效的应对之策,可以增强说服力。第二,在说明募集资金的用途时,具体说明资金将要流向哪些项目。第三,具体介绍公司上市后的股利分配政策,使投资人和股民了解自己可以得到的回报。第四,列出过去至少三年的经营业绩,以证明公司经营的稳定性。第五,说明公司的股权分配情况,重点介绍发起人、重要投资人的持股情况。第六,预测盈利,精准预测公司未来的盈利状况直接关系到公司股票的发行情况。发起人可以研读已上市公司的招股说明书,然后结合自己公司的实际情况撰写。一般情况下,在发出上市申请之前,招股说明书的申报稿就已经完成,公司仅需要与证券交易所协商确定招股说明书的最终稿,然后在证券交易所的官网刊登出来即可。

2.进行询价与路演

刊登招股说明书以后,拟上市公司及其保荐机构须开展询价路演活动,通过向机构投资者询价的方式确定股票的最终发行价格。询价包括初步询价和累计投标询价两个步骤。第一,初步询价。拟上市公司及其保荐机构向机构投资者推介股票并发出询价函,以反馈回来的有效报价上下限确定的区间为初步询价区间。第二,累计投标询价。如果投资人的有效申购总量大于本次股票发行量,但是超额认购倍数小于5,那么以询价下限为发行价;如果超额认购倍数大于5,那么从申购价格最高的有效申购开始逐笔向下累计计算,直至超额认购倍数首次超过5倍为止,然后以此时的价格为发行价。在中小企业板上市发行股票时,基本不需要累计投标询价。在询价期间,拟上市公司会通过路演活动对自己的股票向社会进行推广,目的是吸引投资人。一般来讲,路演有三种类型:

第一,一对一路演。它是指拟上市公司、券商的资本市场部及 IPO 项目组带着招股说明书、投资研究报告、公司宣传片、PPT 及定制小礼物等到北京、上海、广州、深圳等一线城市拜访投资人,进行一对一的沟通和推介。

第二,三地公开路演。它一般是指拟上市公司在北京、上海、深圳三地公开召开推介会议,邀请基金、券商、资产管理公司、私募等机构投资者参加。其会议内容与一对一路演相似,主要区别是前者听众更多。

第三,网上路演。它是指拟上市公司的管理层、保荐团队代表通过网上投资者互动平台回答股民针对公司上市提出的各种问题。在开展网上路演环节之前,公司股票的首日发行价已经确定,对发行结果和网上认购数量没有多少影响。

3.刊登上市公告书并进行上市

交易询价与路演环节结束之后,公司就可以刊登上市公告书并进行上市交易了。上市公告书是拟上市公司在上市前按照《中华人民共和国证券法》和证券交易所的业务规则向公众公告发行与上市有关事项的信息披露文件。我国规定:"上市公司必须在股票挂牌交易日之前的 3 天内、在中国证监会指定的上市公司信息披露指定报刊上刊登上市公告书,并将公告书备置于公司所在地,挂牌交易的证券交易所、有关证券经营机构及其网点,就公司本身及股票上市的有关事项,向社会公众进行宣传和说明,以利于投资人在公司股票上市后,做出正确的买卖选择。"上市公告书的内容应当概括招股说明书的基本内容和公司近期的重要材料,主要包括以下几个部分:公司证券获准在证券交易所交易的日期和批准文号;公司概况;股票发行与承销情况;公司创立大会或股东大会同意公司证券在证券交易所交易的决议;公司董事、监事及高级管理人员的简历和持股情况;公司近三年来或成立以来的经营业绩和财务状况及下一年的溢利预测文件;主要事项揭示;上市推荐意见;备查文件目录等。

4.1.3 开辟盈利之路,斩获丰硕果实

当被投资的企业公开上市后,投资人或者投资机构可以逐渐减持该公司股份,并将股权资本转化为现金形态。IPO 可以使投资者或者投资机构持有的不可流通股份转变为可交易的上市公司股票,实现资本的盈利性和流动性,开辟投资人或者投资机构的盈利之路。

对于投资方来说,套现的巨大收益再转向下一个投资目标,这就是杠杆赚钱,也就是普通人口中所谓的钱生钱。社会公众投资者之所以购买股票,是因为他们希望以增量的投资促成公司的高成长,而这种高成长反过来又能

提升股票的价值,这样投资者就可以从公司的高成长中分享利益。资本市场通过它自身的杠杆功能实现原始股权的成倍增长。Bygrave 和 Timmons 的研究发现,IPO 退出方式可以使投资人或投资机构获得最大幅度的收益。公司最初的投资者,无论是企业家自己,还是他的家人、朋友、风险投资家,都可以通过 IPO 获得巨大的增值利益,一般可达投资金额的几倍甚至几十倍。

例如,2002 年 9 月,摩根士丹利等三家投资公司以 4.77 亿元投资蒙牛乳业,在香港挂牌上市后获得了约 26 亿港元的回报;2006 年 6 月,同洲电子在深圳中小板上市,其投资者深圳达晨创投等四家机构获得超过 20 倍的收益率;2007 年 11 月 6 日,阿里巴巴在香港联交所挂牌上市,融资额高达 15 亿美元,其投资者软银、高盛约获得超过 34 倍的收益率。IPO 是金融投资市场对被投资企业价值评估的回归和投资的价值凸显,资本市场的放大效应,使得投资者获得高额的回报。

总之,IPO 是实现企业自身、企业管理层和投资者三方利益最大化的理想途径。在投资者获得丰厚回报的同时,企业家和企业管理者所持股份也会因股市较高的市盈率而获得大幅增值,若在二级市场套现,则可获得巨大的经济利益。被投资企业也由私人企业变为公众企业,除了提升企业的知名度以外,更增强了企业资金的流动性,IPO 所募集的资金,有力地保障了企业规模经济和战略发展的需要,满足了企业进一步发展和扩张的需求。企业为了成功上市,经历的股改、完善治理结构、清理不良资产的过程,也促使企业建立了良好的内部发展环境,从而对企业长期发展有着积极而长远的影响。

4.2　股权设计:IPO 前的定心丸

十几年前,马云如何锁定"18 罗汉",成就了今天阿里巴巴的神话。因为马云在创业初期,就有高人为他做清晰的股权规划和股权激励设计。阿里巴巴的神话告诉我们:股权可以吸引人才(蔡崇信),股权可以留住人才("18 罗汉"),股权可以获得融资(孙正义),股权可以打市场(与雅虎合作),股权设计控股(马云以不到 10% 的股权控制公司)。而在这个创业创新的时代,各种创业企业前期的股权设计和分配问题也在困扰着很多的创业新人,如何通过合理的股权结构设计有效地稳定企业组织结构,保护创始人对企业的控制权,实现公司价值最大化，已逐渐成为创业企业关注的焦点。

4.2.1 识别股权问题，做到知己知彼

企业在不同阶段所遇到的股权问题是不一样的，企业的发展期分为四个时期，分别是初创期、成长期、扩张期和成熟期。由于衰退期所遇到的股权问题会稍微少一点，就是清算，因此对衰退期的股权问题就不做详细描述。企业在四个时期的股权问题，如图 4-3 所示。

初创期	成长期	扩张期	成熟期
• 找合伙人 • 股权设计 • 股权分配 • 公司章程 • 公司选择注册	• 股权融资 • 商业计划书 • 投资协议 • 寻找投资	• 连锁加盟 • 股权激励 • 分子公司设计	• 股权收购 • IPO上市 • 增发

图 4-3　企业在四个时期涉及的股权问题

第一，在初创期，企业面临的最大问题是生存。创业团队在公司注册前，要寻找合伙人，形成公司的核心团队。合伙人之间要进行股权设计和股权分配，制定股东协议，明确权力、利益、责任的分配问题，避免公司发展壮大后或遭受挫折时，在上述问题上产生纠纷。如西少爷公司因为没有协议导致分家的案例。当然，为了有效规避上述问题的发生，可通过公司章程等制度性文件，就各自占创业事项多少利益比例、各自承担的债务比例、各自的工作内容、如何引入新的创业伙伴和退出机制等问题都做出明确约定，以避免和解决利益分配不公，债务承担不公平的问题。另外，没有规范的公司章程，容易引发劳资纠纷。

第二，在成长期，企业可能需要快速的扩张。这时就需要商业计划书（BP）以获得融资。首先是写商业计划书，阐述你的项目是什么，项目怎么盈利，商业模式是什么，进而寻找投资者进行融资，企业释放部分股权。成长期一般是 A 轮、B 轮、C 轮，一般融资 C 轮之后就不太好融，如果项目在 C 轮还缺钱，可能是商业模式出现问题，投资者看不到项目未来的趋势，除了一些极好的项目外，比如京东、理想汽车、贝壳找房等。当然，这个阶段公司也要协调对外的商业关系，在自有资金不足的情况下，公司向银行申请贷款需要签

订"贷款合同"，或者从股东处贷款需要签订"股东贷款协议"等。

第三，在扩张期，实体企业的开枝散叶。实体企业的连锁加盟或者开分公司、子公司，也涉及股权问题。连锁加盟，最简单是总部给一个加盟方案或加盟模式，加盟人缴纳加盟费。当然，企业也可以通过交叉持股的方式提高总部与连锁店之间的激励效应和效果。分子公司设计，也涉及跟股权相关的问题。

第四，成熟期，资本和股权结构发生变化。创始人面临不断的资本进入，股权的稀释，需要对公司的控制权进行安排，避免公司控制权的争夺。另外，在资本运作中，涉及股权收购的问题。股权收购即 A 企业把 B 企业 100％的股权全部收购，B 企业变成 A 企业的子公司，然后 A 企业给 B 企业付现金加股权或加其他条件进行换血。增发指企业在挂牌上市之后，股票是流通的，为了进一步融资可以增发股票，增发股票就是进一步融资的行为。公司在不同阶段遇到不同股权问题，是贯穿到企业整个成长的流程中和过程中。

专栏 4-2

导致 IPO 失败的四大警戒线

一些企业为了成功上市，可能会采取一些非法手段对自身不满足上市要求之处进行掩饰与修改，然而这不仅会导致自己最终上市失败，还会损坏自己的名誉。据统计，2019 年，发审委审核了 164 家企业的首发申请，其中 138 家企业的 IPO 申请顺利获通过，过会率为 84.15％。按照上市板的通过率来计算，相较于主板、中小板而言，创业板的过会率最低。2019 年上会接受审核的 164 家企业中，选择拟在主板上市的企业数量为 60 家，其中 53 家企业首发申请过会，过会率为 88.33％。拟在创业板、中小板上市的企业数量分别为 73 家和 31 家，其中拟登陆中小板的 28 家企业首发获通过，过会率为 90.32％；而拟在创业板上市的公司中，年内过会的仅有 57 家，过会率为 78.08％。下面，我们一起看看导致企业 IPO 失败的四大警戒线。

一、虚假陈述

有的企业为了成功通过中国证监会的审核而隐瞒经营管理过程中存在的问题，撰写人在撰写招股说明书的过程中采取了虚假陈述的方法，希望可以蒙混过关。然而，除了监管机构，媒体和公众也都在关注拟上市企业的招股说明书，企业蒙混过关的可能性几乎为零。

北京某股份有限公司就因为发行申请文件有重大遗漏情形而上市被否。对于其被否决的原因，中国证监会是这样说的："与 2011 年 11 月编制的招股说明书（申报稿）比，你公司 2010 年 3 月向中国证监会首次报送且经预披露的招股说明书存在未披露 3 家关联人的情形，同时还存在 1 家关联人的关联关系披露不一致的情形；你公司 2011 年 3 月向中国证监会第二次报送的招股说明书存在未披露 5 家关联人的情形。在未披露关联人中，嘉成设备、嘉成技术和山德视讯的业务范围与你公司的业务范围相似。报送的发行申请文件有重大遗漏情形。"

以上是企业在上市过程中不得触碰的四大警戒线之一，一旦企业越过了这条警戒线，其上市的希望就不大了。因此，企业应当提前了解这些警戒线，争取将上市之路清理干净。

二、独立性存在缺陷

IPO 第二大警戒线是独立性存在缺陷。它是指拟上市公司通过与关联公司进行关联交易，以不公允的价格买卖产品，调节收入或支出报表，从而使 IPO 出现独立性缺陷。产生这种状况的操作手法有三种：

第一种操作手法是关联交易非关联化。它是拟上市公司试图进行财务造假时首先想到的方法，因为这种方法比较隐蔽。具体来说，拟上市公司首先会把关联公司的股权转让给第三方，从而达到非关联化的表象。然后，拟上市公司会与转让后的公司展开隐蔽的大宗交易。

某财务人员评论说："通过关联交易非关联化的处理，既可以增加收入，又可以提高毛利率，还可以变相冲减费用，具体的操作方法可以有很多种，如原关联公司向拟上市公司低价提供原材料，或高价购买产品，或对公司财务费用进行报销等。"

中国证监会在审核过程中，一般会关注公司交易的程序及交易价格。如果交易价格与公允价格相差较多，中国证监会就会认定拟上市公司存在关联交易非关联化问题，然后否决其上市申请。

第二种操作手法是隐蔽的非关联方利益输送。拟上市公司为了规避对重大关联交易进行详细披露的义务，可能会采取隐蔽的、灰色的非关联方交易方式来实现利润操纵。此类手法包括供应商减价供应，经销商加价拿货甚至囤货，员工减薪，股东通过非法业务为拟上市公司报销费用或虚增收入等。

在实际操作中，拟上市公司会向供应商、经销商或员工等非关联利益方承诺，一旦公司成功上市，就为他们进行利益补偿。因此，双方往往可以达成一致，从而进行隐蔽的利益输送。

对于此类操作手法，如果公司的采购或者销售价格不符合市场平均水平，中国证监会就会要求保荐机构及公司做出核查和充分解释；如果公司存在明显的税务依赖问题，中国证监会也会拒绝其上市申请。

第三种操作手法是明显的关联方利益输送。一些拟上市公司虽然知道利用关联交易进行利益输送以达到上市财务要求是无法通过中国证监会审查的，但是他们存在着侥幸心理，依然使用这种操作手法。

比如，拟上市公司多次与关联公司股东签订大额销售合同，多次向关联公司低价购买专利等。这是非常明显的关联方利益输送，最终会被中国证监会认定为"缺乏独立性且涉嫌不当的关联交易"。

三、财务指标异常

IPO 第三大警戒线是财务指标异常。造成财务指标异常的操作手法有三种：一是通过调节营业外收入骗取虚假补贴，二是调节公允价值，三是虚增应收账款。拟上市公司需要避免上述三种操作，以免在后续审核过程中出现问题而损害自身的名誉。有些公司通过粉饰财务报表通过了中国证监会的首发审核。然而，当中国证监会进行"财务打假"时，这些公司便在上市领域无法立足了。

一家拟上市公司或因粉饰财务报表，在上市申请未出结果之前就退出了 IPO 竞逐。他们解释自己退出上市竞逐的理由是，常年来业绩持续下滑及财务数据的重大变动。然而，该公司恰恰是在中国证监会宣布开展 IPO 再审企业财务报告专项检查工作的前一天退出的，是不是太巧合了？

该公司在公告中特别突出"主动""为了公司长远发展"等原因而退出IPO，不过更多业内人士认为该公司这么做可能是无奈之举。他们认为：该公司可能考虑到中国证监会针对 IPO 再审企业的财务打假可能会损害公司利益；另外，经历了长期的过而不发，公司在财务数据上可能真如公告中所说存在很大的变动。对公司来说，上市是发展到一定规模而水到渠成的事情。如果采取的是非法手段，那么即使公司通过了审核可以上市，在后期发展过程中也会出现很多问题。

四、频繁更换高管、董事

公司申请 A 股上市需要满足一个条件：最近两（三）年内董事、高级管理人员没有发生重大变化，实际控制人没有发生变更。

然而，有的公司在申请上市时，频繁变动董事、高管。其创始人或许认为，只要自己还在，领导层就不算发生实质性变化，但中国证监会却不是这么认为的。

北京某电气技术股份有限公司就是因为这一原因而被否决上市请求了。对于否决原因，中国证监会是这样说的："发审委在审核中关注到，你公司存在以下情形：2018 年 3 月前，公司董事会由 6 人组成，后经过 3 次调整增加至 9 人，除去 3 名独立董事，3 年内董事会仅二人未发生变化。申请材料及现场陈述中未对上述董事变化情况及对公司经营决策的影响做出充分、合理的解释。发审委认为，上述情形与《首次公开发行股票并上市管理办法》（证监会令第 32 号）第 12 条的规定不符。"

《首次公开发行股票并上市管理办法》（证监会令第 32 号）第 12 条规定："发行人最近 3 年内主营业务和董事、高级管理人员没有发生重大变化，实际控制人没有发生变更。"关于董事、高管重大变化的认定，中国证监会并没有给出参考标准，他们主要从质和量两个角度去判断董事、高管变化对发行人经营的影响。

中国证监会在审核拟上市公司的董事、高管是否发生重大变化时，通常会关注两个方面：一是高管变动原因；二是发生变动的具体岗位与股东和实际控制人的关系。如果公司创始人发生变动，即使只有一个人变动，也会被视为重大变化。

当然，对于前期管理不规范的拟上市公司来说，增加董事、独立董事、财务总监等情况不会被认定为高管重大变动。同时，国有企业因为组织安排而导致的重大变动也不会轻易被认定为重大变化。

在实际操作中，关于重大变化的认定通常使用"1/3"标准，即报告期内，只要截至报告期末董事、高管的变化人数达到报告期初董事、高管人数的 1/3，就认为发生了"重大变化"。但如果各种变化对核心人员没有影响，则不属于重大变化。

另外，拟上市公司根据章程规定正常换届及新聘高级管理人员而造成的 1/3 以上变化也不属于重大变化，但需要运营一年，且当年公司的经营业绩未发生重大不利变化。因此，关于重大变化的实质判断，公司须配合中介机构兼顾"1/3"标准。

4.2.2 搭建股权结构，跑赢融资长道

企业股权设计是企业筹备上市过程中一个必要的环节，同时也是最能体现企业资本运营技术的一个方面。创业之初，科学合理的股权架构，无疑是企业未来稳健发展的基础，在创业初期不重视股权架构设计是导致发展壮大后出现纠纷的重要原因。

（1）企业股权设计的基本要求

一般而言，企业股权设计需要考虑企业的各个方面，不能盲目照搬其他企业的方案，但无论采用何种方案，均不能违背以下的要求。如图 4-4 所示。

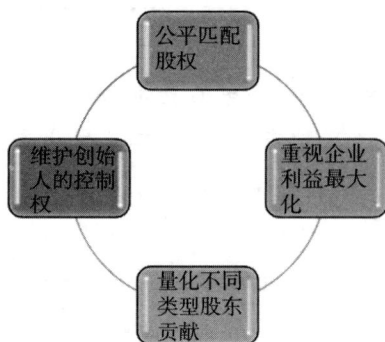

图 4-4　股权设计的基本要求

第一,公平匹配股权。公平性要求是指投入的资源与持有的股权比例要相匹配。在创业过程中,合伙人往往扮演着截然不同但对公司都很重要的角色,资金、场地、技术、市场、销售渠道,每种贡献因为性质不同似乎很难等价对比。每位参与者只有感受到其付出获得了相匹配的报酬才能会有参与的积极性,否则不利于团队稳定。

第二,重视企业利益最大化。公司的创始团队成员和投资人以不同的资源方式投资这家公司,是为了让公司更好地持续发展,在公司价值提升后获得更多个人利益。但每个人在初创企业中的地位和占有的资源不同,所承担的风险也不相同,为平衡好各方利益,合理的股权设计可以看作是对资源的合理二次分配。股权设计配置方案要把握四点:一是强调投资人的重要性,尽可能做到投资人承担的风险与利益平衡,维护好投资人和企业之间的利益关系;二是形成对企业管理者的有效监督和控制,合理的股权设计可以降低企业管理者的道德风险,减少监督成本;三是要考虑一般员工的利益,培养员工的归属感,减少因人员流失造成的人力成本浪费;四是设计激励机制,调动员工的主观能动性,提供持续发展动力。

第三,量化不同类型股东贡献。股权结构设计,首先要确定股权在股东之间的分配方案。不同类型的股东,要考虑其进入企业的方式,并根据其对企业的贡献度确定其相应的股权比例。对于管理型和技术型股东,必须要在企业全职工作,根据其人力资本价值确定其股权比例;对于资金型股东,由于不在企业任职,对企业的贡献度相对较小,要综合衡量股权的价值确定股权比例;对于资源型股东,要依据相应的标准量化其对企业的贡献确定其股权比例。

第四,维护创始人的控制权。谁手中有公司的控制权,谁就有了利益分配的权力。而与控制权密切相关的就是股权,无论是持有还是转移都对控制权的强弱转化形成影响。企业在经营过程需要资金的时候,除了内部追加资源投入,往往还会采用外部融资方式。以股权出让的方式获得资金,经过多轮融资后,初创团队渐渐失去对企业的控制权。甚至有些投资人获得控制权后,只追求资本短期收益,以提高利润为第一驱动力,不注重产品品质提升、客户关系维护、技术研发投入等方面,很不利于公司长期稳定发展。因此,为了公司能持续按照创始人团队的规划方向前进,就必须设置股权的权能归属保护机制,使公司的控制权保持在创业人手中。

(2)企业股权设计的步骤(见图 4-5)

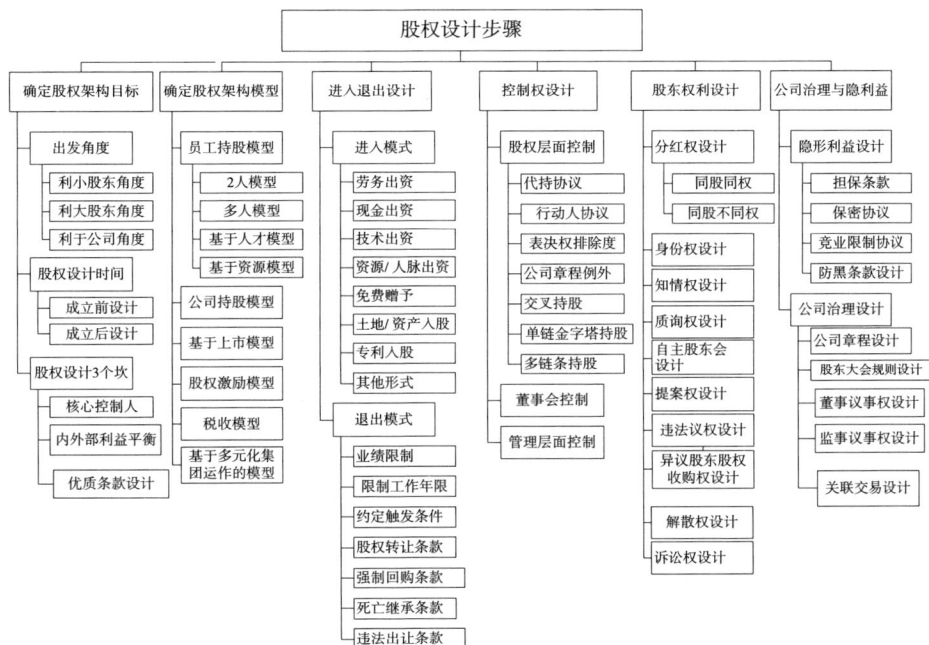

图 4-5 企业股权设计的步骤

第一,确定股权架构目标。在做股权设计的时候,需要从不同的角度出发,有 3 个对象:小股东、大股东、公司;时间分两种情况,成立公司前最好设计,成立公司后的设计好比在原有房子上进行改装,改装比重新建设稍麻烦。另外,股权设计有三个坎:一是核心控制人。一个公司要走得长远,就必然要有一个核心的灵魂人物,也被称为是核心的控制人,一般主要通过股东会实现对公司的控制。从法律上讲,最简单的方法是保持67%的控制权。二是内外部利益动态平衡。一家公司的利益相关者涉及五类,分别是内部员工、外部客户、行业竞争者、合作者、投资者。因此除了考虑内部相关者的利益,还要考虑外部相关者的利益,争取实现动态的平衡。三是协议条款设计。针对各种股权融资协议、员工激励协议、公司章程、投资协议等各种协议,需要做好相应的条款设计,没有设计的条款等于没有设计企业的未来。一旦出现"互黑"的情况,难于防范。

第二,确定股权架构模型。主要有员工持股模型、公司持股模型、基于上市的模型、基于股权激励的模型、基于税收的模型、基于多元化集团运作的模型等。比如,针对小型合伙团队,2人、3人或4人团队的模型比较好设计,通过穷尽所有的分配方案,从中进行选择即可。其中,2人合伙的静态股权架构模型总共有2种。模型一,股东B拥有绝对控制权,基本公司所有事项都是由股东B说了算,股东A只是来享受股权收益和增值的。如图4-6所示。

模型二,股东B拥有相对控制权,能决定关键事项外的其他事项,股东A拥有关键事项的一票否决权。如图4-7所示。

第三,进入退出设计。进入的设计,也就是拿什么资本进入的问题,随着互联网不断的发展,《公司法》中入股的现金、知识产权、等值有形资产已经满足不了公司组织的发展,现在的虚拟资源、人脉、销售渠道、个人管理能力都成为一种入股参考的因素,虽然法律不认可,但并不妨碍我们对此要素重要性的评估。退出的设计,可以从业绩限制、限制性工作年限、约定的触发条件、股权转让条款、公司强制回购条款、死亡继承条款、违法犯罪出让条款等方面出发。

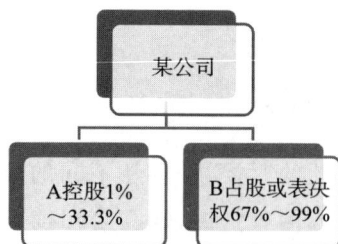

图4-6　静态模型一

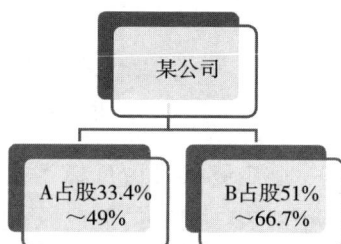

图4-7　静态模型二

　　第四,控制权设计。在股权层面,一是投票权委托。公司部分股东通过协议约定,将其投票权委托给其他特定股东(如创始股东)行使。二是一致行动人。即通过协议约定,某些股东就特定事项采取一致行动。意见不一致时,某些股东跟随一致行动人投票。三是有限合伙持股。有限合伙企业的合伙人分为普通合伙人和有限合伙人,普通合伙人执行合伙事务,承担管理职能,而有限合伙人只是作为出资方,不参与企业管理。四是多次直接持股。通过各种公司和组织单链条或多链条的持有该公司的股份。五是交叉持股。通过 AB 公司之间的相互持股以达到相互控制的目的。在董事会层面,要确保和创始人保持一致的团队占据 50% 以上。在管理权层面,要把握好三个法宝,即法人、公章、营业执照,牢牢握住公司的经营管理权。

　　第五,股东权利与协议设计。一般可以从分红权设计、身份权设计、知情权设计、质询权设计、自主召开股东会权设计、提案权设计、违法决议撤销权设计、异议股东股权收购权设计、请求解散权设计、诉讼权设计等进行。

　　第六,公司治理与隐形利益设计。公司治理就是平衡调整公司内部和外部所有利益相关者共同行动的准则或文件,化解和平衡各方利益冲突。比如,股东大会议事规则、关联交易规则等。隐形利益设计可以从担保条款、保密协议、竞业限制协议、防黑条款设计等进行。

　　(3)企业股权设计的参考方案

　　根据企业发展阶段,给出如下参考,如表 4-2 所示。

表 4-2　股权设计的参考方案

发展阶段	方　　案
公司成立	创始团队 100%,要有持股 50% 以上的大股东
初创期	团队 70% 以上,大股东持股 1/3 以上,拿出 30% 以下来引入天使投资或者风险投资,同时最好预留 15% 的期权池(创始人代持)
成长期	创始团队要保持 50% 以上的股权,拿出 20% 以下给新进入的 VC 或者 PE,期权池可以适当扩大到 20%
成熟期	企业可以准备上市,创始团队要确保 IPO 之后拥有 34% 以上的股权,这时可以拿出 10% 以下引入 IPO 前的投资方,部分期权也可以到兑现期

4.2.3 典型股权设计案例

案例一：持股平台的经典设计——蚂蚁金服

在利用有限合伙企业持股平台的优势进行股权设计的实际案例中，蚂蚁金服堪称经典。蚂蚁金服由23个股东组成，其中浙江君澳股权投资合伙企业和杭州君瀚股权投资合伙企业占了该公司约76％的股权，属于持股三分之二以上的绝对控股。浙江君澳股权投资合伙企业为有限合伙企业，普通合伙人只有一个，即杭州云铂投资咨询有限公司，该公司为一家一人有限公司，唯一的股东为马云。由于在合伙企业当中，只有普通合伙人能执行合伙事务，所以杭州云铂投资咨询有限公司掌握了对浙江君澳股权投资合伙企业绝对的控制权，而马云作为该公司唯一的服东自然也实际控制浙江君澳股权投资合伙企业。杭州君瀚股权投资合伙企业亦是如此。如图4-8所示。

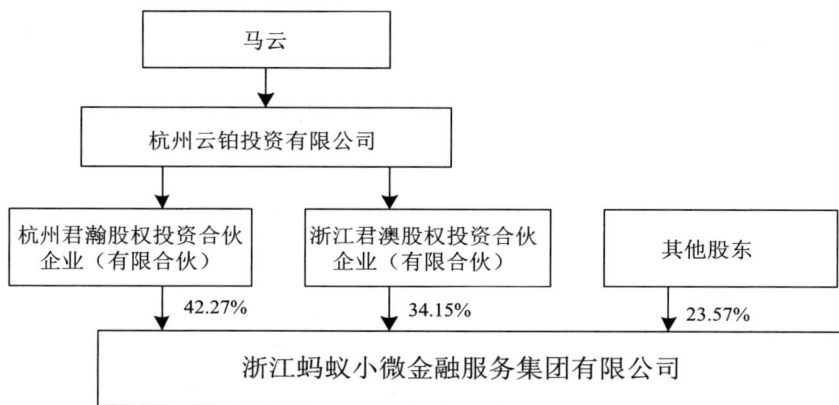

图 4-8 蚂蚁金服股权结构

蚂蚁金服通过多级股权架构及有限合伙企业特殊的议事规则，使马云能够最大限度地撬动多级股权架构实现控制权的杠杆，实现了对蚂蚁金服及其旗下公司的绝对控制权。蚂蚁金服持股平台的设计主要有以下几点优势：

第一，实现控制权的成本较低。唯一的普通合伙人——杭州云铂投资咨询有限公司，哪怕只占了该合伙企业不到0.5％的合伙财产份额比例，也能实现对该企业的控制权。

第二，控制人自身风险的有效隔离。基于普通合伙人无限连带责任的承担方式，马云并未直接以自然人身份进入合伙企业成为普通合伙人，而是成立了一家一人有限公司，以该一人有限公司作为普通合伙人，这样的好处就在于公司法人的人格拟制和股东的有限责任。

第三，员工持股。将员工放在持股平台内，能有效隔离对主体公司带来的干扰。

案例二：中国最佳合伙人养成记——海底捞

1994 年，在四川简阳海底捞的第一家店开业。最原始的股权结构是张勇、舒萍、施永宏、海燕四个人都是 25％。后来两对男女朋友变成了夫妻，就是两对夫妻各占 50％。随着企业发展，张勇的参与和贡献越来越大，于是陆续让其他股东离开公司，仅保留股东身份。2007 年，海底捞步入快速发展阶段，张勇决定让施永宏也离开，并且进行了一次很大的股权调整，如图 4-9 所示。

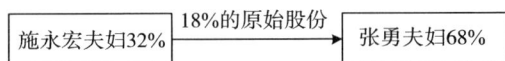

施永宏夫妇32% —— 18%的原始股份 ——> 张勇夫妇68%

图 4-9 海底捞股权调整

后来，张勇又将 50％的股份转移到持股平台，张勇夫妇投票权占 2/3 以上，合计为 84％。海底捞的股权调整，其实相当于公司二股东给大股东做了一次股权激励。总的来说，海底捞能平稳过渡，一方面是人的原因，海底捞从一开始在经营上就是张勇为主、施永宏为辅。随着公司的发展，最佳合伙人施永宏亦能从中源源不断受益。

案例三：夫妻店——当当网

2010 年底成功登陆纳斯达克的当当网，无疑是其中比较成功的一家。李国庆、俞渝夫妇相识于美国留学期间，共同的志趣不仅让两人成功地在生活上走到了一起，也开创了两人共同的事业——当当网。但在 2011 年初，一场颇受瞩目的李国庆对骂"大摩女"的事件迅速成为坊间关注的焦点，两位长期坚守逆境的创业夫妻终于迎来了事业和生活的重大转机。

目前，在当当网的实体北京当当科文电子商务有限公司的股权比例中，俞渝持股 64.21％，为第一大股东，李国庆持股 27.5％，为第二大股东。可早在 2010 年时，李国庆持股还是 38.9％，俞渝持股为 4.9％。中间股权争夺相当激烈，但这场大战以李国庆的出走告终，剩下俞渝独揽大权。这也表明企业发展步入到中期和后期,夫妻店因其特有的属性,也具备其他公司不具有的优势。另外,夫妻关系往往也会弱化职级关系,发生冲突也会给公司带来不利影响,这时,稳健的夫妻关系和互补的夫妻秉性往往起到了非常重要的作用。

当当网现象无疑是处于上升时期夫妻公司的成功个案,但也只能限于就此前的发展历程而言。俞渝针对当当网盈利和现金流问题发出的警示,无疑爆出了当当网可能存在的隐形炸弹。这也凸显了股权架构设计的重要性,它直接决定了企业的顶层设计特点。

4.2.4　避开股权融资协议里的致命陷阱

对于股权投资的双方,应该"先小人,后君子",不然等事情出来就扯不清了,而且据大数据统计这种撕破脸皮的案例不胜枚举,我们没必要冒着风险为他人贡献案例。

(1)财务业绩:设定业绩增长幅度

财务业绩这是对赌协议的核心要义,是指被投公司在约定期间能否实现承诺的财务业绩。因为业绩是估值的直接依据,被投公司想获得高估值,就必须以高业绩作为保障,通常是以"净利润"作为对赌标的。

在财务业绩对赌时,需要注意的是设定合理的业绩增长幅度;最好将对赌协议设为重复博弈结构,降低当事人在博弈中的不确定性。不少 PE、VC 与公司方的纠纷起因就在于大股东对将来形势的误判,承诺值过高。

(2)上市时间:注意"有条件恢复"协议

公司一旦进入上市程序,对赌协议中监管层认为影响公司股权稳定和经营业绩等方面的协议需要解除。但是,解除对赌协议对 PE、VC 来说不保险,公司现在只是报了材料,万一不能通过证监会审核怎么办？所以,很多 PE、VC 又会想办法,表面上递一份材料给证监会表示对赌解除,私底下又会跟公司再签一份"有条件恢复"协议,比如说将来没有成功上市,那之前的对赌协议要继续完成等。

(3)非财务业绩:加入柔性条款

与财务业绩相对,对赌标的还可以是非财务业绩,包括 KPI、用户人数、产量、产品销售量、技术研发等。

一般来说，对赌标的不宜太细、太过准确，最好能有一定的弹性空间，否则公司会为达成业绩做一些短视行为。所以公司可以要求在对赌协议中加入更多柔性条款，而多方面的非财务业绩标的可以让协议更加均衡可控，比如财务绩效、企业行为、管理层等多方面指标等。

（4）关联交易：与业绩补偿行为相矛盾

该条款是指被投公司在约定期间若发生不符合章程规定的关联交易，公司或大股东须按关联交易额的一定比例向投资方赔偿损失。

不过，相关 PE 机构人士表示，"关联交易限制主要是防止利益输送，但是对赌协议中的业绩补偿行为，也是利益输送的一种。这一条款与业绩补偿是相矛盾的。"

（5）债权和债务：债权债务赔偿公式

该条款指若公司未向投资方披露对外担保、债务等，在实际发生赔付后，投资方有权要求公司或大股东赔偿。相关计算公式如下：

债权债务赔偿额度＝公司承担债务和责任的实际赔付总额×投资方持股比例

（6）竞业限制：与公司业务相竞争的业务

公司上市或被并购前，大股东不得通过其他公司或通过其关联方，或以其他任何方式从事与公司业务相竞争的业务。

（7）股权转让限制：将股权限制条款写入公司章程

该条款是指对约定任一方的股权转让设置一定条件，仅当条件达到时方可进行股权转让。大股东卖股份，历来是很敏感的事情，要么是不看好公司，要么是为了转移某些利益，这是非常严重的事情。当然也有可能是公司要被收购了，大家一起卖。还有一种情况是公司要被收购了，出价很高，投资人和创始人都很满意，但创始人有几个人，其中一人就是不想卖，这时就会涉及另外一个条款即领售权，一般会约定大部分股东如果同意卖就可以卖。

但这里应注意的是，在投资协议中的股权限制约定对于被限制方而言仅为合同义务，被限制方擅自转让其股权后承担的是违约责任，并不能避免被投公司股东变更的事实。因此，通常会将股权限制条款写入公司章程，使其具有对抗第三方的效力。实践中，亦有案例通过原股东向投资人质押其股权的方式实现对原股东的股权转让限制。

（8）引进新投资者限制：限定股份认购价格

一般情况是，将来新投资者认购公司股份的每股价格不能低于投资方认购时的价格，若低于之前认购价格，投资方的认购价格将自动调整为新投资者认购价格，溢价部分折成公司相应股份。

（9）反稀释权：注意相关法律法规

该条款是指在投资方之后进入的新投资者的等额投资所拥有的权益不得超过投资方，投资方的股权比例不会因为新投资者进入而降低。

"反稀释权"与"引进新投资者限制"相似。这里需要注意的是，在签订涉及股权变动的条款时，应审慎分析法律法规对股份变动的限制性规定。

（10）优先分红权：按投资金额优先分红

公司或大股东签订此条约后，每年公司的净利润要按 PE、VC 投资金额的一定比例，优先于其他股东分给 PE、VC 红利。

（11）优先购股权：PE、VC 优先于其他股东

公司上市前若要增发股份，PE、VC 优先于其他股东认购增发的股份。

（12）优先清算权：PE、VC 利益得到保障

公司进行清算时，投资人有权优先于其他股东分配剩余财产。

有的 PE、VC 机构要求，若自己的优先清偿权因任何原因无法实际履行的，有权要求公司大股东以现金补偿差价。此外，公司被并购，且并购前的公司股东直接或间接持有并购后公司的表决权合计少于 50% 时；或者，公司全部或超过其最近一期经审计净资产的 50% 被转让给第三方时，这两种情况都被视为公司清算、解散或结束营业。这三种"优先"权，均是将 PE、VC 所享有的权利放在了公司大股东之前，目的是让 PE、VC 的利益得到可靠的保障。

（13）共同售股权：PE、VC 的另一条退出路径

公司原股东向第三方出售其股权时，PE、VC 以同等条件根据其与原股东的股权比例向该第三方出售其股权，否则原股东不得向该第三方出售其股权。

此条款除了限制了公司原股东的自由，也为 PE、VC 增加了一条退出路径。

（14）强卖权：很有可能导致控股权旁落

投资方在其卖出其持有公司的股权时，要求原股东一同卖出股权。

强卖权尤其需要警惕，很有可能导致公司大股东的控股权旁落他人。

（15）一票否决权：只适用于有限责任公司

投资方一般会要求在公司股东会或董事会对特定决议事项享有一票否决权。

这一权利只能在有限责任公司中实施，《公司法》第 43 条规定，"有限责任公司的股东会会议由股东按照出资比例行使表决权，公司章程另有规定的除外"。而对于股份有限公司则要求股东所持每一股份有一表决权，也就是"同股同权"。

（16）管理层对赌：对公司管理的控制

指在某一对赌目标达不到时，由投资方获得被投公司的多数席位，增加其对公司经营管理的控制权。

（17）回购承诺：只享受利益不承担风险

公司在约定期间若违反约定相关内容，投资方要求公司回购股份。

股份回购公式如下：

大股东支付的股份收购款项＝（投资方认购公司股份的总投资金额－投资方已获得的现金补偿）×[1＋（投资天数÷365）×10％]－投资方已实际取得的公司分红

回购约定要注意的事项主要有两方面：

一是回购主体的选择。最高法确立的 PE 投资对赌原则如下：对赌条款涉及回购安排的，约定由被投公司承担回购义务的对赌条款应被认定为无效，但约定由被投公司原股东承担回购义务的对赌条款应被认定为有效。另外，即使约定由原股东进行回购，也应基于公平原则对回购所依据的收益率进行合理约定，否则对赌条款的法律效力亦会受到影响。

二是回购意味着 PE、VC 的投资基本上是无风险的。投资机构不仅有之前业绩承诺的保底，还有回购机制，稳赚不赔。从法律层面上来看，"这种只享受权利、利益，有固定回报，但不承担风险的行为，从法律性质上可以认定为是一种借贷。"《最高人民法院关于审理联营合同纠纷案件若干问题的解答》第四条第二项：企业法人、事业法人作为联营一方向联营体投资，但不参加共同经营，也不承担联营的风险责任，不论盈亏均按期收回本息，或者按期收取固定利润的，是明为联营，实为借贷，违反了有关金融法规，应当确认合同无效。除本金可以返还外，对出资方已经取得或者约定取得的利息应予收缴,对另一方则应处以相当于银行利息的罚款。

(18)违约责任:违约造成实际损失

任一方违约的,违约方向守约方支付占实际投资额一定比例的违约金,并赔偿因其违约而造成的损失。举例来讲某公司及其大股东同投资方签订的协议规定,若有任一方违约,违约方应向守约方支付实际投资额(股权认购款减去已补偿现金金额)10%的违约金,并赔偿因其违约而给守约方造成的实际损失。

4.3 IPO路演:如何打动资本市场

融资路演是一件非常重要的事情,一旦获得投资人的青睐,就能帮助你的公司腾飞。相反,如果搞砸路演,你的创业想法可能就永远无法实现。路演是指证券发行商在发行前,针对可能的投资者进行的巡回推介活动。活动中,发行商昭示将要发行证券的价值,加深投资者的认知程度,并从中了解投资人的投资意向,发现需求和价值定位,确保股票的成功发行。路演也是向投资者就公司的业绩、产品、发展方向等作详细介绍,充分阐述上市公司的投资价值,让准投资者们深入了解具体情况,并回答机构投资者关心的问题。路演的目的是促进投资者与股票发行人之间的沟通和交流,以保证股票的顺利发行。在海外股票市场,股票发行人和承销商要根据路演的情况来决定发行量、发行价和发行时机。

4.3.1 流量为王

在如今的互联网时代,对于企业IPO路演来说,吸引投资者眼球的一个重要指标就是流量。流量是有价值的,它是企业生存的前提条件,当一个企业有了较大的流量,就意味着其获得了投资者足够的关注度。另外,当今社会是一个信息过剩,注意力成为稀缺资源的时代,谁能吸引更多的注意力,谁就具有获得经济利益的潜力。初创企业的产品只有首先获得了足够的关注度,才具备被购买的可能性,才能使得企业走上盈利的快车道,才能获得投资人的青睐,成功IPO。

在互联网环境下,企业在IPO路演中也深谙此道。面对激烈的行业竞争，企业不惜花大力气制造各种新奇的话题，吸引用户流量，以博取投资者的眼球。比如，新氧科技公司在 2019 年 5 月 2 日赴美 IPO，在新氧科技的 IPO 路演中，新氧称其在医美内容阅读量、用户时间花费、促成交易方面都是行业第一。并充分展示了新氧社区内容的浏览量、新氧 APP 占线上医美 APP 的使用时长、新氧占线上医美预约成交额等相关情况，以博得投资人的眼球。另外，陌陌在路演的 PPT 中，展示了公司 1.8 亿的庞大注册用户、6000 万月活用户和 2500 万的日活用户，并根据月活用户数及日活用户数进行比较，陌陌排在腾讯两大利器 QQ 和微信之后，位居中国移动社交网站第三名。作为 IPO 前的路演，陌陌充分表达了自己功能的吸引力以及用户活跃度，充分阐述了公司的投资价值，让准投资者们更加深入了解具体情况。最终，陌陌成功登陆纳斯达克，实现企业的盈利之梦。

总之，当企业进行 IPO 路演时，用户流量就是打动资本市场的最佳路径，掌握用户价值就是企业成功 IPO 之本。

专栏 4-3

控股权与相关比例：避免均分、过于分散

关于控股权及其相关比例，我们先通过两组公司的比较来看一下他们的差别。第一组是阿里、京东、百度，第二组是俏江南、1 号店和雷士照明。这两组公司可以拿来做比较的地方有很多，这里只看它们的创始人与公司的情况和现状。第一组公司创始人，分别是阿里的马云、京东的刘强东、百度的李彦宏，他们从进公司到现在一直都在公司，而且是公司核心的灵魂人物，牢牢把握着控制权，带领着公司往前发展。而第二组公司，俏江南的创始人张兰、1 号店的创始人于刚、雷士照明的创始人吴长江，他们已经不在公司的董事会里面，也不在公司的管理岗位上，有的人甚至连公司的股权也没有了。上述公司其实都很不错，但两组创始人在公司的境况却大不

相同。原因有很多,从法律上讲,最主要的原因是他们对公司控制权的把握不一样。第一组公司的创始人从公司初期到发展再到最后上市,均牢牢把握住了公司的控制权;而第二组公司的创始人则因一些共性的原因,导致他们失去了对公司的控制权或控制地位。创业者要尽可能地避免与上述第二组公司类似的不愉快再次发生,其要点就在于了解并把握好影响公司控制权的股权比例,避免均分、过于分散。

控股权分绝对控股和相对控股。前者指在股份上占绝对优势才称得上。后者指在众多股东中,是相对多数股,即为相对控股。就实际情况来看,控股权与相关比例有以下 8 种情况:

一、绝对控制:67%

股东持有公司股权比例占 67% 以上,严格意义讲应该是 66.67%,该股东便是公司的绝对控股股东,可以决定公司各项重大事务。因为我国《公司法》规定,修改公司章程、增减注册资本,以及公司合并、分立、解散、变更,需要股东会中有 2/3 以上表决权的股东通过,才能形成有效的股东会决议。因此,股东持有公司的股权比例在 67% 以上,才享有绝对控制公司的权利。

《公司法》第 43 条规定,股东会会议做出修改公司章程、增加或者减少注册资本的决议,以及公司合并、分立、解散或者变更公司形式的决议,必须经代表 2/3 以上表决权的股东通过。第 103 条规定,股东大会做出修改公司章程、增加或者减少注册资本的决议,以及公司合并、分立、解散或者变更公司形式的决议,必须经出席会议的股东所持表决权的 2/3 以上通过。

二、相对控制:51%

股东持有公司股权比例为 51% 以上,严格意义讲为 50% 以上(不含50%)时,享有对公司的相对控制权,除了修改公司章程、增减注册资本,以及公司合并、分立、解散、变更这些事项不能决定之外,其他公司一般事务都可以决定,因为一般事项的股东会决议只需要股东所持表决权过半数通过即可。因此,持股比例在 51% 以上不到 67% 即可控制公司日常运营事务。

《公司法》第 42 条规定，股东会会议由股东按照出资比例行使表决权；但是，公司章程另有规定的除外。第 103 条规定，股东大会做出决议，必须经出席会议的股东所持表决权过半数通过。

三、重大事项一票否决：34%

股东持有公司股权比例为 34% 以上、50% 以下，严格意义讲为 33.34% 以上、50% 以下，虽然不能完全决定公司事务，但当股东会通过修改公司章程、增减注册资本，以及公司合并、分立、解散、变更这类重大事项时，有一票否决的权利，股东会无法形成 2/3 的表决权。因此，持股比例在 34% 以上、50% 以下的股东的意志，有可能会影响公司重大决策的执行。

《公司法》第 43 条和第 103 条对"重大事项一票否决"也有相关规定。

四、要约收购：30%

要约收购是指收购人通过向目标公司的股东发出购买其所持该公司股份的书面意见表示，并按照依法公告的收购要约中所规定的收购条件、价格、期限以及其他规定事项，收购目标公司股份的收购方式。投资者持有或者通过协议、其他安排与他人共同持有一个上市公司已发行的股份达到 30% 时，继续进行收购的，应当采用要约收购方式。

我国《证券法》第 88 条规定，通过证券交易所的证券交易，投资者持有或者通过协议、其他安排与他人共同持有一个上市公司已发行的股份达到 30% 时，继续进行收购的，应当依法向该上市公司所有股东发出收购上市公司全部或者部分股份的要约。第 96 条规定，采取协议收购方式的，收购人收购或者通过协议、其他安排与他人共同收购一个上市公司已发行的股份达到 30% 时，继续进行收购的，应当向该上市公司所有股东发出收购上市公司全部或者部分股份的要约。但是，经国务院证券监督管理机构免除发出要约的除外。

五、临时股东（大）会召开和解散公司：10%

公司遇特殊情况可以召开临时股东（大）会，如果董事会（执行董事）监事(会)不履行召集义务时,持有公司 10%以上有表决权的股东可以自行召集。比如,公司因股权结构不合理、议事规则不合理等诸多原因,出现公司僵局时,如出现法律规定严重的情况时,达到法定表决权数额——10%的股东可以请求法院解散公司。因此,大股东应尽力依法维护公司的正常运营,同时还要确实保护小股东的利益,不要以为可以为所欲为,当心小股东使出撒手锏。

《公司法》第 39 条规定,代表 1/10 以上表决权的股东提议召开临时会议的,应当召开临时会议。第 40 条规定,董事会或者执行董事不能履行或者不履行召集股东会会议职责的,由监事会或者不设监事会的公司的监事召集和主持;监事会或者监事不召集和主持的,代表 1/10 以上表决权的股东可以自行召集和主持。第 101 条规定,董事会不能履行或者不履行召集股东大会会议职责的,监事会应当及时召集和主持;监事会不召集和主持的,连续九十日以上单独或者合计持有公司百分之十以上股份的股东可以自行召集和主持。第 182 条规定,公司经营管理发生严重困难,继续存续会使股东利益受到重大损失,通过其他途径不能解决的,持有公司全部股东表决权 10%以上的股东,可以请求人民法院解散公司。

六、上市公司重大股份变动:5%

投资者或一致行动人持有上市公司已发行股份达 5%时,及其拥有权益的股份占该上市公司已发行股份的比例每增加或者减少达到或者超过 5%的,应当向中国证监会、证券交易所提交书面报告,通知该上市公司,并予公告。

《上市公司收购管理办法》第 13 条规定,通过证券交易所的证券交易,投资者及其一致行动人拥有权益的股份达到一个上市公司已发行股份的 5%时,应当在该事实发生之日起 3 日内编制权益变动报告书,向中国证监会、证券交易所提交书面报告,通知该上市公司,并予公告;在上述期限内,不得再行买卖该上市公司的股票。第十四条规定,通过协议转让方式,投资者及其一致行动人在一个上市公司中拥有权益的股份拟达到或者超过一个上市公司已发行股份的 5%时,应当在该事实发生之日起 3 日内编制权益变动报告书,向中国证监会、证券交易所提交书面报告,通知该上市公司,并予公告。投资者及其一致行动人拥有权益的股份达到一个上市公司已发行股份的 5％后,其拥有权益的股份占该上市公司已发行股份的比例每增加或者减少达到或者超过 5％的,应当依照前款规定履行报告、公告义务。

七、临时提案：3％

单独或合计持有股份有限公司 3％以上股份的股东,可以在股东大会召开 10 日前提出临时提案。

《公司法》第 102 条规定,单独或者合计持有公司 3％以上股份的股东,可以在股东大会召开 10 日前提出临时提案并书面提交董事会。

八、代表诉讼：1％

公司董事、监事、高管有可能为了自身利益而损害公司的整体利益或其他人损害公司利益,如果发生这种情形股东有权要求公司董事会(执行董事)或监事(会)对侵害公司利益的董事、监事、高管或责任人提起诉讼,如果超过法定期限公司相关机构不提起诉讼的,股东有权以自己的名义提起诉讼。其中,有限责任公司股东和股份有限公司连续 180 日以上单独或者合计持有公司 1％以上股份的股东可以行使上述权利。

《公司法》第 151 条规定,董事、高级管理人员有本法第 149 条规定的情形的,有限责任公司的股东、股份有限公司连续 180 日以上单独或者合计持有公司 1％以上股份的股东,可以书面请求监事会或者不设监事会的有限责任公司的监事向人民法院提起诉讼;监事有本法第 149 条规定的情形的,前述股东可以书面请求董事会或者不设董事会的有限责任公司的执行董事向人民法院提起诉讼。监事会、不设监事会的有限责任公司的监事,或者董事会、执行董事收到前款规定的股东书面请求后拒绝提起诉讼,或者自收到请求之日起 30 日内未提起诉讼,或者情况紧急、不立即提起诉讼将会使公司利益受到难以弥补的损害的,前款规定的股东有权为了公司的利益以自己的名义直接向人民法院提起诉讼。他人侵犯公司合法权益,给公司造成损失的,本条第一款规定的股东可以依照前两款的规定向人民法院提起诉讼。

总之,公司设立股权和改变股权都决定着公司和股东个人的根本利益,创业者必须意识到理清股权分配机制的重要性,坚决避免像俏江南、1号店和雷士照明的情况发生,才能让公司顺利的发展,把蛋糕做大。当然,控股权不等于控制权,这也是企业家们应有的常识。

4.3.2 商业模式优先

路演不仅仅是演讲,更是初创项目的全方位展示,IPO 路演有三个目的:使人理解,吸引关注,促使行动。在形形色色的 IPO 路演招商会上,如何脱颖而出,获得更多的关注和支持,有一个重要的环节不容忽视,那就是商业模式的展示。商业模式一词在 IPO 路演中似乎总是个高频的词语,讲演者总会在幻灯片上论证自己的商业模式如何卓越与创新。一个好的商业模式确实容易焕发商机,创造出企业效益,进而吸引投资者的青睐。

时下很成功且有特色的商业模式创新,如口袋购物。它是一款移动平台的推荐购物类应用软件,主打个性化和精准化的商品推荐。口袋购物做导购型的商业模式获得了投资人的认可,口袋购物 2012 年就得到了来自成为基金和经纬中国共约 1200 万美元的投资。再如,苹果公司构建"终端＋应用"软硬一体化的商业模式,从而打造了具有竞争力的生态系统,使苹果公司赚得钵满盆满;阿里巴巴打造电子商务平台模式,从而使阿里巴巴成为电子商务的"帝国";谷歌采用的"搜索免费＋后向广告收费"的商业模式,使谷歌一举奠定了在搜索引擎界的霸主地位;奇虎 360 通过专注互联网安全、实行免费增值商业模式以及打造开放平台而取得了巨大成功,如今成为我国最大的互联网安全服务提供商;小米通过注重品牌经营、高性价比手机和互联网化销售模式取得了成功;UC 优视科技专注于手机浏览器市场,向平台方向转型,成为手机浏览器的领先者。这无疑不让人感叹,有创新力的商业模式不仅是企业自有价值的不断放大和创造能力急剧提升的源头活水,而且是企业成功获得资本市场融资的助推器。

总而言之，商业模式是投资人最关注的部分。那么在 IPO 路演中，要怎么描述商业模式呢？可以讲述企业的各内外要素密切结合，以及企业构成一个完整的、协调的、系统的运行体系和逻辑结构，从而实现企业从创造价值到获取价值。通俗地说，就是要讲清楚企业或项目将如何赚钱，描述商业模式最好可以像讲故事一样，尽可能地生动形象，简单易懂。对于以技术创新和研发为主的初创企业，在这一部分可以重点阐述技术实现。描述你的产品的技术创新，这时如果已经申请到专利将是最实质性的优势，优秀的专利是你的产品不可替代性的最重要证明。

4.3.3　数据精准分析与预测

各行各业都会用到数据，哪怕是语文教学也不免会用到数据，何况是商业社会的企业 IPO 路演活动。数据对 IPO 路演者重要与否，并不在于数据本身，而在于路演者如何将数据在精准分析与预测后的结果生动形象地展示在投资者面前，为企业的 IPO 路演锦上添花，成为路演展示活动的点睛之笔。另外，通过数据作出精准的预测都是企业项目最有魅力、同时也是最有价值的部分，参赛者在路演中应充分展现自身的业绩实力、现状和财务预测。

对于路演中怎么利用数据进行精准分析，乐视李嵘的路演开讲就是最好的例子。2016 年，乐视的全国策略中心总经理李嵘代表乐视进行路演分享，她告诉众人，自乐视打造生态系统以来，乐视的市值突飞猛进。2015 年乐视总市值达 1487.71 亿元，相当于一个新浪的市值，超过网易，超过 9 个搜狐、5 个猎豹、3.5 个奇虎 360。成为仅次于阿里巴巴、腾讯、百度、京东之后的中国第五大互联网公司。李嵘运用了非常讨巧的表达方式，与各大互联网企业作比较，将乐视的市值数据进行了精准的分析，让听众切实感受到乐视打造生态系统 5 个月来切实发生的奇迹。

总之，充分展示数据精准分析与预测的结果是企业 IPO 路演过程中重要的一环。数据精准分析与预测要基于对已有的市场、行业、产品、业务数据的分析，根据公司确定的发展计划、市场策略，用合理的假设逻辑进行估算、推演。可以有保守的、乐观的估计，还可以分别编制有投资进入的财务预测和没有投资进入的财务预测。另外，也可以通过当前的营销数据及条件，规划未来的营销计划和相应的产出效果，分成未融资和融资后两种预测，让投资者或者投资机构更清楚地了解投资可能带来的效益。

4.4　IPO 红线及被否原因

进入 21 世纪以来,我国的资本市场发展越来越好,在优化资源配置、分散金融市场风险和拓宽融资渠道等方面发挥着重要的作用。企业 IPO 作为发展扩张的关键阶段更是引来热议,如何识别上市企业 IPO 被否的原因,以及要怎么避免 IPO 被否,成功穿越 IPO 火线,提高拟上市企业的成功率逐渐成为企业关注的焦点。

4.4.1　警惕 IPO 五大红线

一些企业为了成功上市,可能会采用一些非法手段对企业不满足上市要求之处进行掩饰修改,然而这不仅导致企业最终上市失败,还会损坏企业的名誉。企业要警惕 IPO 五大红线,否则将致使企业坠入万丈深渊。如图 4-10 所示。

第一,粉饰财务报表。IPO 第一大红线是财务指标异常,造成财务指标异常的操作手法有三种,如图 4-11 所示。

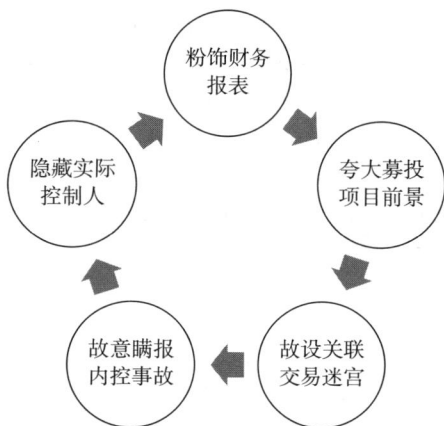

图 4-10　IPO 五大红线

图 4-11　财务指标异常的操作手法

拟上市公司需要避免上述三种操作,避免在后续审核过程中出现问题,损害企业的名誉。A 股历史上,被揭出财务造假上市的典型案例,既包括主板的通海高科、红光实业,也包括中小板的绿大地、胜景山河等企业。

被否案例:新大地通过资金循环、虚构销售业务、虚构固定资产等手段,在 2009—2011 年年度报告中虚假记载。企业经过粉饰财务报表虽然通过了中国证监会的首发审核。然而，当中国证监会进行"财务打假"时，企业便站不住脚。

第二，夸大募投项目前景。IPO第二大红线是夸大募投项目前景。夸大募投项目前景的操作手法也有三种，如图4-14所示。

上述三种操作都有可能导致上市被否，企业需要警惕。

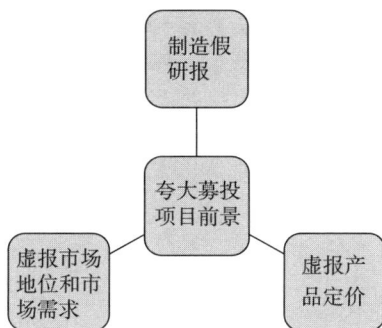

图 4-12　夸大募投项目前景的操作手法

被否案例：绿城水务 2011 年 11 月上市被否的原因就是夸大募投项目前景。因为绿城水务募投项目投资总额为 10.33 亿元，当中的 8.77 亿元用于污水处理项目，但是公司污水处理收入是根据自来水用水量及物价部门核定的污水处理费单价确定，因此该部分募投项目的达产不仅不能导致收入及利润的增加，反而可能导致短期内经营业绩下滑，但是绿城水务夸大募投项目前景。与绿城水务同时被否的还有瑞明工业。

第三，故设关联交易迷宫。它是指拟上市公司通过与关联公司进行关联交易，以不公允的价格买卖产品，调节收入或支出报表。故设关联交易迷宫的操作手法有三种：关联交易非关联化、隐蔽的非关联方利益输送、明显的关联方利益输送。

被否案例：2009 年 10 月，北京东方广视科技股份有限公司将原全资子公司东莞市维视电子科技有限公司股权转让给深圳市威久工贸发展有限公司，转让后，东莞市维视电子科技有限公司继续为北京东方广视公司提供机顶盒的外协加工，并代购部分辅料。经过审查 2009 年至 2011 年间，北京东方广视科技公司与东莞市维视电子科技公司的交易金额和当期外协金额的比例，创业板发审委认为，发行人资产不完整，存在严重影响公司独立性或者显失公允的关联交易，进而被否。

第四，故意瞒报内控事故。它是指拟上市公司通过隐瞒内部控制混乱、管理问题以及安全事故等公司问题而获取上市资格。

被否案例：广信农化在安全生产管理和环境保护方面的内控制度和执行能力遭到质疑。公告称，2010 年 1 月 9 日，广信农化的甲基硫菌灵车间反应釜曾发生底阀堵料故障，因处置不当导致 3 名人员死亡，证监会发审委据此认为该公司不具备上市资格。

第五，隐藏实际控制人。它指的是通过复杂的股权转让操作、分散的股权设置和极度分权的董事会达到让外界看不清实际控制人的目的。

被否案例：上海同济同捷科技有限公司 2009 年申报时，报告期内管理层发生了重大变化。同济同捷股权结构分散，没有实际控制人，其中只有 3 名股东持股超过 10%，而公司在整体变更之前董事会成员 13 名，整体变更之时董事会成员变更为 9 名。董事会成员发生了重大变化，不符合创业板上市公司经营管理层在首发前两年没有发生重大变化的规定而被否。

4.4.2 IPO 被否三大原因

2018 年以来共 58 家 IPO 企业首发上会，其中，通过 23 家，过会率 39.66%，被否 28 家，被否率 48.28%，另外还有 4 家取消审核和 3 家暂缓表决。经过对 2018 年以来 IPO 被否企业问题的分析，被否的主要原因除 IPO 五大红线外，还包括以下三大原因，如图 4-13 所示。

图 4-13　IPO 被否三大原因

第一，股权问题。股权是其中的一个重要因素，在 18 家被否公司中，稳健医疗、普天铁心、锦和商业以及鸿禧能源等企业的股权转让问题被发审委关注。从多家被否公司的情况看，股权是其中的一个重要因素。

被否案例：雪龙股份具有一定借鉴意义。报告期内雪龙股份将原持有子公司捷斯特等的股权转让给发行人控股股东维尔赛控股和股东香港绿源，后又将上述股权原价购回。对此，发审委要求其说明上述交易的原因、合理性和相关决策程序，并请保荐代表人说明核查方法、依据等。

第二，经营资质问题。首发申报公司经营资质等合规问题同样受到发审委关注。壶化股份、锦和商业以及尼毕鲁等公司均被问及相关问题。

被否案例：壶化股份公司，其产品在生产、销售、购买、运输和使用各个环节均实行许可证制度。对此,发审委要求其说明公司相关经营资质到期后能否及时延续,并结合报告期财务数据发生的不利变化,说明许可证制度对公司未来行业地位、发展空间和盈利能力的影响。

第三,环保问题。证监会极其关注环保问题。一般的污染企业,应该由省级环保部门出具意见;跨省的和特别规定的,需要生态环境部意见。

被否案例:山东玻纤曾发生过固废堆放不合规和废气排放超标等问题,发审委要求其进一步说明相关问题的解决情况,对固废和废气采取的具体环保措施等。

专栏 4-4

唐骏华尔街路演

唐骏一共去过三次华尔街,做了三次路演。

第一次,他一个个地给投资者讲盛大的故事。考虑到美国人很难理解,因为当时美国没有相应成功案例。他便在路演时讲述盛大的商业模式:网游的创新不是技术的创新,而是商业模式的创新。做网游本质上是做软件,但盛大的成功之处在于它改变了传统软件的商业模式,把过去卖软件变成了卖服务。然后唐骏再跟美国人讲中国的互联网用户,因为人数庞大,有那么多潜在用户,就有足够的收入支撑,足以让这个企业更加强大。所以盛大得以成为中国第一家在纳斯达克上市的网游公司。

2006 年,唐骏再次率队去做路演。为什么? 因为看到了市场的竞争,并随即进行了转型——免费模式。很多人对免费不理解,特别是华尔街。免费了,你的收入来源是什么? 就此,唐骏给他们讲迪斯尼的故事。迪斯尼的收入来源主要是门票,60 美元一次;其次为消费,比如买卡通道具等。免费的盛大好比不要门票的迪斯尼,会有海量的人群涌入,买里面的道具,并进行其他消费。而且网络是无限的,可以把尽可能多的人吸引到盛大,经营得好，不仅可以弥补门票收入，而且可以超过它。美国人一下就听懂了，两个星期的路演结束，盛大股票从 14.5 元攀升至 20 元。

后来，唐骏又一次去华尔街，当时网游市场竞争更激烈，很多网游公司都开始免费了，盛大需要不断创新。如何创新呢？很简单，把盛大打造成一个平台，上面不止一款两款游戏，而是 20 款、60 款或者更多。唐骏对华尔街的投资者说，"让 20 款游戏中的每一款都成功很难，但让 20 款中的每一款游戏都不成功更难"。一句话让他们重新认识了盛大，也更加认可盛大。去华尔街时，盛大股价为 26 元，回到上海已升至 37 元。

4.4.3 穿越 IPO 火线

资本市场作为重要的资源配置平台，为企业开拓了直接融资渠道，提供了企业后续发展的资金支持。我国越来越多的企业尝试与资本市场接轨，通过 IPO 审核加入资本市场中去。与此同时，不少企业折戟于 IPO 审核途中，错失了参与到资本市场中的发展良机，如何穿越 IPO 火线显得尤为重要。如图 4-14 所示。

图 4-14 穿越 IPO 火线

第一，熟悉上市法律法规。拟上市企业要想顺利通过 IPO 发行审核成为上市公司，最重要的是要依据发行上市相关法律法规对自身进行多方位评估，确认自身各方面条件是否符合要求，对于不符合要求的部分要积极做好实质性改进措施，避免出现为达上市标准而包装经营业绩、粉饰报表数据的自杀式行为。

第二，审慎选择保荐机构。在确认自身各方面条件符合相关法律法规要求后，审慎选择保荐机构等合作中介机构，建立一支优秀的上市运作团队，为企业成功上市打下坚实的基础。具体而言，拟上市企业应当在上市前确保股东和出资人足额缴纳了注册资本、避免出现出资不实和抽逃出资等欺诈行为，依法聘请资产评估机构对非货币性资产进行评估，以确定其价值。另外，要健全公司治理机制，保持领导层稳定，避免出现股权代持和质押等行为，防止因此产生的股份权属纠纷问题。

第三，完善内部控制制度。拟上市企业可以根据发行上市相关法律法规来设计和构建企业的内部控制制度，以财务会计控制为基础，加强财务会计控制工作，同时不断完善多方面的控制制度。严格按照会计准则和税法要求规范企业会计工作，提高会计信息质量；通过加大产品研发投入等多种方式不断培养企业新的竞争力，使持续盈利能力不断向好。

第四，规划好募投项目。拟上市企业还需结合企业长远发展目标来做好募投项目的规划工作，确保企业募投项目满足国家产业政策与环保等政策的要求，并在上市前充分分析募投项目的可行性与合理性，将募集资金用于主营业务和核心竞争领域，防范募集资金使用出现重大风险。

总而言之，要想穿越 IPO 火线，只有企业各方面都满足发行上市的合规性要求，并且不断壮大自身内在实力，才能从容应对发审委的严峻考验。企业只有成功穿越 IPO 火线，才可以降低企业融资成本，降低投资者投资风险，进而促进我国资本市场健康快速发展。

章 末 案 例

华为的股权激励史

1990 年，华为第一次提出内部融资、员工持股的概念，以税后利润的 15% 作为股权分红。双方约定，股权是在员工进入公司一年后，依据员工能力进行派发，一般用员工的年度奖金购买。

2001 年，华为迎来发展历史上第一个冬天，开始实行"虚拟受限股"的期权改革。激励对象可以据此享受一定数量的分红权和股价升值权，但没有所有权，没有表决权，不能转让和出售，在离开企业时自动失效。

2003 年，华为遭受 SRAS 的重创，出口市场受到影响，华为号召公司中层以上员工自愿提交"降薪申请"，同时进一步实施管理层收购，稳住员工队伍，共同渡过难关。一是配股额度很大,平均接近员工已有股权的总和;二是兑现方式不同,往年积累的配股即使不离开公司也可以选择每年按一定比例兑现。

2008年全球经济危机,华为推出"配股"公告,年利率逾6%,在华为工作时间一年以上的员工都可获得。由于这次配股属于"饱和配股",即不同工作级别匹配不同的持股量,大部分在华为总部的老员工,由于持股已达到其级别持股量的上限,并没有参与这次配股。

正是因为华为从1990年就开始进行股权优化,并不断改进,激励员工,所以才成就了现在世界五百强的华为,成就了全球第三大手机厂商的华为,成就了中国人骄傲的华为。

成功不可以复制,但方法可以学习,从华为股权激励制度我们可以看出,通过股权优化,可以吸引人才,留住人才,实现与员工共享企业发展收益,实现企业"基业长青",完善公司治理,提升企业价值。

华为的案例也从侧面完整地阐述了"股权优化"的定义,即企业在不同阶段,通过调整原股东持股比例或通过吸引外部投资者等方式,优化公司股权结构,达到提升公司治理效率,增强企业竞争力,实现股权价值最大化。

第五章　非股权融资方式

开　篇　小　语

创业企业除了可以通过股权融资外,还可以通过债权和租赁等方式融资。创业企业要识别各种融资方式的成本和风险,制定合理的信贷风险防控措施,尽量降低融资成本和风险,实现企业价值最大化。

一是央行从准备金,再贷款、再贴现、利率等货币政策工具方面考虑支持商业银行加大小微企业金融服务力度。二是监管部门要考虑小微企业风险情况和风险溢价,给予差别化监管。三是财政部门给予小微企业贷款一定的税收优惠。四是商业银行要从内部转移定价和服务机制等方面提升小微企业服务水平。通过全社会各方面的努力,共同做好小微企业金融服务,缓解小微企业融资难、融资贵问题。

易纲　中国人民银行行长

万科:地产企业探索新融资模式第一人

万科将自身定位为"城乡建设与生活服务商",所搭建的生态体系已初具规模,在巩固固有优势的基础上,业务已延伸至商业开发和运营、物流仓储服务、租赁住宅、产业城镇、冰雪度假、养老、教育等领域,为更好地服务人民美好生活需要、实现可持续发展奠定了良好基础。万科将始终坚持"大道当然,合伙奋斗",以"人民的美好生活需要"为中心,以现金流为基础,深入践行"城乡建设与生活服务商"战略,持续创造真实价值,不愧是伟大新时代的好企业。

一、公司介绍

万科企业股份有限公司成立于 1984 年 5 月,总部位于中国广东省深圳市盐田区大梅沙环梅路 33 号万科中心。万科经过几十年的发展,已成为国内领先的城乡建设与生活服务商,公司业务聚焦全国经济最活力的三大经济圈及中西部重点城市。

万科始终坚持为普通人提供好产品、好服务,通过自身的努力,为满足人民对美好生活的各方面需求,做出力所能及的贡献。2016 年公司首次跻身《财富》"世界 500 强",位列榜单第 356 位,2017 年、2018 年接连上榜,分别位列榜单第 307 位、第 332 位。公司核心业务包括住宅开发、物业服务、租赁住宅;在住房领域,公司始终坚持住房的居住属性,坚持"为普通人盖好房子,盖有人用的房子"。

二、股权融资投入低之史无前例

地产行业是一个资金需求密集的行业。万科是中国地产行业的执牛耳者。即便如此,万科也同样受困于地产行业发展对资金的巨大需求,因而不断在尝试拓宽企业的融资渠道。

尽管股权融资和债权融资等融资渠道为万科集团近年来的强势发展和扩张提供了源源不断的资金流,甚至于可以毫不夸张地说,国内现有的融资渠道短期之内不会制约万科在中国大陆产业的强劲发展势头，完全能够满足万科发展的资金需求。但是万科对不断扩大融资渠道依旧情有独钟，其与Hypo Real Estate Bank International（HI）签订的为开发中山项目进行融资的协议可以看作是中国大陆地产企业探索新的融资模式的试水。为了开发中山项目，万科引进了HI作为合作方，HI为该项目的运作设立了Best Gain Investment公司，并向公司注入3500万美元。该公司股权由万科和HI共同持有，万科持股比例为35％、HI为65％。作为交换，万科向新设立的Best Gain Investment公司受让中山项目80％的股权，剩下20％股权由万科持有。如此一来，实际万科对该项目的资金投入为零，但共计持有该项目48％的股权，而HI以3500万美元换得的是该项目52％的股权。换句话说，万科以其品牌、商誉、行业经验和管理能力获得了整个项目近一半的股权，这在中国企业同国外资本合作的进程中可以用史无前例来表述。

三、小股操盘，重新定义竞争对手

在商业模式设计中，你的对手不一定就是对手，通过巧妙的设计，就可能是你的合作伙伴。包括你的客户，你的外部合作伙伴，都是如此。

传统模式中，房地产开发商，包括万科、二三线城市开发商，都一样要承担项目开发、资金、土地、当地关系等活动环节或资源能力。但是，万科就通过"小股操盘"做了优化，把二三线城市房地产开发商变成了合作伙伴。小股操盘后，万科在项目中只占比较小的股份，它把自己的边界划定为只做项目开发，而把资金、土地、当地关系划定给当地开发商，双方优势互补、通力合作。

万科的收入来自三部分，股权、项目管理费、项目超额利润分配。当地开发商的收入来自股权和超额利润分配。这种方式下，双方的活动环节、资源能力边界都缩小了，但效率更高了，收益也都得到提升。

通过重新定义竞争对手，万科的模式发生了两个变化。一方面，万科扩展到二三线城市开发，轻资产投入。另一方面，之前万科跟二三线城市开发商是竞争对手的关系，现在是合作伙伴关系，共同做大市场，赚取利润。所以，对于中小企业来说，不仅注重自己的商业模式，还有琢磨行业的商业模式，特别是巨头的商业模式，一定要学会跟大企业共舞。

四、合伙融资要见到"真金白银"

合伙制就是设计一个吸收人才的蓄水池，用股权把合伙人的利益与企业的未来紧紧捆绑在一起。合伙制虽然可以解决人才流失、资金缺少等问题，但是企业要想搞合伙制，还需了解一个重要的前提条件，那就是合伙人的融资一定要见到"真金白银"。

万科的合伙人机制也吸引了很多房地产企业的关注，有些企业也开始考虑搞合伙人机制。值得注意的是，事业合伙人机制还明显地提升了万科集团在融资方面的力量。于2014年5月28日，万科实行的合伙人制度也被正式推到了实质性的阶段，共融资达到14亿元。在这种合伙机制下，事业合伙人需要签署《授权委托与承诺书》，承诺将其在经济利润奖金集体账户中的全部权益，委托给万科进行投资管理，包括引入融资杠杆进行投资；与此同时，事业合伙人还承诺在返还融资本息偿付完成前，部分集体奖金及衍生财产统一封闭管理，不兑付到具体的个人，这对万科的融资来说是一件十分有利的事情。

五、启示与总结

万科融资成功是得益于其在行业经验上的积累、在运营管理上的优势、在品牌形象上的塑造和传播，同样也得益于万科对公司发展战略的清晰定位、对公司治理机制的有效设立以及对资本市场的熟悉和参与。

第一，加强自身的内部治理。创业企业需要加强自身的内部治理，强化对商业计划书中关于运营、产品定位等方面内容的细化和优化，通过这些优势的铸造，提高融资的获利程度。

第二，学习融资经验。企业可以学习万科只投入商誉、品牌、运营管理经验同国际资本合作进行项目融资的模式，以此获得更为广阔的融资渠道。

第三，地产公司拓宽融资渠道。基于地产行业的特征，地产公司的融资更近于项目融资，因此地产方面的再创业企业可以尝试股权、债权以外的融资方式，例如基础设施收费项目融资。

资料来源：

1.万科一官网

https：//www.vanke.com/v_mobile/

2.东方财富网

https：//wap.eastmoney.com/

3.《万科集团融资分析》

https：//wk. baidu. com/view/f11430cdcf2f0066f5335a8102d276a20029607a?
pcf＝2&from＝singlemessage

4.《万科案例分析》

https：//wk. baidu. com/view/11aeaa046bec0975f565e278？ pcf ＝ 2&from
＝singlemessage

5.《我国房地产融资结构分析：以万科集团为例》

https：//wk. baidu. com/view/071b590253d380eb6294dd88d0d233d4b14e3
fd0？ pcf＝2&from＝singlemessage

5.1　非股权融资方式

非股权融资方式主要有债权融资、租赁融资、混合型融资和政策性融资等。创业企业可以根据自身特点和需求选择合适的融资方式。

5.1.1　债权融资

债权融资，是有偿使用企业外部资金的一种融资方式。负债是企业一项重要的资金来源，几乎没有一家企业是只靠自有资本，而不运用负债就能满足资金需要的。负债筹资是与普通股筹资性质不同的筹资方式。与后者相比，负债筹资的特点表现为：筹集的资金具有使用上的时间性，需到期偿还；不论企业经营好坏，需固定支付债务利息，从而形成企业固定的负担；但其资本成本一般比普通股筹资成本低，且不会分散投资者对企业的控制权。

目前在我国，长期负债筹资主要有长期借款和长期债券两种方式。

一、长期借款筹资

长期借款是指企业向银行或其他非银行金融机构借入的使用期超过 1 年

的借款，主要用于购建固定资产和满足长期流动资金占用的需要。

（一）长期借款的种类

（1）按照用途，我国目前各金融机构提供的长期借款主要有：固定资产投资借款、更新改造借款、科技开发和新产品试制借款，等等。

（2）按照提供贷款的机构和单位不同，分为政策性银行贷款、商业银行贷款和其他金融机构贷款。政策性银行贷款是指由执行国家政策性贷款业务的银行提供的贷款，一般贷放给国有企业。目前我国已建立的政策性银行有进出口银行、国家开发银行等。商业银行贷款是指由商业银行出于盈利目的而提供的贷款。其他金融机构贷款指除商业银行外其他可从事贷款业务的金融机构提供的贷款，如信托投资企业、保险企业、企业集团财务企业、金融租赁企业、城乡信用合作社等提供的贷款。

（3）按照借款人获得借款时是否提供担保，可分为信用贷款和抵押贷款。信用贷款指不需企业提供抵押品，仅凭其信用或担保人信誉而发放的贷款。抵押贷款指要求企业以抵押品作为担保的贷款。长期贷款的抵押品常有房屋、建筑、机器设备、股票、债券等。

（二）长期借款的条件和获得

金融机构对企业发放贷款的原则是：按计划发放、择优扶植、有物资保证、按期归还。企业申请贷款一般应具备的条件是：

（1）独立核算、自负盈亏、有法人资格。

（2）经营方向和业务范围符合国家产业政策，借款用途属于银行贷款办法规定范围。

（3）借款企业具有一定的物资和财产保证，担保单位具有相应的经济实力。

（4）具有偿还贷款的能力。

（5）财务管理和经济核算制度健全，资金使用效益及企业经济效益良好。

（6）在银行设有账户，办理结算。

具备上述条件的企业欲取得贷款，先要向银行提出申请，陈述借款原因与金额、用款时间与计划、还款期限与计划。银行根据企业的借款申请，针对企业的财务状况、信用情况、盈利的稳定性、发展前景、借款投资项目的可行性等进行审查。银行审查同意贷款后，再与借款企业进一步协商贷款的具体条件,明确贷款的种类、用途、金额、期限、还款的资金来源及方式、保护性条件、违约责任,等等,并以借款合同的形式将其法律化。借款合同生效后,企业便可取得借款。

（三）长期借款的保护性条款

由于长期借款的期限长、风险大,按照国际惯例,银行通常对借款企业提出一些有助于保证贷款按时足额偿还的条件。这些条件写进贷款合同中,形成了合同的保护性条款。归纳起来,保护性条款大致有如下两类:

（1）一般性保护条款。一般性保护条款应用于大多数借款合同,但根据具体情况会有不同内容,主要包括:对借款企业流动资金保持量的规定,其目的在于保持借款企业资金的流动性和偿债能力;对支付现金股利和再购入股票的限制,其目的在于限制现金外流;对资本支出规模的限制,其目的在于减小企业日后不得不变卖固定资产以偿还贷款的可能性,仍着眼于保持借款企业资金的流动性;限制其他长期债务,其目的在于防止其他贷款人取得对企业资产的优先求偿权。

（2）例行性保护条款。例行性保护条款作为例行常规,在大多数借款合同中都会出现,主要包括:借款企业定期向银行提交财务报表,其目的在于及时掌握企业的财务情况;不准在正常情况下出售较多资产,以保持企业正常的生产经营能力;如期缴纳税费和清偿其他到期债务,以防被罚款而造成现金流失;不准贴现应收票据或出售应收账款,以避免或有负债;限制租赁固定资产的规模,其目的在于防止企业负担巨额租金以致削弱其偿债能力,还在于防止企业以租赁固定资产的办法摆脱对其资本支出和负债的约束。

（3）特殊性保护条款,是针对某些特殊情况而出现在部分借款合同中的,主要包括:贷款专款专用;不准企业投资于短期内不能收回资金的项目;限制企业高级职员的薪金和奖金总额;要求企业主要领导人在合同有效期间担任领导职务;要求企业主要领导人购买人身保险;等等。

（四）长期借款的成本

长期借款的利息率通常高于短期借款,但信誉好或抵押品流动性强的企业,仍然可以争取到较低的长期借款利率。长期借款利率有固定利率和浮动利率两种,浮动利率通常有最高、最低限,并在借款合同中明确。对于借款企业来讲,若预测市场利率将上升,应与银行签订固定利率合同;反之,则应签订浮动利率合同。

除了利息之外,银行还会向借款企业收取其他费用,如实行周转信贷协定所取得的承诺费,要求借款企业在本银行中保持补偿余额所形成的间接费用,这些费用会加大长期借款的成本。

(五)长期借款的偿还

长期借款的利息要按借款合同的规定定期支付,通常是半年或一年支付一次。长期借款的本金的偿还方式有多种,可以在借款到期时一次偿还,也可以分期逐次偿还。一次性偿还在借款到期时企业将面临较大的资金压力,分期逐次偿还可以缓解资金运用压力,便于企业安排资金的均衡使用。将企业还本付息共同考虑,企业偿还长期借款的方法可分为分期付息到期还本法,完全分期等额偿付法和部分分期等额偿付法。

完全分期等额偿付法是指借款在借款期为连本带息,均按照相等金额归还,分期的期间可按季、半年或一年划分。部分分期等额偿付法则是指借款的一部分按完全分期等额偿还法分期偿还,另一部分按期付息,到期还本。

(六)长期借款筹资的优缺点

(1)长期借款筹资的优点

①筹资速度快,与发行股票和发行债券相比,这种筹资活动只要借贷双方通过协商达成一致,签订借款合同后企业即可筹到所需要的资金,不需要通过审批、承销发行等一系列程序,故筹资速度较快。

②借款弹性较大,借款时企业与银行直接交涉,有关条件可谈判确定;用款期间发生变动,亦可与银行再协商。而债券筹资所面对的是社会广大投资者,协商改善筹资条件的可能性很小。

③借款成本较低,借款筹资的利息可以缴纳所得税前支付,可以减少企业的实际利息负担,因此其成本远低于股票筹资。另外,由于长期借款筹资不涉及审批、发行等问题,其交易成本低于发行债券筹资。

(2)长期借款筹资的缺点

①风险大,与权益筹资相比,长期借款需要按期还本付息,如果企业因经营不善或资金周转困难而不能按期还本付息,企业将面临破产的可能。

②约束强,长期借款合同对企业的各项行为有严格的约束,在一定情况下将可能妨碍企业正常的生产经营活动。

③筹资数额有限,银行一般都不愿出巨额的长期借款,因此,利用银行借款筹资都有一定的上限,不像股票、债券那样可以一次筹到大笔资金。

二、长期债券筹资

债券是经济主体为筹集资金而发行的,用以记载和反映债权债务关系的有价证券。由企业发行的债券或企业债券,这里所说的债券,指的是期限超过1年的企业债券,其发行目的通常是为建设大型项目筹集大笔长期资金。

(一)长期债券的主要类型

典型的长期债券包括票据、信用债券和抵押债券。信用债券是仅凭企业信用发行的债券,抵押债券则是以企业资产作抵押发行的债券,票据通常是短期的。但是有时也指7年以下的票据凭证。

信用债券和抵押债券一般都是长期债券,即期限在一年以上债券。有些债券是永久性的,即没有规定到期日,如英国的统一公债。

(二)长期债券的基本要素

(1)票面价值。债券的票面价值包括两个方面,其一是币种,即票面价值所采用的计量单位。一般来说,如发行对象是国外投资者,就选择债券发行地的国家或国际通用货币作为债券票面价值的计量单位;如果发行对象是国内投资者,则选择本国货币作为债券票面价值的计量单位。其二是债券的票面金额,较小的票面金额,有利于债券的发行与交易。

(2)票面利息率。债券利率是债券持有人定期获得的利息与债券票面价值的比率。债券利率的高低由债券发行者决定。债券发行者在确定债券利率时要考虑市场利率、债券的偿还期限、自身资信状况以及资本市场资金供求关系等因素的影响。

(3)到期日。债券一般都有固定的偿还期限,即自发行日起至全部本金清偿完毕为止的一段时间。一般来说,偿还期在1年以内称为短期债券,1年以上10年以下的是中期债券,10年以上称为长期债券。

(4)发行价格。债券的发行价格由债券的面值、期限、票面利率、市场利率以及债券的信用等级等决定。根据债券发行价格与债券面值间的关系,债券的发行可以分为溢价发行、平价发行和折价发行。当债券的发行价格高于债券面值时,为溢价发行;当债券的发行价格等于债券面值时,为平价发行;当债券的发行价格低于债券面值时,为折价发行。债券的发行价格采用溢价、平价或折价,主要取决于债券的票面利率与市场利率的关系,一般来说,当债券的票面利率高于市场利率时,债券将溢价发行;当债券的票面利率等于市场利率时,债券将平价发行;当债券的票面利率低于市场利率时,债券将折价发行。

(三)长期债券的主要类型

(1)按债券上是否记有持券人的姓名或名称,分为记名债券和无记名债券。这种分类类似于记名股票与无记名股票的划分。在企业债券上记载持券人姓名或名称的为记名企业债券;反之为无记名企业债券,两种债券在转让上的差别也与记名股票、无记名股票相似。

(2)按能否转换为企业股票,分为可转换债券和不可转换债券。若企业债券能转换为本企业股票,为可转换债券,反之为不可转换债券。一般来讲,前种债券的利率要低于后种债券。

以上两种分类为我国《公司法》所确定,除此之外,按照国际通行做法,企业债券还有另外一些分类。

(3)按有无特定的财产担保,分为抵押债券和信用债券。发行企业以特定财产作为抵押品的债券为抵押债券;没有特定财产作为抵押,凭信用发行的债券为信用债券;不动产抵押债券,即以企业的不动产为抵押而发行的债券;设备抵押债券,即以企业的机器设备为抵押而发行的债券;证券信托债券,即以企业持有的股票证券以及其他担保证书交付给信托企业作为抵押而发行的债券等。

(4)按是否参加企业盈余分配,分为参加企业债券和不参加企业债券。债权人除享有到期向企业请求还本付息的权利外,还有权按规定参加企业盈余分配的债券,为参加企业债券;反之为不参加企业债券。

(5)按利率的不同,分为固定利率债券和浮动利率债券。将利率明确记载于债券上,按这一固定利率向债权人支付利息的债券,为固定利率债券;债券上明确利率,发放利息时利率水平按某一标准(如政府债券利率、银行存款利率)的变化而同方向调整的债券,为浮动利率债券。

(6)按能否上市,分为上市债券和非上市债券。可在证券交易所挂牌交易的债券为上市债券;反之为非上市债券。上市债券信用度高,价值高,且变现速度快,故而容易吸引投资者;但上市条件严格,并要承担上市费用。

（7）按照偿还方式，分为到期一次债券和分期债券。发行企业于债券到期日一次集中清偿本息的，为到期一次性债券；一次发行而分期、分批偿还的债券为分期债券。分期债券的偿还有不同办法。

（8）按照其他特征，分为收益企业债券、附认股权债券、附属信用债券，等等。收益企业债券是只有当企业获得盈利时方向持券人支付利息的债券。这种债券不会给发行企业带来固定的利息费用，对投资者而言收益较高，但风险也较大。附认股权债券是附带允许债券持有人按特定价格认购企业股票权利的债券。这种认购股权通常随债券发放，具有与可转换债券类似的属性。附认股权债券与可转换企业债券一样，票面利率通常低于一般企业债券。附属信用债券是当企业清偿时，受偿权排列顺序低于其他债券的债券；为了补偿其较低受偿顺序可能带来的损失，这种债券的利率高于一般债券。

（四）长期债券的基本特征

（1）偿还性。偿还性是指在规定的偿还期限，债务人须按照约定的条件向债权人支付利息和偿还本金，否则就构成违约。在历史上，英国政府曾发行永久公债，这种债券无固定的偿还期，持有人不能要求政府偿还，只能按期取息，当然这只是个别现象，并不能因此否定债券具有偿还性的一般特征。

（2）流动性。流动性是指债券持有人可按照自己的需求和市场的实际情况，灵活地转让债券，以提前收回本金和事项投资收益，也就是说，债券具有及时转换为现金的能力。

（3）安全性。安全性是指债券持有人的收益相对固定，不随发行者情况的变动而变动，并且可按期收回本金。一般来说，具有高度流动性的债券通常都比较安全。

（4）收益性。收益性是指能为持有人带来一定的收入，即债券投资的报酬。债券的收益一般表现在两个方面：一是利息收入；二是资本利得，即买卖差价。

（五）长期债券的发行方式

（1）私募发行

私募发行是指发行者面向少数特定认购者发行，通常是以与发行者有密切关系者作为发行对象。私募发行对象分为两类，一类是个人投资者，如本发行单位的职工；另一类是与本发行单位有密切业务往来的企业、金融机构等。私募发行有如下特点:①私募发行一般多为直接销售,不通过中介人,不必向证券管理机构办理发行注册手续,可以节省开支和降低发行费用;②发行额的多少与确定的投资人有密切的关系;③由于私募发行时不需要发行注册,所以一般也不允许流通转让;④由于私募发行的转让受到限制,且安全性一般低于公募发行,因此其收益率较高。

(2)公募发行

公募发行是发行者公开向不特定投资者发行证券的一种方式。为了保护公众投资者的利益,公募发行要有较高的信用级别,要经过发行申请并得到批准。与私募发行相比,公募发行具有以下特点:

一是发行范围广,面对投资者众多,发行难度大,要有承销商作为中介人帮助发行。

二是发行人必须按规定向证券管理机构办理发行注册手续,必须在发行说明书中记载有关发行者详细而真实的情况,供投资人了解,不得有任何欺诈行为,否则将承担法律责任。

③债券可以上市转让流通。

④利率一般低于私募发行债券。

(六)长期债券发行的条件

我国《证券法》规定,公开发行企业债券的企业必须具备以下条件:

(1)股份有限公司的净资产额不低于人民币 3 000 万元,有限责任公司的净资产额不低于人民币 6 000 万元。

(2)累计债券总额不超过企业净资产额的 40%。

(3)最近 3 年平均可分配利润足以支付企业债券 1 年的利息。

(4)所筹集资金的投向符合国家产业政策。

(5)债券的利率不得超过国务院限定的利率水平。

(6)国务院规定的其他条件。

另外,发行企业债券所筹集的资金,必须用于核准的用途,不得用于弥补亏损和非生产性支出,否则会损害债权人的利益。

(七)长期债券的发行价格

债券的发行价格是债券发行时使用的价格,亦即投资者购买债券时所支付的价格。企业债券的发行价格通常有三种:平价、溢价和折价。

平价指以债券的票面金额为发行价格;溢价指以高出债券票面金额的价格为发行价格;折价指以低于债券票面金额的价格为发行价格。债券发行价格的形成受诸多因素的影响,其中主要是票面利率与市场利率的一致程度。债券的票面金额、票面利率在债券发行前即已参照市场利率和发行企业的具体情况确定下来,并载明于债券之上。但在发行债券时已确定的票面利率不一定与当时的市场利率一致。为了协调债券购销双方在债券利息上的利益,就要调整发行价格,即:当票面利率高于市场利率时,以溢价发行债券;当票面利率低于市场利率时,以折价发行债券;当票面利率与市场利率一致时,则以平价发行债券。

债券发行价格的计算公式为:

债券发行价格 = 票面金额 ÷ $(1+市场利率)^n$ + $\sum$ 票面金额 × 票面利率 ÷ $(1+市场利率)^t$　　　　　　　　　　　　　　　　　　　　　　　(5.1)

式中:n —— 债券期限;

T —— 付息期数。

市场利率指债券发行时的市场利率。

(八)长期债券的偿还

债券的偿还方式有到期一次性偿还和分期偿还两种方式。

一次性偿还是指除按期支付利息外,债券的本金在债券到期时一次性付清。这种偿还方式一方面会使企业在偿还债券本金时要承担巨额资金支出的压力,另一方面也不利于债权人对债务人的监督。

分期偿还是指在债券的有效期内,分期偿还债券本金的偿还方式。这种偿还方式可以减轻发行企业在期末偿还债券本金时的资金运用压力。分期偿还通常采用建立偿债基金的办法进行。债券基金是指债券发行企业在债券到期之前,定期按债券的发行总额在每年的收益中按一定比例提取资金,交信托人保管,作为分期偿还债券本金之用。

(九)长期债券的信用等级

企业公开发行债券通常需要由债券评信机构评定等级。债券的信用等级对于发行企业和购买人都有重要影响。

国际上流行的债券等级是 3 等 9 级。AAA 级为最高级,AA 级为高级,A 级为上中级,BBB 级为中级,BB 级为中下级,B 级为投机级,CCC 级为完全投机级,CC 级为最大投机级,C 级为最低级。

我国的债券评级工作正在开展,但尚无统一的债券等级标准和系统评级制度。根据中国人民银行的有关规定,凡是向社会公开发行的企业债券,需要由经中国人民银行认可的资信评级机构进行评信。这些机构对发行债券企业的企业素质、财务质量、项目状况、项目前景和偿债能力进行评分,以此评定信用级别。

(十)长期债券筹资的优缺点

(1)债券筹资的优点

①由于债权人不参与企业利润的分配,债券资金的成本有确定的限制;

②债券的成本低于普通股和优先股;

③债权人不直接参与企业经营管理,一般情况下不分享企业股东对企业的控制权;

④债券的利息可列入税前支出,可为企业带来税收屏蔽方面的好处;

⑤如发行可收回债券,还可以利用债券可收回性在需要时及时调整企业资本结构。

(2)债券筹资的缺点

①债券必须按时还本付息,如企业因一时资金周转不畅而不能按时还本付息,企业将陷入财务危机,甚至会导致企业破产;

②发行债券提高了企业的财务风险,从而需要企业为其所有者提供更高的投资报酬率,加大了企业经营者的工作难度;

③长期债券的偿还期间很长,未来的种种不确定性使企业面临着较大的偿还风险。市场、价格、利率、汇率等多种因素都可能影响企业的正常还债;

④严格的债券合同将在一定程度上限制企业的经营决策。

5.1.2 租赁融资

一、租赁的概念

租赁是指资产的所有者(出租人)授予另一方(承租人)使用资产的专用权并获取租金报酬的一种契约。契约中规定承租人拥有使用租赁资产的权利,同时必须向出租人支付租金,承租人由此获得在一定时期内使用该资产的权利,但资产的所有权仍属于出租人。大多数人都对公寓、汽车的租赁非常熟悉,对于企业租赁设备可能并不熟悉。事实上,企业也经常进行租赁,比如办公楼、计算机、机械设备租赁等。承租人既可以向专业的租赁企业租赁,也可以直接向资产的制造商进行租赁。进行租赁通常要定期支付租金,一般是每月、每季度、半年或每年支付一次,具体支付时间由双方在租赁合同中确定,通常这些租金都采用预付的形式,就是说在每个付款期间开始时付款。但也有例外,如后付租赁合同则允许承租人在期末支付租金。在资产使用过程中,通常会产生维护费用、修理费用和保险费用等,如果这些费用由出租人支付,则称维护租赁;要是由承租人支付,则称为经营租赁。

我国《合同法》规定,租赁期限不得超过 20 年。超过 20 年的,超过部分无效。租赁期间届满,当事人可以续订租赁合同,但约定的租赁期限自续订之日起不得超过 20 年。租赁期限 6 个月以上的,应当采用书面形式。当事人未采用书面形式的,视为不定期租赁。不定期租赁是指当事人可以随时解除合同,但出租人解除合同应当在合理期限之前通知承租人。

二、租赁的类型

(一)经营性租赁

经营性租赁也叫服务性租赁,这种租赁在为企业提供融资便利的同时还为企业提供资产的维修服务。计算机、复印机、小汽车和卡车等一些具有通用性和先进性的设备是经营性租赁的主要标志物,这种租赁安排通常要求出租人负责维修和保养出租的设备,而维修和保养费用包含在租金中,也可以是单独签约,一般来说,其租金费用比较高,而且这种租赁要求出租人必须具备相应的技术力量。

由于经营性租赁的租期一般要低于租赁设备的寿命期,出租人收回租赁设备所有成本的方法有两种:一是把设备反复出租给其他承租人;二是将其设备卖掉。因此,经营性租赁的另一个重要特征是租赁设备的所有成本费用不要求全部在一次租赁契约的租金中摊还。

规范的经营性租赁还有一个特征,即租赁契约通常含有"撤销条款",该条款赋予承租人在基本租赁协议到期前有取消租赁合同、退还租赁设备的权利。这点对承租人是非常重要的。如果技术发展使设备变得落后,或由于承租人的经营不景气而不再需要这种设备时,可将设备退还给出租人。

(二)融资租赁(资本租赁)

融资租赁又叫资本租赁，是由出租人融通资金为承租人提供所需设备，且具有融资融物双重职能，是集信贷、贸易和技术更新于一体的新型的金融工具。融资租赁与经营性租赁的不同在于：(1)融资租赁不提供维修服务；(2)融资租赁不能被撤销；(3)出租人投资的成本和收益要全部在租金中摊还，即出租人收到的租金款额等于出租设备的全部价格加上投资收益。

为什么融资租赁具有上述特点？首先由要使用设备的企业根据自己的需要，选定所需设备和制造商，并就有关供货条款如价格、交货日期等进行谈判。承租人对设备及供货人的选定是其自己的权利，不依赖于出租人的判断和决定。出租人可以向承租人推荐供货人或设备，但不得干涉承租人对供货人和设备的选择(国家有特别规定的设备除外)。

接着，使用设备的企业由于受到资金限制，自己不能购买设备，因此这家企业安排一家租赁企业或银行从制造商或供应商处买下这一设备，与此同时达成协议，该企业向租赁企业租赁该设备。租赁的条件是：分期摊还投资者的全部投资并加出租人的投资收益。收益率大约等于承租人支付贷款的利率。例如，承租人支付定期贷款的利率是 8%，则计入租赁契约中的收益率大约为 8%。承租人通常具有在基本租约期满而延长租约时要求降低租金的选择权，但是在付清出租人的租金之前，不能撤销基本租约。

另外，融资租赁一般由承租人缴纳所租财产的财产税和财产保险。由于出租人的收益是在支付完所有投资成本后的净收益，因此，这种租赁常称为"纯"租赁。当承租人事前没有拥有此资产，直接与供应商或制造商，甚至金融机构签署租赁协议时，我们又称这种融资租赁为直接租赁。

(三)售后租回租赁

售后租回租赁是指拥有土地、建筑业或设备的企业将资产卖给另一企业或租赁企业，同时达成协议，按一定条件将此资产再租回，这是融资租赁的一种特例。

售后租回可看成是一种抵押贷款的方式，只不过在这种租赁条件下，抵押资产的所有权已转移。但是卖方立刻收到买方支付的购买价款，同时，卖方仍保留财产的使用权，二者的关系将反映在支付租金的时间表中。另外，根据抵押贷款协议，贷款人收到一系列固定等额分期付款，这些分期付款在偿还完贷款的同时,还为贷方提供一定的收益;而在一个售后租回协议中,租金的支付也采用了完全相同的方式,即租金是固定的,租金中除抵偿投资者的全部购价外,还给出租人对这项投资提供了一定的收益。

售后租回与融资租赁的主要不同点在于:融资租赁的设备是新的,出租人是从制造商或经销商处购买,而不是从使用者处购买;而售后租回则刚好相反。售后租回与融资租赁有相同的分析方法。

售后租回一般在以下两种情况下使用:一是当企业资金不足而又急需某种设备的情况下,先出资从制造商处购置自己所需的设备,然后转卖给租赁企业,企业再从租赁企业租回设备使用;二是当企业进行技术改造或扩建时,如果资金不足,可将本企业原有的大型设备或生产线先卖给租赁企业得到现金以解决急需,但卖出的设备不拆除,同时与租赁企业签订租赁协议,由企业继续使用,直到租金付清后,以少量代价办理产权转移,最后设备仍归属企业。

(四)举债租赁

举债租赁又称杠杆租赁。前面所述的租赁形式均涉及两个当事人,即出租人和承租人,出租人为承租人提供了资金来源。但是在实践中,有时也会出现出租人并没有充足资金去购买设备并将其出租,此时出租人通过部分举债购买设备用于出租,这就是举债租赁。因此,举债租赁分析仅仅针对的是出租人,与承租人无关。在举债租赁中,当出租人不能单独承担资金密集型项目(如飞机、轮船、火车等)的巨额投资时,通常将待购买的设备作为第一抵押权给予贷款人,或以转让收取租金权利作为贷款的额外保证,从银行、保险企业等金融机构获得设备的 $60\%\sim80\%$ 的贷款,剩余部分由出租人自筹解决。最后,由出租人购进设备供承租人使用,承租人按期支付租金,出租人以租金归还贷款。出租人在举债租赁中仍可得到由于加速折旧而产生的减税好处,但是因为出租人的地位低于享有设备第一抵押权的贷款人的地位,出租人承担的风险也较大。

国际上,举债租赁可以享受全部加速折旧或投资税收减免的好处,这不仅可以扩大出租人的投资能力,而且还可以使其取得较高的利润。因此,出租人将这些优惠好处通过降低租金的形式间接地转移给承租人,所以举债租赁的租金水平比其他种类租赁的租金水平要低一些。

三、租赁的税务规定及会计处理

（一）租赁的税务规定

我国《中华人民共和国企业所得税法实施条例》（2019 年 4 月实施）第 47 条规定："企业根据生产经营活动的需要租入固定资产支付的租赁费，按照以下方法扣除：（1）以经营租赁方式租入固定资产发生的租赁费支出，按照租赁期限均匀扣除；（2）以融资租赁方式租入固定资产发生的租赁费支出，按照规定构成融资租入固定资产价值的部分应当提取折旧费用，分期扣除。"

第 58 条规定，融资租赁方式租赁的固定资产应当计提折旧。

因此，我国对租赁资产的税务处理是：通过经营租赁方式租入的固定资产，承租方不能计提折旧，租赁费直接在税前扣除；而通过融资租赁方式租入的固定资产，应在税前计提折旧，不能扣除租赁费用。

（二）租赁的会计处理

美国财务会计准则委员会第 13 号公告和我国会计制度都对融资租赁进行了精确的定义，把非融资租赁统称为经营租赁。要求融资租赁条件下，未来租赁付款额的现值需作为负债在资产负债表右边列示，相同的价值作为资产在资产负债表的左边列示，这一会计处理过程称为资本化租赁。通过下面的例子，我们能够清晰看出通过借款购买、经营租赁和融资租赁这三种方式使用资产时，在资产负债表披露方面的差异所在。

【例 5-2】乙企业的初始资产负债状况如表 5-1 所示。现在该企业需要价值为 6 万元的另一种固定资产Ⅱ，它可以通过借款购买或租赁的方式达到目的。三种方式引起的资产负债表变化分别如下所示：

表 5-1　乙企业资产负债表及其变化

单位：元

资产增加前			
流动资产	40 000	负债Ⅰ	50 000
固定资产Ⅰ	60 000	所有者权益	50 000
资产合计	100 000	负债和所有者权益	100 000

借款购买固定资产Ⅱ（企业拥有固定资产Ⅱ的所有权）			
流动资产	40 000	负债Ⅰ	50 000
固定资产Ⅰ	60 000	负债Ⅱ	60 000
固定资产Ⅱ	60 000	所有者权益	50 000
资产合计	160 000	负债和所有者权益	160 000
经营租赁（通过经营租赁使用固定资产Ⅱ）			
流动资产	40 000	负债Ⅰ	50 000
固定资产Ⅰ	60 000	负债Ⅱ	0
固定资产Ⅱ	0	所有者权益	50 000
资产合计	100 000	负债和所有者权益	100 000
融资租赁（通过融资租赁使用固定资产Ⅱ）			
流动资产	40 000	负债Ⅰ	50 000
固定资产Ⅰ	60 000	负债Ⅱ	60 000
固定资产Ⅱ	60 000	所有者权益	50 000
资产合计	160 000	负债和所有者权益	160 000

　　可见，在经营租赁中，租赁资产和负债（应付租赁款）未直接反映在资产负债表中。因此，经营租赁也往往被称为表外融资。而在融资租赁中，租赁资产被视为固定资产，未来租赁付款额被视为负债，其在会计报表上反映的效果类似于企业借款融资购买固定资产。因此，在财务报表上看，与经营租赁相比，进行融资租赁企业的负债率会上升。上例中，经营租赁方式的资产负债率为 50%，而融资租赁为 68.75%。由于人们往往认为企业的财务状况与负债率负相关，因此进行经营租赁融资企业的财务报表从表面上看要漂亮一些。

　　在很多国家，包括美国和中国，与融资租赁一样，经营租赁也要求进行披露，但列示于资产负债表的附注中。承租人和出租人都需要在财务会计报告中披露与租赁相关的大量事项。

四、租赁的可行性

有关租赁的可行性,通常采用资本预算的方法,在资本预算可行的条件下,分析是采用购买还是租赁的形式。

承租人对租赁的分析主要从成本角度出发,分析是购买成本低还是租赁成本低。简单来说,就是比较租赁设备的税后现金流量和购买设备的税后现金流量的现值哪个更高。事实上,这种分析方法的正确性存在一定的不确定性,还需要进行一些辅助分析才能得出正确的结论。但是,如果把这种分析方法应用好,那么我们遇到的所有问题都能得到正确的解决。而出租人对租赁的分析是作为投资进行的,因此,出租人对租赁的分析主要从收益的角度来进行,确定 NPV 是否大于零。

由于租赁分析中现金流量基本上是相对确定的。如果承租人和出租人的税率及折现率相同,承租人的分析与出租人的分析就是对称的,即出租人的收益是承租人的亏损,出租人的亏损则是承租人的收益。下面我们以承租人为例分析一下丙企业是应该举债购买还是租赁一项资产。

【例 5-3】丙企业需要一项价值为 3 000 万美元的设备 2 年,企业必须决定是租赁还是购买。如果购买,银行会借给企业 3 000 万美元,年利率 7%,单利计息,第二年末偿还本金。税务部分要求按直线法计提折旧,无残值,企业所得税为 25%。因此,企业每年需要偿还银行借款利息 210 万美元,由于利息可以税前扣除,因此每年的利息节税额为 52.5 万美元;第二年末,偿还本金 3 000 万美元,本金只能税后支付,所以这 3 000 万美元不存在节税的利益;企业每年计提折旧 1 500 万美元,根据税法要求,折旧同样在税前扣除,因此折旧每年可提供的节税额为 375 万美元。注意,折旧并非现金支出,因此,采用购买方式,丙企业的年现金流量如表 5-2 所示:

表 5-2　丙企业借款购买设备的年税后现金流

单位:万美元

年　份	0	1	2
设备成本	(3 000)		
贷款流入	3 000		
利息支出		(210)	(210)

年　份	0	1	2
利息节税		52.5	52.5
偿还本金			(3 000)
折旧节税		375	375
税后现金流量	0	217.5	(2 782.5)

丙企业还可以从租赁企业进行租赁以取得该设备,双方约定每年年底支付1 600万美元的租金。假定租金支付符合税法规定,由于租金支付属于费用,同样可以税前扣除,因此每年租金产生的节税额为400万美元。因此,租赁的现金流量如表5-3所示。

表 5-3　丙企业租赁使用该设备的年税后现金流

单位:万美元

年　份	0	1	2
租金支出	0	(1 600)	(1 600)
租金节税		400	400
税后现金流量	0	(1 200)	(1 200)

上面的分析中,我们并没有考虑资产使用产生的现金流量,因为无论是哪种方式,资产产生的现金流量,都可以认为是相同的。我们同时假定企业的应税收入足够大,足以抵消企业的费用支出,以充分利用债务、折旧、租金支出所产生的节税利益。

为了进行比较,我们应该对两种方式使用资产生成的现金流量在同一时点,关键在于该用什么样的利率进行折现。举债融资用税后的债务成本显然是毫无疑问的,由于可以近似认为租赁是债务的替代,因此大多数人都建议用税后债务成本对租赁融资的现金流量折现,本例就采用税后债务成本,即:$r=7\%\times(1-25\%)=5.25\%$。因此,丙企业举债融资和租赁产生的税后现金流量的现值分别为:

$$PV_1 = 217.5 \div (1+5.25\%) + (-2782.5) \div (1+5.25\%)^2 = 2\ 305.18$$

$$PV_2 = (-1200) \div (1+5.25\%) + (-1200) \div (1+5.25\%)^2 = 2\ 223.41$$

因此，在本例中丙企业应该采用租赁的方式使用该设备。

五、租金的确定

在租赁筹资方式下，承租企业需按合同规定支付租金。租金数额和支付方式对承租企业的未来财务状况具有直接的影响，因此是租赁筹资决策的重要依据。

（一）租金的决定因素

(1)租赁设备的购置成本，包括设备的买价、运杂费和途中保险费等；

(2)预计租赁设备的残值，指设备租赁期满时预计可变现净值；

(3)利息，指租赁企业为承租企业购置设备融资而应计的利息；

(4)租赁手续费，包括租赁企业承办租赁设备的营业费用以及一定的盈利。租赁手续费的高低一般无固定标准，通常由承租企业与租赁企业协商确定，按设备成本的一定比率计算。

(5)租赁期限。一般而言，租赁期限的长短既影响租金总额，进而也影响到每期租金的数额。

(6)租金的支付方式。租金的支付方式也影响每期租金的多少，一般而言，租金支付次数越多，每次的支付额越小。支付租金的方式有很多种类：按支付间隔期，分为年付、半年付、季付和月付；按在期初和期末支付，分为先付和后付；按每次是否等额支付，分为等额支付和不等额支付。实务中，承租企业与租赁企业商定的租金支付方式，大多为后付等额年金。

（二）租金的确定原则

出租方在确定租金时，同样必须进行必要的收益分析，以保证收取的租金能够收回成本，并赚取必要的利润。下面我们就这一问题进行说明。

设准备出租的设备的价格为 I_0，租赁企业的税前债务成本为 k_b，权益成本为 k_e，资产负债率为 D/A，企业的所得税税率为 T，加权平均资本成本 $k = (D/A)k_b(1-T) + [1-(D/A)]k_e$，设备年折旧额为 Dep，设备寿命为 n，企业每年收取的租金为 L_t，租赁企业因出租设备每年可得到的净现金流入量为：

$$CF_t = (L_t - Dep_t)(1-T) = L_t(1-T) + T Dep_t$$

其出租收益的净现值 NPV 为：

$$\text{NPV} = -I_0 + \sum \frac{L_t(1-T) + T\text{Dep}_t}{(1+k)^t} \tag{5.2}$$

【例 5-4】设准备出租的设备的价格为 3000 万美元,租赁企业的税前债务成本为 7%,权益成本为 11%,资产负债率为 50%,企业的所得税税率为 25%,加权平均资本成本 $k = (D/A)k_b(1-T) + [1-(D/A)]k_e = 8\%$,设备年折旧额为 600 万美元,设备寿命为 5 年,企业每年收取的租金为 L_t,租赁企业因出租设备每年可得到的净现金流入量为:

$$\text{NPV}_L = -I_0 + \sum_{t=1}^{5} \frac{L_t(1-T) + T\text{Dep}_t}{(1+k)^t} = -3\,000 + \sum_{t=1}^{5}$$

$$\frac{L_t(1-0.25) + 0.25 \times 600}{(1+0.08)^t}$$

$$= -30\,000 + 4 \times (0.75L_t + 150) = 3\,L_t - 2\,400$$

令 NPV$=0$,则 $L_t = 800$ 万美元,即出租方至少每年收取 800 万美元的租金才能保证租赁活动的盈亏平衡。

(三)确定租金的方法

租金的计算方法很多,名称也不统一。目前,国际上流行的租金计算方法主要有平均分摊法、等额年金法、附加率法、浮动利率法。我国融资租赁实务中,大多采用平均分摊法和等额年金法。

(1)平均分摊法。是先以商定的利息率和手续费率计算出租赁期间的利息和手续费,然后连同设备成本按支付次数平均。这种方法没有充分考虑时间价值因素。每次支付租金的计算公式为:

$$R = \frac{(C-S) + I + F}{N} \tag{5.3}$$

其中:R 代表每次支付的租金;C 代表租赁设备购置成本;S 代表租赁设备预计残值;I 代表租赁期间利息;F 代表租赁期间手续费;N 代表租期。

(2)等额年金法。等额年金法是运用年金现值的计算原理计算每期应付租金的方法。在这种方法下,通常要综合利用利率和手续费率确定一个租费率,作为贴现率。

根据后付年金现值的计算公式,经推导可得到计算后付等额租金方式下每年末支付租金的公式:

$$R = \text{PVR}_n / \text{PVIFR}(i, n) \tag{5.4}$$

其中：R 代表每次支付的租金；PVR_n 代表等额租金现值；$PVIFR(i,n)$ 代表等额租金现值系数；i 代表支付租金期数；n 代表租费率。

六、租赁融资的利弊

(一)租赁融资的优点

(1)能迅速获得所需资产。租赁往往比借款购置设备更迅速、更灵活，因为租赁是筹资与设备购置同时进行，可以缩短设备的购进、安装时间，使企业尽快形成生产能力，有利于企业尽快占领市场，打开销路。

(2)租赁可提供一种新的资金来源。有些企业，由于种种原因，如负债比率过高，不能向外界筹集大量资金。在这种情况下，采用租赁的形式就可使企业在资金不足而急需设备时，不付出大量资金就能及时得到所需设备。

(3)租赁可保存企业的借款能力。一些融资租赁类型并不表现在企业的资产负债表上，因此不构成企业负债的增加，不改变企业的资本结构，也不削弱企业的借款能力。

(4)租赁集资限制较少。如前所述，债券和长期借款都订有相当多的限制条款，虽然类似的限制在租赁企业中也有，但一般比较少。

(5)租赁能减少设备陈旧过时的风险。当今，科学技术在迅速发展，固定资产更新周期日趋缩短。企业设备陈旧、过时的风险很大，利用租赁集资可减少这一风险。特别是经营租赁，由于其租赁期限较短，过期将设备归还出租人。即使在设备租赁期内有更好的设备出现，承租人还可以提前终止租赁合同，重新租赁新的设备。因此，设备陈旧过时的风险主要由出租人承担。

(6)租金在整个租期内分摊，不用到期归还大量本金。许多借款都在到期日一次偿还本金，这会给财务基础较弱的企业造成相当大的困难，有时会造成不能偿付的风险。而租赁则把这种风险在整个租期内分摊，可适当减少不违约风险。

(7)租金可在税前扣除，能减少企业所得税上交额。

(二)租赁的缺点

租赁融资的主要缺点是资金成本较高。一般来说，租赁融资的内含利率要高于借款融资的利息率。在企业处于财务困境时，固定的租金支出也会构成企业一项较沉重的负担。另外，采用租赁不能享有设备残值，这也可以看作是一种损失。

5.1.3　混合型融资

优先股、认股权证和可转换债券是我们将要讨论的主要对象,从金融的角度看,它们具有一个共同的特点,即都是一种兼具股票和债券性质的融资工具。其中认股权证和可转换债券又都具有期权的某些特征。这些融资工具都具有哪些特征? 企业利用它们进行融资时需要考虑哪些因素?

一、优先股

优先股是指其持有者比普通股持有者具有一定优先权的一类证券,它是一种介于普通股和企业债券之间的一种筹资工具,它在某些方面和企业债券类似:支付固定的股息;在某些方面有和普通股类似:对企业财产的要求权排在企业债权人之后。从资产负债表看,它属于权益资本;从金融的角度看,它需要支付固定的费用从而提高了企业的财务杠杆,但不支付优先股股利也不会导致企业破产;与债券利息不同的是,优先股股息只能从税后利润中支付,不能用来抵税;从发行企业的角度看,优先股的优先权意味着优先股股东获得股利后,普通股股东才有资格获得股利。因此,把优先股作为混合类证券似乎更为恰当一些。

(一)优先股的基本特征

优先股有规定清算价值,一般为每股面值。优先股股利以每股多少货币额描述,即股息;或换算为优先股规定价值的百分比,即股利率。

当然,现实中,为了提高资金融通的灵活性,优先股还有很多变化形式,主要体现在以下几个方面。

(1)清偿权。优先股对企业收益和资产的清偿权在债券之后,普通股之前。

(2)清偿等级。优先股根据能否转化为普通股,转化为普通股的条件和企业清偿时的顺序可以分为许多不同的等级。而不同等级的优先股又可以满足投资者不同的需求,这无疑增加了企业融资时可供选择的途径。不同等级的优先股也代表着不同的投资风险和投资收益率。

(3)可转换性。不少优先股都允许持有者在一定的条件下转换成普通股。这对于融资企业来说,可以降解财务风险,优化资本结构。而对于投资者拥有了转换选择权后,也可在企业股价上涨时分享到好处。

(4)股利累计性。一般优先股都有累计股利的特点。如企业当年没有利润或利润很少时,企业可以不派发优先股股利,但是该未派发的股利被累计下来,在企业有利润的年份一并派发。也就是说某一年未发放的股息可以向前结转,但最长累计时间通常为 3 年。

(5)限制企业经营。由于优先股的持有者在一般情况下和债券持有者一样没有投票权,因此为了保障自己的权益,优先股的股东往往在投资合约上对企业的某些经营行为做一些限制。比如允许股利不能付清时,拥有投票权;当企业按规定提取偿债基金或企业出现财务困难时,限制发放普通股股利;限制企业发行新的同级或高级优先股或债券,等等。

(6)可赎回性。赎回性有两种,一种是企业要求的,一种是投资者要求的,都是为防范固定回报率所带来的风险。企业要求可赎回时,主要是为了防止市场利率下跌而要继续支付高额优先股股利而带来的损失。投资者要求可赎回时,主要是为了防止市场利率上升而只能享受低额优先股股利而遭受的损失。

(7)参与剩余收益分配。这种优先股又称为参与分派的优先股。参与分派的优先股对普通股股东第一次参加分配股利设有上限,在企业获利丰厚,支付完优先股股东股利后按照事先约定好的比率参加剩余利润的分配。在这里企业利润的分配分两次进行,优先股股东有权参与第二次分配,而不是像一般情况下那样,扣除优先股股利后所有剩余的利润均归普通股股东所有。

(8)特惠送股。企业先付给优先股股东的是优先股股利。五六年后企业现金充足后,再付现金股利,一般股利率较高,达到 12%~18%。

(9)股利可调整。为了吸引更多的投资者,有些优先股的股利可以调整。调整的依据一般有两种,一种是根据市场利率进行调整,当市场利率很高时,可以相应调高红利收益率;另一种是根据企业的经营业绩,在企业经营较好,发放普通股股利较多的时候,也相应调高优先股的收益率。

(二)优先股与债券区别

优先股看起来有点像债券,优先股股东仅能获得规定股利和在企业破产清算时获得规定价值。近年来许多优先股发行者都被要求设立相应的偿付基金。

优先股看似债券、又不是债券,企业的优先股股利并不像利息费用那样免税。从个人投资者角度看,优先股股利又属于一般征税收入;对企业投资者而言,在美国其接受股利的80%可以不计征所得税。

优先股收益率很低,例如通用汽车企业优先股股利为5美元,这是需通用汽车企业永久支付的。1992牛2月,通用汽车企业的优先股每股价格是62美元,其收益率仅相当于同期政府公债收益率,低于通用汽车企业的债券收益率。

在美国,企业投资者持有优先股和普通股的兴趣强于持有债券的兴趣,是因为他们获得的股息收入仅有20%征税,因此企业可以以溢价发行优先股,结果其收益也就较低。个人投资者不可能享受这种税务利益,所以美国的大量优先股都为企业投资者所有。

(三)优先股筹资的优缺点

(1)优先股筹资的优点

①优先股的发行是在不增加投票权和参与经营的股东人数的情况下集资的,它不会导致原有普通股股东控制能力的下降。

②优先股是企业资本权益的增加,不是企业的负债,不会像企业债那样成为企业的强制性约束。优先股在付不出股利时,可以拖欠,不至于进一步加剧企业资金周转的困难。

③发行优先股不必以资产作为抵押,使企业可以保留资产在必要时作为抵押品借债,从而保护了企业的融资能力。

④有些国家对股利收入在税收方面给予一定的优惠。例如,在美国,股利收入的80%是免税的。

⑤优先股没有固定的到期日,不用偿还本金。事实上等于使用的是一笔无限期的贷款,无偿还本金的义务,也无须做再筹资计划。但大多数优先股又附有收回条款,这就使得使用这种资金更有弹性。当财务状况不佳时发行,而财务状况好时收回,有利于结合资金需求,同时也能控制企业的资本结构。

(2)优先股筹资的缺点

①成本较高。在多数情况下,债券利息支出可作为费用处理,从利润中减去,减少应纳税所得额,从而减少所得税支出。而优先股股利属于资本收益,要从税后利润中支出,得不到减税的好处,因而成本较高。

②由于优先股在股利分配、资产清算等方面拥有优先权,使普通股股东在企业经营不稳定时的收益受到影响。

③可能形成较重的财务负担。优先股要求支付固定股利,但又不能在税前扣除,当盈利下降时,优先股的股利可能会成为企业较重的一项财务负担,有时不得不延期支付,这又会影响企业的形象。

④优先股的限制较多。发行优先股,通常有许多限制条款,例如,对普通股现金股利支付的限制,对企业借债的限制等。

二、认股权证

(一)认股权证的定义

认股权证,又称"认股证"或"权证",其英文名称为 Warrant,故在香港又俗译"窝轮"。在证券市场上,Warrant 是指一种具有到期日及行权价或其他执行条件的金融衍生工具。权证的实质是一种期权。

认股权证通常是指由发行人所发行的附有特定条件的一种有价证券。从法律角度分析,认股权证本质上为一权利契约,投资人于支付权利金购得认股权证后,有权于某一特定期间或到期日,按约定的价格(行权价),认购一定数量的股票。与所有期权一样,权证持有人在支付权利金后获得的是一种权利,而非义务,行使与否由权证持有人自主决定;而权证的发行人在权证持有人按规定提出履约要求之时,负有提供履约的义务,不得拒绝。简言之,权证是一项权利:投资人可于约定的期间或到期日,以约定的价格(而不论股票的市价如何)认购一定数量的股票。

认股权证通常既可由上市企业也可由专门的投资银行发行,认股权证一般附在企业的长期债券或优先股上与它们共同发行,但认股权证在发行后,就可以同它所附着的企业债券或优先股相分离,单独流通与交易。

股票认股权证通常在以下两种情况下使用:A.作为经理激励的手段;B.与普通债券一起发行构成衍生债券。

作为经理激励手段的认股权证也称为经理期权。我们知道由于各自的目标不一致,股东和经理之间经常发生冲突,引起企业的成本增加,降低企业价值。例如股东倾向于高风险项目,而经理一般倾向于低风险项目;股东希望经理最大可能地为提高企业价值服务,而经理则总是尽可能地提高自身的效用。如何调和二者之间的矛盾冲突是财务管理中的一项重要任务。认股权证正好提供了解决二者之间冲突的方法。

（二）认股权证的特征

（1）认股权证本质上是一种股票买入（看涨）期权。发行认股权证的主要目的是吸引广大投资者购买企业发行的债券或优先股。认股权证往往是按购买债券或优先股数量的某种比例配售给投资者的，这样，投资者不仅能获取所购债券或优先股的固定利息收入，而且还可能根据认股权证规定的价格在适当的时间购买普通股票。但是，认股权证的持有者无法获得企业向普通股股东所发放的股利，他们也没有选择权。

（2）每份认股权证所能认购的普通股股数是固定的，其固定数目应列示在认股权证之上。当认股权证持有人行使认股权时，应把认股权证交回企业。

（3）认股权证上应规定认购普通股股票的价格，该价格可以是固定的，也可以是按普通股票的市场行情进行调整。由于认股权证是一种股票买权，所以其上面规定的执行价格将像普通股票买权那样随发行企业发放股票股利或拆股去调整。

（4）认股权证上还须载明认股权证的有效期限，超过有限期限后，认股权证即失效。尽管也有无期限的认股权证，即永久有效的认股权证，但多数认股权证是有期限限制的。

（5）只有当资金需求产生的时候它才能带来资金，企业的稳步发展需要新的权益资本投入，企业的发展也为股价上升提供了空间，从而促使认股权证执行，这就为企业带来了所需要的现金流。

（6）认股权证对股票价格具有稀释作用。目前各国的会计准则大都要求有在外的认股权证的企业要以两种方式报告其每股收益。第一种方式为基本的每股收益，是净收益除以在外流通的普通股股数；第二种方式称为稀释后的每股收益，是假定认股权证已被行使。当然行使的前提是认股权证处于实值期权，即行使价格低于市场价格，因此，行使时会带来"新增股份"，这些新增股份会稀释每股收益。另外注意，这里的市场价是指市场平均价。

（三）认股权证的价值

认股权证的价值分为内在价值和时间价值两部分。内在价值又称认股权证的底价，在不考虑稀释效应的情况下，认股权证的底价由下面的公式决定：

$$V_w = q \times (P_0 - K) \tag{5.5}$$

其中,V_w 代表认股权证的内在价值;q 代表每个认股权证可以认购的普通股股票的数量;P_0 代表普通股股票当前的市场价格;K 代表认股权证认购企业普通股股票的认购价格(执行价格)。

如果认股权证的市场价格低于其内在价值,则会出现无风险套利的机会。在市场有效的情况下,这种情况是不可能存在于市场上的,所以,认股权证的价格不会低于 V_w。

【例 5-5】某企业年初股票价格为 50 元。企业董事会为激励企业经理,向其发行 3 万份股票认股权证,规定经理在今后的 3 年内每年可以执行认股权证的 1/3,在上一年度未执行的可以累计到下一年度执行。在第一年末执行时,经理可以使用每份认股权证按照 60 元的价格购买一股普通股票,以后每年末执行价格递增 5%。

到第一年末,如果股票价格达到 65 元,则经理执行 1 万份认股权证可获利

(65－60)×1＝5(万元)

如果第一年末的股票价格低于 60 元,则经理推迟执行,本年内不能从认股权证中获利。如果今后 3 年内股票均低于执行价格,则经理手中的认股权证一文不值。这样,使用认股权证就将经理的收入与提高企业价值密切地联系在一起。

当然,上述分析过程过于简单化了。执行认股权证时经理所购买的是企业新发行的普通股。企业新发行股票会产生权益稀释,引起股票价格下降。这样,对认股权证的估值就不能简单地使用交易期权的估值方法。

如果认股权证执行前企业的总股数为 100 万股,则权益总额为 6 500 万元。执行 1 万份认股权证,企业权益总额为:

6 500＋60＝6 560(万元)

企业总股数为:

100＋1＝101(万股)

则每股价值为:

6 560/101＝64.95(元)

经理执行认股权证获利 4.95 万元。

如果将执行后股票增加数占执行前股数的百分比计为 λ，则考虑稀释效应后认股权证价值为考虑稀释效应前价值的 $1/(1+\lambda)$ 倍，即：

$$5/(1+0.01)=4.95$$

计算认购权当前价值时，只要在相应的交易期权价值基础上乘 $1/(1+\lambda)$ 即可。

与一般股票期权一样，认股权证的市场价格要高于其内在价值，这二者之差即为认股权证的时间价值。认股权证的时间价值主要受权证距到期日的时间的长短和标的股票价格波动情况的影响。距到期日的时间越长，股票价格的变动性越大，在认股权证有效期内标的股票价格上升的机会越多，投资者获利的机会也越大，认股权证的时间价值也就越高；反之，认股权证的时间价值就越低。

（四）认股权证与看涨期权的差异

从认股权证的持有者的角度来看，认股权证与以普通股为标的的看涨期权非常相似，它赋予持有人以确定的价格购买企业股票的权利。但若从企业角度来看，两者就存在巨大的差异。

它们的根本区别在于看涨期权被执行时，期权持有者获得的股票来自二级市场，企业对外发行的股份并没有发生任何变化，也不会改变企业的净资产；而当认股权证被执行时，持有者得到的实际是企业新发行的股票，同时有新的资金注入企业，企业股份数发生了变化，对股票价格产生了稀释作用。

下面我们举例来说这点。

【例 5-6】T 企业有两个具有相同出资比例的股东：A 和 B，各持有 100 万股企业的股票，企业现有资产 2 000 万元，每股股票的价值为 10 元。

发行看涨期权的情形：假设 A 以其拥有的股份向第三方 C 发行 10 万份看涨期权，每份看涨期权可以购买 10 股股票，规定 C 可以以 12 元的价格购买 A 的股票。如果企业的资产升值至 2 400 万元以上，C 就会行使期权并获利，A 只得到了 1 200 万元。我们看到此时 T 企业的总股本仍为 200 万股。只是 A 把股票卖给了 C。如果企业资产升值至 3 000 万元，则 C 获利 300 万元（3 000 万元÷200 万股×100 万股－1 200 万元）。

发行认股权证的情形：假设 T 企业决定向 C 发行 10 万份认股权证，C 可以 12 元的价格购买 1 股股票。从 C 的角度看，看涨期权和认股权证似乎没有什么区别,都是以 12 元的价格购买 1 股 T 企业的股票。

当企业资产升值至 3 000 万元时,C 执行期权就是有利可图的。然而,当他行使认股权后,情况就会发生了变化。C 行使了认股权,T 企业发行 100 万股股票,收回现金 1 200 万元。此时,T 企业的价值为 3 000 万元的原有资产和 1 200 万元的现金之和,共 4 200 万元。此时,每股的价值为 14 元,而 C 的收益仅为 200 万元。

认股权证对企业财富的影响和稀释效应:为什么都是以 12 元的执行价格买 T 企业的股票,在企业发行认股权证的情况下,C 的收益会比较小? 原因在于执行认股权证所带来的稀释效应,此时企业对外发行的股份增加了。

在执行看涨期权的情况下,企业对外发行的股份并没有发生变化,看涨期权实质上是 A 和 C 对企业股票价格的一种赌博。而在认股权证的情况下,C 向 T 企业支付了 1 200 万元,获得企业的 1/3 的股份。认股权证的执行不仅改变了企业的净资产,而且改变了企业对外发行的股份数,从而导致了 C 执行看涨期权的收益下降,也就是说,认股权证的执行改变了企业的会计数据,摊薄了每股收益。

认股权证对现有股东的影响:在企业的资产升值至 3 000 万元的情况下,当 C 执行认股权证时,原始股东 A 和 B 的财富都从执行前的 1 500 万元降低为 1 400 万元,只有 C 获利 200 万元,财富刚好从原始股东向认股权证的执行人转移,这的确损害了企业现有股东的利益。

发行认股权证的目的:从上面可以看到,原始股东 A 和 B 的利益确实因为认股权证的执行而受到损害,仅仅从认股权证看,的确如此。但我们知道,认股权证通常都是与债券绑在一起发行的。如果没有认股权证附同债券一起发行,企业债券的利息就可能更高,也就是说,原始股东以现有股权被稀释的代价来换取较低的利率融资的利益。购买了附带认股权证的投资者从潜在的股价上涨中获得利润。这样,双方都达到了自己的期望值。

(五)认股权证在筹资中的运用

许多企业常用认股权证来改善企业的筹资条件。例如,实力很强的大企业可销售附有认股权证的债券,其目的是以较低的利率出售债券,利息的节省额可根据企业的财务状况和发行时资本市场的状况而定。像美国电报电话企业曾通过出售附有认股权证的企业债券筹集到 15.7 亿美元的资金,这是有史以来企业所进行的筹资金额最大的筹资活动,同时也开创了规模大、信誉好的企业以认股权证筹资的先例。而新建和处于发展阶段的企业,由于其前景是不确定的,投资者也许不愿意购买发行时利率很低的一般企业债券,此时低利率可以通过附有认股权证债券的出售而缓和。如果小企业发展迅速,获得了成功,它的股票价格也增加,那么认股权证就会给投资者带来获得较高收益的机会。

认股权证对处在高所得税税档的投资者特别有吸引力,这是因为认股权证可以以资本利得的形式而不是以适用普通个人所得税税率的利息形式从债券中得到一部分收益。

认股权证的行使价格在企业债券发行时,通常都设在高于普通股市价的10％～30％之间,正像前面所述,如果企业发展了,获得了成功,其股票价格涨到了认购价格之上,则拥有认股权证的人会行使认股权,以协定价格购买股票。如果没有某种"甜头",认股权不会被提前行使,投资者宁愿持有。有几种原因会促使认股权的行权:

(1)股票市价超过认购价,而认股权又快要到期,则认股权持有者一定会行使认股权。

(2)当企业把普通股股利提高到一个相当高的水平,认股权持有者一定会自动行使认股权。因为持有认股权没有股利收入,即等于没有即期收益。如果普通股的股利相当高,就有可观的股利收入,这使认股权持有者行使认股权购买股票。

(3)认股权有时会有逐级上升的认购价,这样就刺激认股权的持有者在认购价上升之前行使其权利。

(六)认股权证筹资的优缺点

(1)认股权证筹资的优点

①吸引投资者。这是发行认股权证的主要优点。在企业发行债券或优先股票时,给予投资者认购普通股票的权利,可以有效地刺激投资者的投资欲望,使企业较容易地筹得所需的资金。

②低资金成本和宽松的筹资条款。由于认股权证具有价值,因此,企业在发行债券或优先股股票时可以使当地降低利率,从而获得低成本的资金来源。另外,投资者在获取认股权证所带来的利益后,往往乐意放弃对企业来

说属于过于严厉的某些契约条款,使企业处于主动的位置。

③扩大了潜在的资金来源。当认股权证的认购权被行使时,就增加了企业的资金来源。对需要扩充权益资金的企业而言,它可以获得既享受发行债券或优先股股票低资金成本的好处,又享有了筹资权益资金的好处。

(2)认股权证筹资的缺点

①不能确定投资者将在何时行使认股权。这一点往往使企业陷于被动。因为认股权证为企业提供了一个筹资数额,但这笔资金何时才能取得,企业又不能控制。在企业急需资金时,这笔资金数额不能满足需要,企业又不便于用其他方法再筹资,特别是用发行普通股票再筹资,因为这会大大地稀释普通股每股收益。而用负债筹资,又可能使财务风险过大。这就使企业处于既有潜在资金来源又无资金可用的困境之中,陷于被动。

②高资金成本风险。上述筹资困境一旦产生,企业只好通过提高普通股股利来刺激认股权证持有者行使认股权,以筹措资金,但这会使资金成本增高。如强行地逐级提高认购价格,虽可刺激认股权证持有者行使认股权,但若无充分理由,这会影响企业形象,也对企业不利。

③稀释每股普通股收益。当认股权行使时,普通股股份增多,每股收益下降。同时,这也稀释了原股东对企业的控制权。

④与可转换债权不同,认股权证的持有者一旦行使其权利,原附有认股权证的债券仍是作为企业的负债保留在账上。而可转换债券转换成普通股后,债务便从企业的负债账户上消失了。

三、可转换债券

(一)可转换证券的概念

所谓可转换证券,是指可以转换为普通股股票的证券,是允许其持有人可以在证券到期日之前的任一时间(包括到期日)里将可转换证券转换为一定数目的股票。主要包括可转换债券和可转换优先股。可转换债券和可转换优先股具有很多共同之处,而可转换债券的应用比较广泛,所以以下只介绍可转换债券。

可转换债券的创立源于道德问题,即道德风险。由于债权人与股东是不同的,因此,在许多情况下,债权人无法监督股东的决策行为。在投资项目的决策中,股东无疑会选择不利于债权人的项目,而在申请贷款或发行债券时,则隐瞒其项目的高风险和高收益。当项目成功时,股东可获得高额利润,债权人则只能拿固定的利率,从根本上损害了债权人的利益。这一行为在经济学上称为"道德风险"。解决方法之一是设计一种新型融资工具,该工具能够在企业利润高的时候限制股东的剩余利润,降低其选择高风险项目的积极性,从而达到保护债权人的目的。这一金融工具就是可转换债券,它在债权和股权之间架起了一道桥梁。

（二）可转换债券的要素

可转换债券的要素指构成可转换债券基本特征的必要因素,它们表明可转换债券与不可转换债券的区别。

（1）标的股票

可转换债券对股票的可转换性,实际上是一种股票期权或股票选择权,它的标的物就是可以转换成的股票。可转换债券的标的股票一般是发行企业自己的股票,但也有其他企业的股票,如可转换债券发行企业的上市子公司的股票(以下的介绍中,标的股票仅指发行公司的股票,略去其他企业的股票)。

（2）转换价格

可转换债券发行之时,明确了以怎样的价格转换为普通股,这一规定的价格,就是可转换债券的转换价格(也称为转股价格),即转换发生时投资者为取得普通股每股所支付的实际价格。按照我国《可转换企业债券管理暂行办法》的规定,上市公司发行可转换债券的,以发行可转换企业债券前 1 个月股票的平均价格为基准,上浮一定幅度作为转换价格;重点国有企业发行可转换企业债券的,以拟发行股票的价格为基准,折扣一定比例作为转换价格。

【例 5-7】某上市公司拟发行 5 年期可转换债券(面值 1 000 元),发行前 1 个月其股票平均价格经测算为每股 40 元,预计企业股价未来将明显上升,故确定可转换债券的转换价格比前 1 个月的股价上浮 25%;于是该企业可转换债券的转换价格应为:40×(1+25%)=50 元。

上例中讲的是以某一固定的价格将可转换债券转换为普通股,还有的可转换价格是变动的。例如,上例中的可转换债券发行企业也可以这样规定:债券发行后的第 2 年至第 3 年内,可按照每股 50 元的转换价格将债券转换为普通股股票;债券发行后的第 3 年至第 4 年内,可按照每股 60 元的价格将债券转换为普通股股票;债券发行后的第 4 年至第 5 年内,可按照每股 70 元的转换价格将债券转换为普通股股票。因为转换价格越高,债券能够转换成的普通股股数越少,所以这种逐期提高可转换价格的目的,就在于促使可转换债券的持有者尽早地进行转换。

(3)转换比率

转换比率是债权人通过转换可获得的普通股股数。比如上例中的第 2 年至第 3 年每张债券可转换为 20 股普通股,第 3 年至第 4 年每张债券可转换为 16.67 股普通股,第 4 年至第 5 年期每张债券可转换为 14.29 股普通股,就是转换债券的转换比率。显然,可转换债券的面值、转换价格、转换比率之间存在下列关系:

转换比率＝债券面值÷转换价格

(4)转换期

转换期是指可转换债券转换为股份的起始日至结束日的期间。可转换债券的转换期可以与债券的期限相同,也可以短于债券的期限。例如,某种可转换债券规定只能从其发行一定时间之后(如发行若干年之后)才能够行使转换权,这种转换期称为递延转换期,短于其债券期限。还有的可转换债券规定只能在一定时间内(如发行日后的若干年之内)行使转换权,超过这一段时间转换权失效,因此转换期也会短于债券的期限,这种转换期称为有限转换期。超过转换期后的可转换债券,不再具有转换权,自动成为不可转换债券(或普通债券)。

(5)赎回条款

赎回条款是可转换债券的发行企业可以在债券到期日之前提前赎回债券的规定,赎回条款包括下列内容:

①不可赎回期。不可赎回期是可转换债券从发行时开始,不能被赎回的那段时间。例如,某债券的有关条款规定,该债券自发行日起 2 年之内不能由发行企业赎回,则债券发行日后的前 2 年就是不可赎回期。设立不可赎回期的目的,在于保护债券持有人的利益,防止发行企业滥用赎回权和债券持有人过早转换债券。不过,并不是每种可转换债券都设有不可赎回条款。

②赎回期。赎回期是可转换债券的发行企业可以赎回债券的期间。赎回期安排在不可赎回期之后,不可赎回期结束之后,即进入可转换债券的赎

回期。

③赎回价格。赎回价格是事前规定的发行企业赎回债券的出价。赎回价格一般高于可转换债券的面值,两者之差为赎回溢价。赎回溢价随债券到期日的临近而减少。例如,一种 2003 年 1 月 1 日发行,面值 100 元,期限 5 年,不可赎回期为 3 年,赎回期为 2 年的可赎回债券,规定到期前 1 年(即 2006 年)的赎回价格为 110 元,到期年度(即 2007 年年内)的赎回价格为 105 元,等等。

④赎回条件。赎回条件是对可转换债券发行企业赎回债券的情况要求,即需要在什么样的情况下才能赎回债券。赎回条件分为无条件赎回和有条件赎回。无条件赎回是在赎回期内发行企业可随时按照赎回价格赎回债券。有条件赎回是对赎回债券有一些条件限制,只有在满足这些条件之后才能由发行企业赎回债券。

发行企业在赎回债券之前,要向债券持有人发出通知,要求他们在将债券转换为普通股与卖给发行企业(即发行企业赎回)之间做出选择。一般而言,债券持有人会将债券转换为普通股。可见,设置赎回条款就是为了促使债券持有人转换股份,因此又被称为加速条款;同时也能使发行企业避免市场利率下降后,继续向债券持有人支付较高的债券票面利率所蒙受的损失;或限制债券持有人过分享受企业收益大幅度上升所带来的回报。

(6)回售条款

回售条款是在可转换债券发行企业的股票价格达到某种恶劣程度时,债券持有人有权按照约定的价格将可转换债券卖给发行企业的有关规定。回售条款也具体包括回售时间、回售价格等内容。设置回售条款,是为了保护债券投资人的利益,使他们能够避免遭受过大的投资损失,从而降低投资风险。合理的回售条款,可以使投资者具有安全感,因而有利于吸引投资者。

(7)强制性转换条款

强制性转换条款是在某些条件具备之后,债券持有人必须将可转换债券转换为股票,无权要求偿还债权本金的规定。设置强制性转换条款,在于保证可转换债券顺利地转换为股票,实现发行企业扩大权益筹资的目的。

(三)可转换债券的价值

(1)转换价值

转换价值即可转换债券在转换为企业普通股时得到的普通股市场价值,即:

$$C_v = P \times C_R \tag{5.6}$$

其中:C_v代表转换价值;P代表普通股股票的市价;C_R代表转换率。

(2)纯粹价值和选择权价值

纯粹价值是指可转换债券失去转换性能后所具有的价值,也即它作为一个普通债券的价值,比如,某一可转换债券的年利息率为 5%,期限 10 年,市场价格为 1000 元,与之条件完全相同的普通债券的市场价格只有 800 元,该普通债券的价值即为相应可转换债券的纯粹价值。而可转换债券市场价格与其纯粹价值的差,则称为可转换债券的可选择权价值,它反映可转换债券所包含的选择权的价值。

(3)底价

可转换债券的转换价值与纯粹价值中的较高者为可转换债券的底价:

$$M_v = \max(C_v, P) \tag{5.7}$$

其中:M_v代表可转换债券的底价;C_v代表可转换债券的转换价值;P代表可转换债券的纯粹价值。

底价是可转换债券市场价格的下限,可转换债券的交易价格不可能低于其底价。如果可转换债券规定的转换价格高于普通股市价,则此可转换债券不具备任何可转换性价值,其底价即为其纯粹价值;如果可转换债券规定的转换价格低于股票的市场价格,则此可转换债券的可转换性价值大于零,其底价为转换价值。

从定性的角度看,可转换债券价值等于底价与选择权价值之和,即:

可转换债券价值=底价+选择权价值

可转换债券的价值分析起来要复杂得多,我们在此仅做简单的定性描述。基础资产股票的波动性、利率的波动性、企业违约风险等都会影响到可转换债券的价值。同时,可转换债券往往有赎回条款、回售条款,从而导致选择权的久期具有很大的不确定,基础资产和可转换债券的流动性、套期保值的成本、波动率的期限结构、普通股红利等很多因素都会影响到可转换债券的价值。可转换债券是复杂的债券,往往很难求出解析解。

(四)可转换债券筹资的特点

(1)可转换债券筹资的优点

①筹资成本较低。可转换债券给予了债券持有人以优惠的价格转换企业股票的好处,故而其利率低于同一条件下的不可转换债券(或普通债券)的利率,降低了企业的筹资成本。此外,在可转换债券转换为普通股时,企业无须另外支付筹资费用,又节约了股票的筹资成本。

②便于筹集资金。可转换债券一方面可以使投资者获得固定利息;另一方面又向其提供了进行债权投资或股权投资的选择权,对投资者具有一定的吸引力,有利于债券的发行,便于资金的筹集。

③有利于稳定股票价格和减少对每股收益的稀释。由于可转换债券规定的转换价格一般要高于其发行时的企业股票价格,因此在发行新股或配股时机不佳时,可以先发行可转换债券,然后通过转换实现较高价位的股权筹资。事实上,一些企业正是认为当前其股票价格太低,为避免直接发行新股而遭受损失,才通过发行可转换债券变相发行普通股的。这样,一来不至于因为直接发行新股而进一步降低企业股票市价;二来因为可转换债券的转换期较长,即使在将来转换股票时,对企业股价的影响也较温和,从而有利于稳定企业股票。可转换债券的转换价格高于其发行时的股票价格,转换成的股票股数会较少,相对而言就降低了因为增发股票对企业每股收益的稀释度。

④减少筹资中的利益冲突。由于日后会有相当一部分投资者将其持有的可转换债券转换成普通股,发行可转换债券不会太多地增加企业的偿债压力,所以其他债权人对此的反对较小,受其他债务的限制性约束较少。同时,可转换债券持有人是企业的潜在股东,与企业有着较大的利益趋同性,而冲突较少。

(2)可转换债券筹资的缺点

①股价上扬风险。虽然可转换债券的价格高于其发行时的股票价格,但如果转换时股票价格大幅度上扬,企业只能以较低的固定转换价格换出股票,便会降低企业的股权筹资额。

②财务风险。发行可转换债券后,如果企业业绩不佳,股价长期低迷,或虽然企业业绩尚可,但股价随大盘下跌,持券者没有如期转换普通股,则会增

加企业偿还债务的压力，加大企业的财务风险。特别是在订有回售条款的情况下，企业短期内集中偿还债务的压力会更明显。

③丧失低息优势。可转换债券转换成普通股后，其原有的低利息优势不复存在，企业将要承担较高的普通股成本，从而可能导致企业的综合资本成本上升。

（五）可转换债券融资与附认股权证债券融资的异同

附认股权证债券和可转债券融资具有很多共同点：它们都能提供较低的利率，从而减轻企业的利息负担；在一定条件下持有人都能够分享企业成长带来的收益，认股权证的执行和可转换证券的转换都会带来稀释效应，因此监管部门要求企业要进行及时的信息披露等等。同时，基础资产为持有人提供了一定程度上的"最低保障"，两者的价值都包括纯粹债券价值和以企业股票为基础资产的选择权的价值。如果企业面临的风险比较低，纯粹债券的价值就会比较高而选择权的价值较低；如果企业的风险较高，纯粹债券的价值就会较低而选择权的价值较高。

既然有那么多的共同点，因此，从表面上看，可转换债券可以看成纯债券加上不可分离的认股权证，而附认股权证债券是纯债券和可分离的认股权证，因此可转换债券和附认股权证债券两者之间似乎存在着相互转换的可能性。但仔细分析，两者仍存在很大的区别，一个明显的差别是认股权证执行时，债券可能仍在市场上流通，执行认股权证给企业带来了新的权益资本；而可转换债券换成普通股时，债券退出市场，同时企业的债务资本转变为权益资本，仅仅是会计账目之间的变换。从时间角度看，认股权证的有效期比较短，它通常在债券的到期日之前。两者在灵活性方面也有一定的差异。大多数可转换债券都有一个赎回条款，它允许发行者可以根据转换价值和赎回价格之间的关系来赎回债券或者强制转换；而大多数认股权证都不可赎回，企业必须等到持有人执行时才能得到新的权益资本。

附认股权证债券和发行可转换债券的发行成本也有较大的不同。通常附认股权证债券的承销费用大概是权益融资和债务融资的加权平均成本，而可转换债券的承销成本和纯债券差不多。总体来说，附认股权证债券的发行成本要比可转换债券高出 1.2 个百分点。

（六）可转换债券融资与纯粹债券融资、普通股融资的比较

基于低利率的优势，可转换债券、纯粹债券和普通股三种融资方式中，企业似乎更倾向于选择发行可转换债券。

如果股价在可转换债券发行后表现出色，持有人就倾向于把可转换债券转化为股票。考虑到转换所带来的稀释效应，企业若当初采用纯债券融资而非可转换债券融资的话，将会受益更多。但股价的上涨同时说明可转换债券融资要优于普通股融资，因为如果当初用普通股融资的话，企业只能在较低的价格上发行股票。

如果股价在可转换债券发行后表现不佳，这时可转换债券持有人就不会将持有可转换债券转换成普通股，较低的利率会给企业带来很大好处。企业如果当初采用普通股融资的话，它就不仅能在当初较高的价位上发行股票，而且连较低的利息也不用支付，从而给企业带来更多的好处。

因此，一般来说，如果企业前景良好，发行可转换债券就不如发行纯粹债券，但会优于发行普通股；如果企业前景不佳，发行可转换债券要比发行纯粹债券好，但比不上发行普通股。

5.1.4 政策性融资

政策性融资是以政府信用为担保，由银行对一定的项目提供资金支持的一种融资方式。政策性融资适用于具有产业优势、技术含量高、有自主知识产权或符合国家产业政策的项目；同时，企业应运行良好，有一定的规模。政策性融资成本低、风险小，但适用范围小、时间较长、环节众多，有一定的规模限制。

一、国家创新基金

国家创新基金是主要用于支持科技型中小企业技术创新的政府专项基金。它主要通过政府贷款贴息、无偿资助和资本金投入等方式支持科技型中小企业进行技术创新活动。根据中小企业的类型及项目的不同特点，国家创新基金支持方式主要有以下三种。

①贷款贴息。主要针对具有一定水平、规模和收益的创新项目，采取贴息方式支持其使用银行贷款，使项目得以扩大生产规模。一般情况下，政府会按贷款额年利息的50%～100%给予补贴，贴息总额一般为100万元以下，

个别重大项目的贴息总额为 200 万元以下。

②无偿资助。主要用于中小企业技术创新中产品的研究、开发及中试阶段。这是对科研人员携带科技成果创办企业进行成果转化的一种资助，资助额一般为 100 万元以下。

③资本金投入。主要针对少数起点高、具有较深创新内涵、较高创新水平，以及有后续创新潜力、预计投产后有较大市场、有望形成新兴产业的项目。高新技术企业可申报这类融资支持，申报时可委托相关部门指定的中介服务机构代办申报手续，然后由所在地的科技主管部门推荐，接着由相关部门专门机构组织专家对申报材料进行论证、审核、筛选，再报上一级主管部门基金管理中心审查、评估。国家创新基金为高新技术企业的发展提供了多方面、不同程度的支持，有力促进了高新技术企业的发展。

二、国际市场开拓资金

国际市场开拓资金是由中央财政和地方财政共同设立的专门用于支持中小企业开拓国际市场的专项资金。国际市场开拓资金优先支持的对象包括以下几类。

①面向拉美、非洲、中东、东欧、东南亚等新兴国际市场的拓展活动。

②高新技术和机电产品出口企业拓展的国际市场活动。

③外向型中小企业取得质量管理体系认证、环境管理体系认证和产品认证等国际认证。④拥有自主知识产权的名优产品出口。

⑤已获质量管理体系认证、环境管理体系认证和产品认证的中小企业的国际市场拓展活动，如参加境外展览会、贸易洽谈会等。该资金的申请条件：上年度进出口总额为 4 500 万美元以下、具有企业法人资格和进出口经营权的企业，可于每年 7 月份向有关部门提出申请。国际市场开拓资金的设立为中小企业的国际化发展提供了强有力的支持，加速了中小企业迈向国际的步伐。

5.2 企业资本成本

资本成本是一种机会成本，指企业可以从现有资产获得的，符合投资人期望的最低收益率。它也称为最低可接受的收益率、投资项目的取舍收益率。在数量上它等于各项资本来源的成本加权计算的平均数。资本成本是财务管理的一个非常重要的概念：首先，企业要达到股东财富最大化，必须使所有投入最小化，其中包括资本成本的最小化。因此，正确计算和合理降低资本成本，是制定筹资决策的基础。其次，企业的投资决策必须建立在资本成本的基础上，任何投资项目的投资收益率必须高于资本成本。

在市场经济环境中，多方面因素的综合作用决定着企业资本成本的高低，其中主要有：总体经济环境、证券市场条件、企业内部的经营和融资状况及项目融资规模。

总体经济环境决定了整个经济中资本的供给和需求，以及预期通货膨胀的水平。总体经济环境变化的影响，反映在无风险报酬率上。显然，如果整个社会经济中的资金需求和供给发生变动，或者通货膨胀水平发生变化，投资者也会相应改变其所要求的收益率。具体来说，如果货币需求增加，而供给没有相应增加，投资者便会提高其投资收益率，企业的资本成本就会上升；反之，则会降低其要求的投资收益率，使资本成本下降。如果预期通货膨胀水平上升，货币购买力下降，投资者也会提出更高的收益率来补偿预期的投资损失，导致企业资本成本上升。

证券市场条件影响证券投资的风险。证券市场条件包括证券的市场流动难易程度和价格波动程度。如果某种证券的市场流动性不好，投资者想买进或卖出证券相对困难，变现风险加大，要求的收益率就会提高；或者虽然存在对某证券的需求，但其价格波动较大，投资的风险大，要求的收益率也会提高。

企业内部的经营和融资状况，指经营风险和财务风险的大小。经营风险是企业投资决策的结果，表现在资产收益率的变动上；财务风险是企业筹资决策的结果，表现在普通股收益率的变动上。如果企业的经营风险和财务风险大，投资者便会有较高的收益率要求。

融资规模是影响企业资本成本的另一个因素。企业的融资规模大，资本成本较高。比如，企业发行的证券金额很大，资金筹集费和资金占用费都会上升，而且证券发行规模的增大还会降低其发行价格，由此也会增加企业的资本成本。

一、单一资本成本

一方面,企业筹集长期资金,必须满足投资者(资金供应者)所要求的最低报酬率要求,因为如果企业所给的报酬率低于投资者所期望的报酬要求,那么投资者就会把资金转移作其他用途,这样就给企业筹集资金带来困难。另一方面,如果企业任意提高这个报酬率,以满足投资者的要求,则又会加大企业的资本成本,特别当资本成本超过了企业的预期利润率时,企业从事这项筹资计划就是毫无意义的。因此,企业在进行筹资决策时,就面临一个选择问题,选择的准则是看投资者所要求的报酬率是否小于或等于企业所提供的报酬率,即要选择资本成本最低的筹资方式。实际上,不同的投资者,如债券投资者、股票投资者,由于其愿意承担的风险不同,从而客观上有不同的投资报酬要求和相应条件,这就为企业提供了选择的可能性。

(一)银行借款资本成本

银行借款资本成本是企业从银行取得可供运用资金所必须付出的费用,包括借款利息和借款费用。由于借款利息是计入税前成本费用,所以银行借款具有节税作用,可以减少企业所得税支付额而降低银行借款的资本成本。但是,企业与银行的借款合同中往往订有"最低存款余额"的条款,这就使得可供企业使用的资金数额低于借款数额,从而使资本成本相对增高。这些方面综合影响的结果即为银行借款的资本成本。银行借款税后资本成本的计算公式为:

$$C_1 = r \times (1-T) \div (1-D) + f \tag{5.8}$$

其中,C_1 表示企业长期银行借款的税后资本成本,r 表示银行贷款的利息率,T 表示企业的所得税税率,D 表示银行所要求的最低存款余额,f 表示银行借款的筹资费用率。

【例 5-8】某企业向一商业银行借入长期资金。借款合同规定:借款数额为 300 万元,借款期限为 2 年,借款利率为 8%,最低存款余额为 10%,银行服务费用为 0.1%,企业所得税税率为 25%。试计算该企业银行借款的资本成本。

因为 $r=8\%$,$T=25\%$,$D=10\%$,$f=0.1\%$,由公式(5.8)可知:

$C_1 = r \times (1-T) \div (1-D) + f = 8\% \times (1-25\%) \div (1-10\%) + 0.1\% = 6.67\%$,因此,该企业银行借款的资本成本为 6.67%。

需要指出,银行借款的资本成本并不等于银行借款利率,银行借款的资本成本表明该笔借款中每100元可供使用的资金一年内要支付6.67元的费用,即货币支出6.67元。

(二)企业债券资本成本

企业发行债券的资本成本是企业取得可供运用资金必须支付的费用,包括债券利息和筹资费用。一般债券利息是在税前支付,这样就等于企业少交了利息额部分的所得税,而计算资本成本应以税后债券利息为依据,所以企业债券也像银行借款一样具有节税作用,可以减少企业所得税的实际支付额而降低相应的资本成本。企业债券的筹资费用一般比较高,所以在计算资本成本时不能将其忽略。

由于企业债券的发行价格有平价发行、溢价发行和折价发行三种方式,而不同发行方式的相应筹资金额和债券面值总额也就有所不同。而且,溢价、折价还要在偿还期进行摊销,调整债券的当期利息额,所以企业债券的不同发行方式,其计算资本成本的方法也就不同。

如果企业债券是平价发行,那么其资本成本按如下公式来计算:

$$C_2 = R_0 \times (1-T) \div [D_0 \times (1-f)] \tag{5.9}$$

其中,C_2表示企业债券的税后资本成本,R_0表示企业债券每期的利息额,T表示企业的所得税税率,D_0表示企业债券面值总额,f表示企业债券的筹资费用率。

【例5-9】某企业发行一种期限为3年,按平价方式发行,票面面值为300元、票面利息率为10%的企业债券3 000万元,发行费用是3%,所得税税率为25%,试计算该企业发行这种债券的税后资本成本。

因$R_0 = 3\,000 \times 10\% = 300$(万元),$T = 25\%$,$D_0 = 3\,000$(万元),$f = 3\%$,所以由式(5.2)可知,该企业债券的资本成本为:

$$C_2 = R_0 \times (1-T) \div [D_0 \times (1-f)]$$
$$= 300 \times (1-25\%) \div [3\,000 \times (1-3\%)]$$
$$= 7.31\%$$

(三)优先股资本成本

企业发行优先股与发行债券在成本方面类似,既要支付筹资费用,也要定期支付股息。但二者也有区别:一是债券利息通常在税前支付,而优先股股息是在税后支付；二是债券一般有明确的到期日，而优先股则没有固定的到期日，投资者往往将优先股看作是无期限的债券；三是优先股的风险要大于债券的风险，因为企业在清偿债权时，债权人要比优先股股东优先得到清偿权；四是优先股的成本要比债券的成本高，因为优先股的风险较大，使得优先股的股利率一般比债券的利息率高，而且，优先股股息要从税后盈余中支付，使得优先股不能像债券那样可减少企业的所得税。

优先股的资本成本按如下公式来计算：

$$C_3 = R_0 \div [D_1 \times (1-f)] \tag{5.10}$$

其中，C_3表示优先股的资本成本，R_0表示企业每年支付的优先股股息额，D_1表示优先股的发行价格总额，f表示发行优先股的筹资费用率。

【例 5-10】某企业发行优先股面值总额 3 000 万元，股息率为 8％，发行费用率为 6％，试计算该企业按平价和按溢价 20％发行这种优先股的资本成本。

若按平价方式发行，则由于 $R_0 = 3\ 000 \times 10\% = 300$（万元），$D_1 = 3\ 000$（万元），$f = 6\%$，所以，由式（5.10）可知按平价发行这种优先股的资本成本为：

$$C_3 = R_0 \div [D_1(1-f)] = 300 \div [3\ 000 \times (1-6\%)] = 10.64\%$$

若按溢价 20％来发行，则因股息仍按股本数额发放，所以 $R_0 = 300$（万元），但是，这时筹集的资金增多，因而发行价格总额 $D_1 = 3\ 000 \times (1+20\%) = 3\ 600$（万元），$f = 6\%$，因此，由式（5.4）可知按溢价 20％发行这种优先股的资本成本为：

$$C_3 = R_0 \div [D_1 \times (1-f)] = 300 \div [3\ 600 \times (1-6\%)] = 8.87\%$$

值得注意的是，如果发行优先股的费用不作为可供使用资金的减少处理，而作为财务费用来处理，在一定期限内来摊销，减少各期的收益额，那么计算优先股的实际筹资额就不考虑筹资费用，这时优先股的资本成本按如下公式来计算：

$$C_3 = R_0 \div D_1 \tag{5.10}$$

其中，C_3表示优先股的资本成本，R_0表示企业每年支付的优先股股息额，D_1表示优先股的发行价格总额。

（四）普通股资本成本

普通股的资本成本包括发行普通股票的费用和向股东分派的股利。它与企业债券资本成本和优先股资本成本有所不同；后者是在投资者对这些证券投资有固定要求的报酬率,即债券利息率和优先股股利率的基础上计算确定的,但前者由于投资者对其投资所要求的报酬率并不固定,即没有固定的股息,而且这种投资要求的报酬率还变化很大,很难准确地确定其大小,因此,对普通股资本成本的计算只能是近似值。

普通股股利的大小直接影响普通股资本成本的大小,但普通股的股利是交纳所得税后的净利润来支付的,所以普通股和优先股一样,不像企业债券那样能够减少企业的所得税来降低资本成本,而且普通股股利的大小受企业收益额等因素变化的影响。我们将企业的收益额等各方面的变化可能引起普通股股利的变化,集中概括为"普通股股利年预计增长率"这个指标,在正常的经营条件下,"普通股股利年预计增长率"一般是正值。因此,普通股的资本成本可按如下公式来计算:

$$C_4 = R_0 \div [D_1 \times (1+f)] + g \tag{5.12}$$

其中,C_4 表示普通股的资本成本,R_0 表示预期企业每年支付的普通股的股息额,D_1 表示普通股的发行价格总额,f 表示发行普通股的筹资费用率,g 表示普通股的股利年预计增长率。

【例 5-11】某企业发行面值总额为 3 000 万元的普通股股票,其筹资费用率为 5%,预计股息率为 15%,以后每年递增 2%,试计算该企业按平价和按溢价 20% 发行这种普通股的资本成本。

若按平价方式发行,则因 $R_0 = 3\,000 \times 15\% = 450$(万元),$D_1 = 3\,000$(万元),$f = 5\%$,$g = 2\%$,所以,由式(5.6)知按平价发行这种普通股的资本成本为:

$$C_4 = R_0 \div [D_1 \times (1+f)] + g = 450 \div [3\,000 \times (1-5\%)] + 2\% = 17.79\%$$

若按溢价 20% 来发行,则因股息仍按股本数额发放,所以 $R_0 = 450$(万元),但是,这时筹集的资金增多,因而发行价格总额 $D_1 = 3\,000 \times (1+20\%) = 3\,600$(万元),$f = 5\%$,$g = 2\%$,因此,由式 5.6 可知按溢价 20% 发行这种普通股的资本成本为:

$$C_4 = R_0 \div [D_1 \times (1+f)] + g = 450 \div [3\,600 \times (1-5\%)] + 2\% = 15.16\%$$

普通股资本成本的另一种计算方法,是根据资本资产定价模型,直接用

资本市场的无风险报酬率加上风险报酬率,按如下公式来进行计算:

$$C_4 = r + (r_m - r) \times \beta \tag{5.13}$$

其中,C_4 表示普通股的资本成本,r 表示无风险报酬率,r_m 表示资本市场平均投资报酬率,β 表示普通股股票的风险系数。

由式(5.13)可知,如果普通股股票的风险系数等于1,即 $\beta=1$,那么该普通股的资本成本等于资本市场平均投资报酬率。

如果普通股股票的风险系数大于1,即 $\beta>1$,那么这说明该股票财务风险较大,其风险补偿率要高于资本市场的平均水平,所以该普通股的资本成本高于资本市场平均投资报酬率。

如果普通股股票的风险系数小于1,即 $\beta<1$,那么这说明该股票财务风险较小,其风险补偿率将低于资本市场的平均水平,因此,该普通股的资本成本也低于资本市场平均投资报酬率。

【例 5-12】某企业发行某种普通股股票,其风险系数为 1.5,资本市场无风险报酬率为 6%,市场证券组合的报酬率为 10%,那么,由式(5.13)可知,该普通股股票的资本成本为:$C_4 = r + (r_m - r) \times \beta = 6\% + (10\% - 6\%) \times 1.5 = 12\%$

(五)留存利润资本成本

留存利润的资本成本就是股东将部分利润留在企业而失去个人再投资机会所产生的机会成本。它的计算与普通股的资本成本计算基本相同,但没有筹资费用,其计算公式为:

$$C_5 = R_0 \div D_l + g \tag{5.14}$$

其中,C_5 表示留存利润的资本成本,R_0 表示预期企业年支付的普通股股息额,D_1 表示普通股的市价总额,g 表示普通股股利年预计增长率。

【例 5-13】某企业发行普通股股票,其市价总额为 3 000 万元,第一年末的股息额为 360 万元,以后每年增长 3%,那么,该企业留存利润的资本成本为:

$$C_5 = R_0 \div D_l + g = 360 \div 3\ 000 + 3\% = 15\%$$

需要说明的是,企业将一部分利润留存下来不分派给股东并不难,而运用好留存利润获得高效益却并不是一件容易的事情。虽然利润留存在企业而没有发给股东个人,股东个人因而不能利用这笔利润来进行个人再投资,以取得个人投资收益,但是,留存在企业的利润由企业代表全体普通股股东作再投资,这种再投资获取的收益可能会使普通股股东个人手中持有的普通股股票市价上涨,从而使普通股股东能够通过股票市价上涨来获取价差收益,以替代股东个人利用分得的股利进行再投资所获取的净收益。当然,企业将部分利润不分派给股东,而作为企业生产经营的资金来源,那么其经营成果要能使其股票市价上涨的价差至少相当于发给股东个人做个人投资所获净收益才行。否则,股东将要求分派留存的剩余利润,或抛售该普通股股票,抽回其投资。

二、加权平均资本成本

由于受多种因素的制约,企业不可能只使用某种单一的筹资方式,往往需要通过多种方式筹集所需资本。为进行筹资决策,就要计算确定企业全部长期资金的总成本——加权平均资本成本。加权平均资本成本一般是以各种资本占全部资本的比重为权数,对个别资本成本进行加权平均确定的。其计算公式为:

$$C = \sum B_i C_i \tag{5.15}$$

其中,C^* 表示综合资本成本,即企业全部长期资金总额的资本成本;B_i 表示第 i 种单项长期资金占全部长期资金总额的比重,C_i 表示第 i 种单项长期资金的资本成本,n 表示企业筹集的长期资金种类数目。

【例 5-14】假设某企业共有长期资金 3 000 万元,其中银行借款 900 万元,企业债券 600 万元,优先股 300 万元,普通股 600 万元,留存利润 600 万元,各资金所对应的资本成本分别为 7%,6%,11%,15% 和 13%,试计算该企业的加权平均资本成本。

因为 $C_1 = 7\%$,$C_2 = 6\%$,$C_3 = 11\%$,$C_4 = 15\%$,$C_5 = 13\%$,而各资金占该企业全部长期资金总额的比重分别为:$B_1 = 30 \div 100 = 30\%$,$B_2 = 20 \div 100 = 20\%$,$B_3 = 10 \div 100 = 10\%$,$B_4 = 20 \div 100 = 20\%$,$B_5 = 20 \div 100 = 20\%$。

由式(5.8)可知该企业的加权平均资本成本为:

$$C^* = \sum B_i C_i$$
$$= 30\% \times 7\% + 20\% \times 6\% + 10\% \times 11\% + 20\% \times 15\% + 20\% \times 13\%$$
$$= 2.1\% + 1.2\% + 1.1\% + 3\% + 2.6\%$$
$$= 10\%$$

上述计算中的个别资本占全部资本的比重,是按账面价值确定的,其资料容易取得。但当资本的账面价值与市场价值差别较大时，如股票、债券市场价格发生较大变动，计算结果会与实际有较大的差距，从而贻误筹资决策。为了克服这一缺陷，个别资本占全部资本的比重的确定还可以按市场价值或目标价值确定，分别称为市场价值权数和目标价值权数。

市场价值权数指债券、股票以市场价格确定权数。这样计算的加权平均资本成本能反映企业目前的实际情况。同时，为弥补证券市场价格的频繁变动，也可选用平均价格。

目标价值权数是指债券、股票以未来预计的目标市场价值确定权数。这种权数能体现期望的资本结构，而不能像账面价值权数和市场价值权数那样只反映过去和现在的资本结构，所以按目标价值权数计算的加权平均资本成本更适用于企业筹措新资金。然而，企业很难客观合理地确定证券的目标价值，又使这种计算方法不易推广。

三、边际资本成本

边际资本成本是指企业资本每增加一个单位所增加的资本成本，它反映企业筹集长期资金的微小变动所带来的资本成本的变动量。

上述所讨论的加权平均资本成本，一般是估计企业过去所筹集的或目前所使用的长期资金的资本成本。但是，企业各种长期资金的资本成本并不是一成不变的，而是随着时间的推移或者筹资条件的变化而变化的。因此，企业在进行投资决策时，就不仅要考虑目前所使用的长期资金的资本成本，而且还要考虑为投资项目所新筹集的长期资金的资本成本，只有在新增加的投资所增加的边际收益大于或等于这个新增加的投资所增加的边际资本成本时，该投资项目才是可行的。这样，企业在进行投资决策时，就需要计算长期资金的边际资本成本。

边际资本成本通常应用于企业在追加筹资时，分析筹资额在什么数额上便会引起企业资本成本发生变化。边际资本成本是按加权平均的方法来计算的，即计算企业新筹资额在某个数额范围内，各种筹资方式的资本成本的加权平均值。由于企业无法在某一固定资本成本下筹措无限的长期资金，当企业新筹集的长期资金超过一定的限度时，原来的资本成本就会发生变化。因此，边际资本成本的计算就要首先求出各种筹资方式能使其资本成本发生变化的新筹资数额的限额，即筹资数额分界点，再借以确定各个筹资方式的筹资额范围,最后,在每个筹资方式的筹资额范围内,按企业确定的理想资金来源结构对各个筹资方式的资本成本求其加权平均值,而得到各个筹资总额的边际资本成本。

现举例说明边际资本成本的计算和应用。

【例5-15】康柏企业目前拥有长期资金3 000万元,其中长期银行借款600万元,长期企业债券900万元,普通股1 500万元。现在该企业由于扩大经营规模的需要,拟追加投资,为此,企业要筹集更多的长期资金。试计算确定边际资本成本。

这一计算过程可按如下步骤和方法来进行。

(1)确定企业最优资本结构。康柏企业的理财人员经过认真分析,认为企业目前的资本结构是最优资本结构,从而企业筹集新资金后仍应保持目前的资本来源结构,即长期银行借款占20%,长期企业债券30%,普通股占50%。

(2)确定各种筹资方式的资本成本。康柏企业的理财人员也认真分析了目前金融市场状况和企业的筹资能力,认为随着企业筹资规模的不断增加,各种筹资方式的资本成本也会增加,并测算出了随着筹资数额的追加,各种筹资方式的资本成本变化情况如表5-4所示:

表5-4 康柏企业筹资资本测算表

筹资方式	资本来源结构	新筹资的数额范围	资本成本
银行借款	20%	0～6万元	5%
		6万～12万元	6%
		大于12万元	8%
企业债券	30%	0～45万元	9%
		45万～60万元	10%
		大于60万元	11%
普通股	50%	0～80万元	12%
		80万～120万元	13%
		大于120万元	14%

(3)计算筹资总额分界点。筹资总额分界点是指在保持某种筹资方式的资本成本不变的条件下，企业可以筹集到的长期资金总额的最大值。也就是说，能使某种筹资方式的资本成本发生变动的那个长期资金筹资总金额。比如，对长期企业债券来说，在 45 万元以内，其资本成本为 9％，而在企业的最优资本结构中，长期企业债券的比重为 30％，那么这表明在长期企业债券的资本成本由 9％上升到 10％之前，企业可以筹集到的长期资金总额的最大限度是 150 万元，即 45/30％＝150（万元），而如果企业筹集的长期资金总额超过 150 万元，那么长期企业债券的资本成本将会发生变化，即由 9％向比 9％更大的数值变动，这 150 万元就是长期企业债券筹资方式使其资本成本变化的筹资总额分界点。

筹资总额分界点的计算公式为：

$$W_i = C_i \div P_i \tag{5.16}$$

其中 W_i 表示筹资总额分界点，C_i 表示第 i 种筹资方式的资本成本分界点，这个资本成本分界点由企业理财人员根据金融市场状况和企业筹资能力，按照本章所述的单项资本成本的有关筹资方式资本成本的计算公式进行测算，P_i 表示企业最优资本结构中第 i 种筹资方式所占的比重。

根据式(5.16)，可计算表 5-5 中各种筹资方式的筹资总额分界点，如表 5-5 所示：

表 5-5　康柏企业筹资总额分界点计算表

筹资方式	资本来源结构	新筹资的数额范围	资本成本	筹资总额分界点	筹资总额范围
银行借款	20％	0～6 万元	5％	30 万元	0～30 万元
		6 万～12 万元	6％	60 万元	30 万～60 万元
		大于 12 万元	8％	—	大于 60 万元
企业债券	30％	0～45 万元	9％	150 万元	0～150 万元
		45 万～60 万元	10％	2 000 万元	150 万～200 万元
		大于 45 万元	11％	—	大于 200 万元

筹资方式	资本来源结构	新筹资的数额范围	资本成本	筹资总额分界点	筹资总额范围
普通股	50%	0～80 万元	12%	160 万元	0～160 万元
		80 万～120 万元	13%	240 万元	160 万～240 万元
		大于 120 万元	14%	—	大于 240 万元

(4)确定新筹资总额范围。根据以上计算的筹资总额分界点及其筹资总额范围,可以得到康柏企业如下七个新的筹资范围:

①0～30 万元,②30 万～60 万元,③60 万～150 万元,④150 万～160 万元,⑤160 万～200 万元,⑥200 万～240 万元,⑦240 万元以上。

(5)计算边际资本成本。根据上述七个新的筹资范围,以资本来源结构中的比重为权数,按照式(5.8)计算各个范围的加权平均资本成本,即可得到各个新筹资总额范围的边际资本成本,见表 5-6 所示。

以上计算结果表明,随着企业新的筹资总额的增大,其边际资本成本呈不断增加的变化趋势,而且在一个筹资总额范围变化到另一个筹资总额范围时,即在两个筹资总额范围的交界处,筹资总额增加一个单位,其边际资本成本就会增加到一个新的水平。比如,筹资总额范围由 200 万～240 万元变化到 240 万元以上时,其边际资本成本就由 11.4% 增加到 11.9%。但是,在一个筹资总额范围内,其边际资本成本保持特定水平不变。因此,企业可以利用上述步骤和方法,根据企业的投资需要和实际筹资的可能,来计划和安排企业未来的新筹资规划。

边际资本成本是现代企业投资决策的一个重要标准,如果以边际资本成本为贴现率,那么,按照净现值原则,投资项目的净现值为正时,说明该项目可取,而如果投资项目的净现值为负,则说明该项目是不可取的。

表 5-6 边际资本成本

筹资总额范围	筹资方式	资本来源结构	资本成本	边际资本成本
0～30万元	银行借款	20%	5%	1.0%
	企业债券	30%	9%	2.7%
	普通股	50%	12%	6.0%
	该筹资总额范围的边际资本成本为:9.7%			
30万～60万元	银行借款	20%	6%	1.2%
	企业债券	30%	9%	2.7%
	普通股	50%	12%	6.0%
	该筹资总额范围的边际资本成本为:9.9%			
60万～150万元	银行借款	20%	8%	1.6%
	企业债券	30%	9%	2.7%
	普通股	50%	12%	6.0%
	该筹资总额范围的边际资本成本为:10.3%			
150万～160万元	银行借款	20%	8%	1.6%
	企业债券	30%	10%	3.0%
	普通股	50%	12%	6.0%
	该筹资总额范围的边际资本成本为:10.6%			
160万～200万元	银行借款	20%	8%	1.6%
	企业债券	30%	10%	3.0%
	普通股	50%	13%	6.5%
	该筹资总额范围的边际资本成本为:11.1%			
200万～240万元	银行借款	20%	8%	1.6%
	企业债券	30%	11%	3.3%
	普通股	50%	13%	6.5%
	该筹资总额范围的边际资本成本为:11.4%			

筹资总额范围	筹资方式	资本来源结构	资本成本	边际资本成本
240万元以上	银行借款	20％	8％	1.6％
	企业债券	30％	11％	3.3％
	普通股	50％	14％	7.0％
该筹资总额范围的边际资本成本为:11.9％				

章 末 案 例

恒大提前布局降低负债规模,提高抗风险能力

据乐居财经报道,2020 年 9 月 24 日,网上突然流传一篇关于中国恒大 (3333.HK)的不实文章。25 日,恒大股票的做空金额达到惊人的 11.77 亿港元,是谣言流传前正常做空金额的 130 多倍;成交额达 28.04 亿港元,是之前成交额的 30 多倍,造成收盘价较当天最高价下挫超 15％。有分析人士称,这是最典型的境外做空机构的获利戏码。

根据雷达财经大数据统计,28.04 亿港元的成交额,创下恒大近 80 天内最高纪录,位列年内第三高,是年内平均交易额的 7.32 倍。

恒大已处于危险境地? 2020 年 9 月 25 日晚间,恒大发布公告,公司经营正常健康,财务稳健。截至 2020 年 9 月 24 日,公司年内累计实现销售人民币 5049 亿元,同比增长 11.4％;销售回款人民币 4 521 亿元,同比增长 51.3％。自 2020 年 9 月 3 日起,恒大推出全国楼盘大优惠,计划在 2020 年 9 月、10 月两个月累计实现销售人民币 2 000 亿元。

恒大透露,截至 2020 年 9 月 24 日,公司有息负债较 2020 年 3 月末已下降约人民币 534 亿元,融资成本下降 2.24 个百分点,提前归还 2020 年 9 月 25 日以后到期借款人民币 435 亿元,各项降负债成效积极显著。公司成立 24 年来,共计借款 20 523 笔,从未出现利息晚付、本金逾期归还的情况。

雷达财经梳理发现,恒大拥有 2.4 亿平方米土地储备,一二线城市占比达 66％。根据世邦魏理仕估值,恒大土地储备估值达 1 万亿。整体来看,恒大家

底很厚。

年内累计实现销售人民币 5 049 亿元 24 年从未出现逾期

雷达财经梳理发现，目前恒大整体经营稳健。

受到疫情影响，2020 年以来房地产市场持续低迷，但恒大销售逆市大幅增长。在中期业绩报告中，恒大表示在疫情影响、行业销售普遍下滑的背景下，公司坚持实施年初提出的"高增长、稳规模、降负债"发展战略，以高性价比的产品抢占市场，实现销售及回款的高速增长。

市场预计，若"金九银十"的小目标顺利实现，恒大将提前两个月完成全年目标，销售产生的现金流有望超过 5 800 亿，加上公司上半年仍有 2 046 亿现金余额，合计共超 7 800 亿的现金流意味着公司并无偿债压力，经营状况稳健。

除了强大的现金流，庞大的优质土储是恒大偿债能力的另一大保证。半年报显示，恒大拥有 2.4 亿平方米土地储备，一二线城市占比达 66%。根据世邦魏理仕估值，恒大土地储备估值达 1 万亿，这意味着即便不算销售回款，恒大只需出售 50% 的土地储备，即可变现近 5 000 亿，足以偿还所有短期债务。

值得一提的是，恒大透露，公司成立 24 年来，共计借款 20 523 笔，从未出现利息晚付、本金逾期归还的情况。

许家印提前布局砍负债 年内减少有息负债 534 亿

房地产是资金密集型的行业，负债经营成为房企的现实选择。然而，在借助融资做大规模时，高负债成为悬挂在房企头上的达摩克利斯之剑。对此，许家印有清醒的认识。

2020 年 3 月 31 日，恒大掌门人许家印在业绩发布会上宣布 2020 年开始启动战略转型，全面实施"高增长、控规模、降负债"发展战略。恒大计划在未来三年将有息负债平均每年下降 1 500 亿，到 2022 要把总负债降到 4 000 亿以下。

得益于此，恒大仅第二季度有息负债便相较 3 月底大幅下降 400 亿。

步入下半年，恒大仍在加速降负债步伐。9 月 17 日，恒大公告称，将提前偿还 15.65 亿美元（约合 106 亿人民币）外债。

在公告中,恒大表示,此举是为降低债务水平和融资成本,将使用自有资金提前赎回 2020 年到期的 11％优先票据。

根据恒大 9 月 25 日晚间公告,截至 2020 年 9 月 24 日,公司有息负债较 2020 年 3 月末已下降约人民币 534 亿元,融资成本下降 2.24 个百分点,提前归还 2020 年 9 月 25 日以后到期借款人民币 435 亿元,各项降负债成效积极显著。

有业内人士表示,此次提前偿债,一方面说明目前恒大的现金流尚充裕,另一方面,展示出恒大加速降负债决心。

同时,恒大还抓住机会发行低利率债券,有意降低融资成本。9 月 24 日,据深交所披露,恒大地产集团有限公司 2020 年面向专业投资者公开发行公司债券(第一期)已于 2020 年 9 月 22 日至 2020 年 9 月 23 日发行完成,最终网下实际发行数量为 40 亿元,票面利率为 5.80％。

获多家战略投资者青睐 新能源汽车拟科创板上市

2020 年以来,恒大在资本运作方面动作频频,受到战略投资者青睐。

金碧物业为恒大的间接附属公司,主要从事居住物业、社区生活及其他服务等。2020 年 7 月 31 日,恒大曾公告公司正在考虑可能分拆物业管理服务及相关增值服务业务在香港联合交易所独立上市。

8 月 13 日晚间,恒大公告了为恒大物业引入战略投资者一事。根据公告内容,此次有 14 家战略投资者,包括恒大集团董事局总裁夏海钧、中信资本、腾讯控股、周大福、阿里巴巴的云峰基金等,总计筹资约 235 亿港元。

众多顶级战略投资者的加盟,既是恒大强大号召力和朋友圈资源的体现,也被外界看作为分拆上市做最后的准备。

恒大总裁夏海钧曾在公司 2020 年半年报业绩会上提到,恒大分拆物业上市可以有效降低恒大的净负债率。此次恒大物业引入 235 亿港元战投,预计降低负债率 19 个百分点。

根据此次战略投资初步估算,恒大金碧物业的估值达到 837.5 亿港元。而很多业内人士也分析,按照现阶段的港股行情,恒大金碧物业上市后很可能会达到千亿市值。

此外,9 月 15 日,恒大汽车发布公告,公司通过配售新股方式引入云锋基金、红杉资本以及腾讯、滴滴出行等投资者,募集资金约 40 亿港元。公开资料显示,恒大是恒大汽车第一大股东,持股比例达 74.99%。此次交易中,恒大将最多配售 1.76 亿股,配售完成后,恒大的持股比例将降至 72.95%,仍为公司大股东。

近期,汽车销量稳步增长,新能源汽车市场持续改善。中国汽车工业协会日前披露的数据显示,2020 年 8 月国内新能源汽车的产量为 10.6 万辆,同比增长 17.7%;8 月实现销量 10.9 万辆,同比增长 25.8%。

有分析认为,云锋基金的马云和腾讯的马化腾联手滴滴、红杉资本等投资机构纷纷加持恒大汽车,表明对恒大汽车未来发展的认可。

2019 年恒大汽车表示将在未来三年投入 450 亿元造车。2020 年 8 月初,恒大六车齐发,8 月 28 日,恒大健康产业集团更改公司名称为恒大新能源汽车集团有限公司,明确表示其未来重心——造新能源汽车。

恒大汽车称,通过配售及认购筹集资金可以扩大股东基础、增强资本基础及提升公司财务状况及净资产基础。

9 月 18 日,恒大汽车发布公告称,公司董事会决议拟发行人民币股份,并于上海证券交易所科创板上市。

一位券商人士表示,作为恒大持股七成的公司,恒大汽车引入股权投资、公开市场募资,有利于降低恒大的负债,以满足房地产融资新规的要求。而恒大汽车也可以获得充沛的资金,以更好地用于产品及技术研发,提升新能源汽车产业的整体竞争力。

"恒大的家底很厚,随着新能源汽车等新业务崛起,恒大将实现多元发展,整体估值有望得到提升。"有市场人士表示。

资料来源:雷达财经:恒大成立 24 年借款 20 523 笔从未逾期 年内销售已超千亿。HTTPS://WWW.SOHU.COM/A/420895242_477212

第六章 创业的融资之道

开 篇 小 语

　　融资是创新型企业的血液,是创业者绕不开的话题,是每个创业团队的必修课。但融资困难使得初创企业者饱受困扰,究其根本原因就是企业资源有限以及信息不对称导致的信贷配给不足。庆幸的是,融资科技化、金融化和证券化的飞速发展,将会给我国企业融资带来许多创新思路和方法,为企业成功融资创造机会。成功获取外部资金的支持,是企业技术创新、管理创新和商业模式创新的重要推动力,是创业企业快速成长、抢占市场先机的强心剂。因此,融资的获取是企业行稳致远,保持自身竞争力和生命力的重中之重。

　　第一条:保住本金最重要。第二条:永远不要忘记第一条。

——沃伦·巴菲特

平安好医生：互联网医疗，奔跑的独角兽

一、公司介绍

平安好医生致力于让每个家庭拥有一个家庭医生；让每人拥有一份电子健康档案；让每人拥有一个健康管理计划。目前，平安好医生已经形成家庭医生服务、消费型医疗、健康商城、健康管理及健康互动四大业务板块。截至2018年12月末，平安好医生注册用户数达2.65亿，期末月活跃用户数达5470万，是国内覆盖率第一的移动医疗应用。平安好医生通过AI辅助的自有医疗团队和外部医生，为用户提供涵盖7×24小时全天候在线咨询、转诊、挂号、住院安排、第二诊疗意见及1小时送药等一站式服务。2015年4月，"平安好医生"APP正式上线。2016年4月，平安好医生完成5亿美元A轮融资；2017年12月，平安好医生获得孙正义旗下软银愿景基金Pre-IPO 4亿美元投资；2018年5月4日，平安好医生在港交所挂牌上市，股票代码1833.HK，被称为全球互联网医疗第一股。平安好医生首次公开发行的基石投资者包括贝莱德（Blackrock）、资本集团（Captial Group）、新加坡政府投资公司（GIC）、加拿大退休金计划投资委员会（Canada Pension Plan Investment Board）、马来西亚国家主权基金国库控股（Khazanah Nasional Berhad）、瑞士再保险（Swiss Re）及泰国正大集团（CP Group）。

二、平安好医生IPO——如何在三年内快速打造互联网医疗上市企业

第一，平安好医生起步平台相当高。平安好医生是含着金钥匙出生，A轮又完成创纪录融资。平安健康互联网股份有限公司于2014年8月20日成立，注册资本3.5亿人民币，是平安集团"医、食、住、行、玩"五大板块里的"医"战略的载体之一。

第二，重资产自投医生团队，人工智能辅助医疗服务。平安好医生通过

自建医生团队，通过自主开发的人工智能技术，辅助医生团队在在线咨询业务大幅度增长的情况下，高质量地完成医疗服务，完成在线医疗健康服务、消费型医疗服务。人工智能助理执行智能分析路径，将患者指引至最相关的科室或医生，并向自由医生团队提供相关信息和建议。因此，相比传统的线下问诊，能显著提升效率和降低成本。据用户调查显示，在这样的高强度工作量之下，平安好医生的在线咨询服务的满意度达到了 97%。平安好医生到2017 年为止，已经拥有了超过 2.11 亿次在线咨询纪录，该数据库仍在以每天30～40 万次的速度快速增加。基于这个庞大的临床数据库，平安好医生的人工智能助理也在不断学习，通过内部和外部医生的协作培训，以及自然语言处理和语义识别等技术不断提高准确性。同时，平安好医生还通过和云知声等企业和研究机构进行合作，强化人工智能助理的能力。

第三，通过平安集团导入大量种子用户，并用昂贵的销售费用换来大量用户。平安好医生的种子用户，主要得益于平安集团的内部用户转化。这些用户就是平安好医生的种子用户来源。然后再通过持续的外部营销、推广活动，扩大了用户基础。平安好医生于 2015 年底开展了"步步夺金"推广活动，采用"邀请"机制来推动用户规模的扩张，引起了应用病毒式传播。一年时间，注册用户数从 3 000 万增长到 1.3 亿。对应在推广费用上，2016 年平安好医生的推广费用达到 3.85 亿元，2015 年同期推广费用仅为 710 万元。单就推广费用一项计算，单客获取成本在 3.8 元左右，属于业内平均水平。但是如此高的用户规模，也是巨额推广费用换来的。在完成了基础用户的积累后，平安好医生将发展重心放在了推广健康商城上，在 2017 年大幅提高了佣金支出，这也促使其健康商城收入截至 2017 年 9 月底达到 3.53 亿元，2016 年同期其健康商城收入仅 2 320 万元。

三、平安好医生闪电崛起的启示

在现阶段，互联网医疗的独角兽企业诸如平安好医生、微医、好大夫在线、丁香园、春雨医生等，已经收获了大量的医生资源和用户资源，营收规模逐渐增大，部分企业已经开始盈利，具备了登陆资本市场的能力。平安好医生 IPO 为该领域企业 IPO 潮带来了第一波大浪，提振了资本对互联网医疗行业的信心。

第一,用户数据,驱动资源整合。平安好医生成长的四个阶段分别是完善用户场景、数据积累、爆发式收入增长、大规模盈利。目前,平安好医生还处于数据积累的阶段。互联网医疗行业除了传统的资金门槛之外,还有医疗端(医生端)、用户端两个高门槛。能否获得足够多、足够好的医院和医生资源,是互联网医疗企业的发展基础,特别是高质量的医生资源有限,所有的互联网医疗服务都在争夺医生资源。通过烧钱吸引医生入驻后,能否让他们保持活跃度是一个难题。

第二,商业闭环,带动产业链。虽然在移动互联时代,很多患者会第一时间上网查询病症,但是医疗始终不是高频服务项目。如何获取足够多的患者,如何留存用户,是互联网医疗企业实现商业闭环的关键。连接用户、医生、保险公司、医保、医院、诊所、检验检测机构、新兴智能设备及各类健康服务提供商,构建互联网健康管理＋医疗生态圈,打通疾病预防、疾病医疗、疾病支付、病后疗养的各个环节,由此拓宽移动医疗领域的服务场景和收入来源。

第三,如何打破高流量、低收益的移动医疗魔咒。虽然在互联网医疗企业中,平安好医生率先迈进资本市场,但在走出盈利路径之前,平安好医生还需跨过"爆发式收入增长"的关卡。平安好医生核心业务"家庭医生服务"主要由平安集团采购;消费型医疗业务主要依靠平安集团销售渠道售卖;健康商城业务依赖自营模式,平台模式增长乏力;健康管理和互动业务虽稳定,但营收贡献比例过低。

资料来源:

1.平安好医生官网:https://www.jk.cn

2.《平安好医生王涛:并不寂寞的独角兽成长史》

https://jjckb.xinhuanet.com/2017-02/24/c_136081310.htm

3.《平安好医生作为行业标杆,积极探索 AI 应用新路线_极客网》

https://www.fromgeek.com/vendor/224971.html

6.1　起融资之帆,破长风之浪

融资是创业者绕不开的话题,是每个创业团队的必修课。获取外部资金的支持,是助推新创企业快速成长、抢占市场先机的重要举措。

6.1.1　短期融资保成果

短期融资是指筹集企业短期生产经营所需要的资金。短期融资获得的资金一般规定在一年以内就要按期归还,这种融资方式获得的资金主要用来满足企业流动资产的周转需求。企业采取的最主要短期融资方式是商业票据和银行短期贷款,其特点如图 6-1 所示。

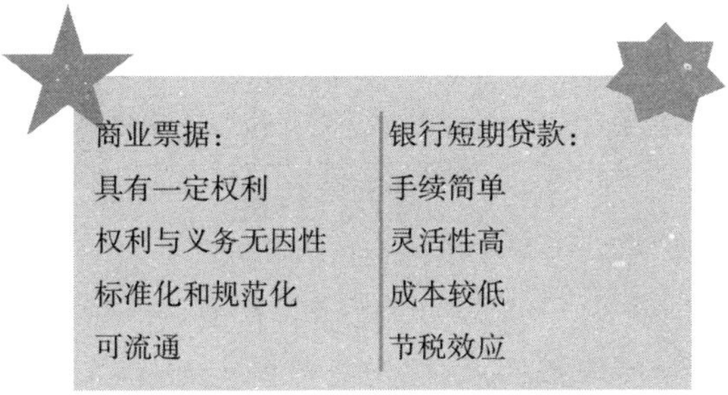

商业票据:	银行短期贷款:
具有一定权利	手续简单
权利与义务无因性	灵活性高
标准化和规范化	成本较低
可流通	节税效应

图 6-1　短期融资特点

（1）商业票据

商业票据是指金融公司或某些高商业信用企业发行的无抵押短期票据。金融公司或某些高商业信用企业可以由企业直接发售,也可以通过经销商间接出售。

从总体来看,商业票据方式融资具有以下几个特点:一是商业票据具有较高的风险性。由于商业票据这种融资方式所要支付的利息成本一般都高于同期的银行存款利率,从而决定着初创企业采取这种方式进行融资就需要承担较大的风险。二是商业票据的权利和义务是毋庸置疑的、天然附属的。只要持票人拿到商业票据,那么他就已经获得了商业票据赋予的所有权利,这点不需要任何原因。三是票据是具有流通性的有价证券。在符合商业票据规范的前提下,票据是可以通过背书和交付的方式进行转让的。四是各国的票据法要求对票据的形式和内容进行规范化和标准化。

（2）银行短期贷款

银行贷款作为一种最安全稳定的融资方式,在企业发展的各个阶段都会发挥一定的作用,可以说是融资形式中的中流砥柱。银行贷款的资本属于债权，初创企业进行银行贷款具有许多便利之处，如办理手续简单、融资速度快、所需成本低等。此外，银行贷款的利息可以计入成本，使得企业能够获得节税效应，减少公司税负。在创业方面，银行还可以根据企业经营情况和历史信用状况提供适当的贷款，为中小型企业创业注入资金，是一种值得初创企业考虑的融资方式。

专栏 6-1

创业融资小贴士

我有个创意，我要融资！

单有好的创意还不够，你还需要有独特的"竞争优势"，这个优势保证即使整个世界都知道你有这样一个创意你也一定会赢。除了有好的创意或者某种竞争优势还不够，公司人人能建，但你会经营吗？如果你能用不多的几句话说明上面这些问题，并提起投资人的兴趣，那么接着你就可以告诉他你计划需要多少资金，希望达到什么目标。

关于先入优势

需要注意的是，先入者并不能保证长久的优势，如果你强调先入优势，你必须能够讲清楚为什么先入是一种优势，是不是先入者能够有效地阻碍新进入者，或者用户并不轻易更换供应商。

注重市场而不是技术水平

许多新兴企业，尤其是高科技企业的企业家都是工程师或科学家出身。由于其专业背景和工作经历，他们对技术的高、精、尖十分感兴趣，但是投资人关注的是你的技术或产品的盈利能力，你的产品必须是市场所需要的。技术的先进性当然是重要的，但只有你能向投资商说明你的技术有极大的市场或极大的市场潜力时他才会投资。很多很有创意的产品没能获得推广是因为发明人没有充分考察客户真正需要什么,没有选准目标市场或者做好市场推广。投资人是商人,他们向你投资不是因为你的产品很先进,而是因为你的企业能赚钱。

凭什么说你能做到那么大的规模

一个常见的错误是对于市场规模的描述太过空泛,或者没有依据地说自己将占有百分之好几十的市场份额,这样并不能让人家相信你的企业可以做到很大的规模。

为什么不提竞争对手

有些企业家为了强调企业的独特性和独占优势,故意不提著名的竞争对手,或者强调竞争对手很少或者很弱。事实上,有成功的竞争对手存在正说明产品的市场潜力,而且对于创业投资公司来说,有强势同行正好是将来被收购套现的潜在机会。

根据市场需求量还是根据销售能力预测

销售预测的一个常见错误是先估算整个市场容量,然后说自己的企业将获得多少份额,据此算出期望的销售额。另一个值得怀疑的方法是先预计每年销售额的增长幅度,据此算出今后若干年的销售额。

过于的乐观的估计会令人感到可笑。例如有人这样估计营业额:我发明了一种新鞋垫,假设全国人民每人每年买两双,那么市场容量有26亿双,我们只要获得这个市场的一半就不得了了!

比较实在可信的方法是计划投入多少资源,调查面向的市场有多少潜在客户,有哪些竞争产品,然后根据潜在客户成为真实用户的可能性和单位资源投入量所能够产生的销售额,最后算出企业的销售预测。

电梯间演讲(elevator pitch)很重要

也许你会在公共场合偶然遇到一位投资家,也许投资商根本不想看长长的商业计划书,你只有几十秒钟的时间吸引投资商的注意力。当他的兴趣被你激发起来,问起你公司的经营队伍、技术、市场份额、竞争对手、金融情况等问题时,你已经准备好了简洁的答案。

与投资者讲价钱

投资者对创业企业的报价往往类似于升价拍卖,如果投资者真的很看好这家企业，他会提高对企业的作价，到双方达成一致意见为止。另外，创业企业在融资时的报价行为类似于降价拍卖，刚开始时自视甚高，期望不切实际的高价，随着时间的推移，企业资金越来越吃紧，投资意向一直确定不下来，锐气逐渐磨钝，结果最后接受现实的价格（虽然有时不那么情愿）。

6.1.2 中长期融资促扩张

获得中长期的融资是每一个企业最理想的融资结果，企业中长期资金的来源可以包括：企业所有人自行注入投资、私募股权融资、股票发行、商业票据发行和融资租赁等。

（1）私募股权融资

私募股权融资是一种中长期融资方式，主要适用于具有一定规模的非上市公司，它通过非公开方式与投资者进行谈判和筹集资金。企业进行私募股权融资不仅可以降低企业财务成本，增加企业的内在价值，同时还可以为企业提供稳定的资金来源，高附加值的服务。私募股权融资的阶段如表6-1所示。

表6-1　私募股权融资三阶段工作内容

私募股权融资三阶段	序号	内　　　　容
筹划市场推介	1	准备融资方案材料
	2	确定财务预测
	3	讨论估值及架构
	4	准备及预演投资者进行尽职调查
	5	起草会议上的管理层报告
	6	完成投资者尽职调查文件
	7	确定目标投资者名单

续表

私募股权融资三阶段	序号	内　　容
企业向市场推介	1	联络意向投资者
	2	为投资者会议排定档期/举行投资者会议
	3	进一步联络投资者及递送下一阶段的信息材料
	4	召开第二阶段投资者会议
	5	接受融资条款文件
讨论和完成融资工作	1	商讨融资条款文件
	2	选择主投资者
	3	选择合伙投资者
	4	监管投资者尽职调查
	5	准备文件
	6	资金到位,融资结束

不符合上市融资条件的公司可以通过私募股权融资来引进更强大的投资者,以此提升公司的影响力,改善公司的形象,这些对公司的发展进步都是非常有益的。此外,如果企业在短期内没有足够能力偿还贷款时,私募股权融资可以改善企业经营运作空间,增强企业抵御风险的能力,以最快速度为企业解决还款烦恼。

(2)融资租赁

融资租赁具有融资和融物的双重职能,是资金运动与物资运动相结合的形式。融资租赁是由出租方融通资金为承租方提供所需设备,通过借物达到借钱,借物还钱,它使融资与融物相结合。租赁公司兼有金融机构(融通资金)和贸易机构(提供设备)的双重职能。

融资租赁具有三方当事人,并且同时具备两个或两个以上的合同。融资租赁的三方当事人包括出租方、承租方和供货方,三方之间需签订并且履行租赁合同与购货合同。租赁合同与购货合同的关系是,租赁合同的签订和履行是购货合同签订与履行的前提,购货合同的履行是一笔租赁业务完成的不可缺少的组成部分。

承租方有对租赁物及供货方进行选择的权利,而不依赖于出租方的判断和决定。出租方不能干涉承租方对租赁物的选择,承租方还有权选择供货方。出租方也不对承租方的选择所造成的后果承担责任。

在租赁期间,租赁物的所有权归出租方,但承租方享有使用权,财产的所有权与使用权呈分离状态。

出租方在一个较长的租赁时期内,通过收取租金来收回全部投资,即租金采用分期归流的形式。租赁期是一个连续的、不间断的期间,加之融资租赁的承租人的特定性和租赁物件的被指定性,决定了租赁合同的不可解约性。

租赁期满后,承租方对租赁物件有按合同规定决定如何处置的权利。

融资租赁的基本交易结构如图 6-2 所示。

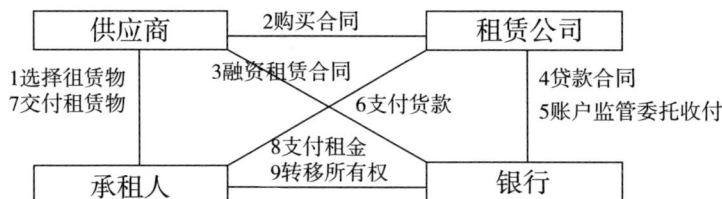

图 6-2　融资租赁的基本交易结构

6.1.3　供应链金融增效益

供应链金融源自供应链,并依赖于供应链而存在。供应链是一个整体的功能网络链接结构,它集成了商流、物流、资金流,整合了制造商、供应商、分销商、零售商及最终消费者。例如:对于以生产为导向的企业来说,供应链的范围就涵盖了从原材料供应商到最终消费者的价值流动的整个过程。因此,供应链金融如果想要发挥作用,首先必须找到供应链中的核心企业,以此为出发点来分析供应链上下游企业的实际交易,并根据行业特点设计融资企划。

实际上,初创企业是供应链金融中真正的资本需求者和直接受益者。在传统的融资模式下,初创企业很难从银行获得信贷支持。但在供应链金融模式下,整个供应链都可以被用于信用评估,这样就可以让部分初创企业被银行列入考虑范围。此外,供应链中的核心企业可以凭借其良好的信誉和其在供应链中的重要地位,为供应链中的初创企业提供担保,并帮助上游和下游的初创企业获得银行的优惠信贷,解决了传统金融模式下初创企业由于自身实力薄弱而难以获得信贷融资的难题,如图 6-3 所示。

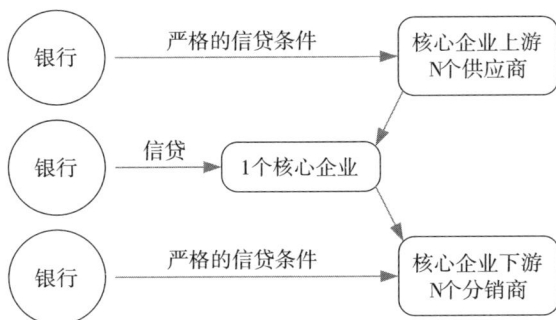

图 6-3　传统融资模式

与传统金融模式相比,在供应链金融的融资模式下,初创企业还可以盘活其非现金流动资产,如预付账款、应收账款和库存产品等,以降低整个产业链的系统成本,提高整个产业链的运作效率,如图 6-4 所示。

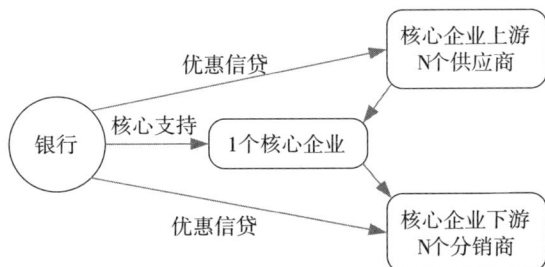

图 6-4　供应链融资模式

因此,供应链金融在解决初创企业的融资困境方面有其独特优势,这表现在:供应链金融突破了传统金融模式,不再仅仅考量企业发布的财务报表数据,而是把申请贷款的企业置于产业链条中,进行综合考量,最终让企业融资的道路更加宽敞。

6.2　融资的科技化、金融化、证券化

融资科技化、金融化和证券化的飞速发展,将会给我国企业融资带来许

多创新思路和方法。

6.2.1 科技化推动征信体系创新

诚信是个人成功的前提，是企业强大的条件，是市场经济的基石。在企业融资的过程中，征信体系的建立显得格外重要。一方面，征信体系可以加强企业信用约束机制，另一方面，则有利于缓解信息不对称程度。而随着经济快速增长，如何运用金融科技大数据分析能力来解决融资困局，成为当今金融科技企业和社会关注的重要话题。而金融科技正是以大数据为基础，深度分析和挖掘数据中蕴含或折射的信息，通过构建全新的算法和模型，一定程度上为传统征信缺失的个人和小微企业解决信用评估提供新的解决思路，使一些初创企业得以享受平等的金融服务，令金融真正服务到有需要的群体。而这也是构建数字普惠金融真正的意义所在。

利用科技金融解决融资问题的典型方案就是"区块链＋融资"模式。区块链作为基础和前沿技术，其为数字世界创建了一种新型的信任机制和安全机制。在这种机制下，区块链技术与网络融资有着巧妙的联系，不同的融资主体之间无须事先建立相互信任的关系，因为区块链的特性已经完全保证了其信息交流过程的安全性。在区块链的信用机制中，如果用户进行了违约操作，则会自动在区块链上生成违约信息，导致不良信用，降低其信用评分，融资效率也将因此大打折扣。而与此相反，如果用户能够按时履行合同，它将自动生成良好的信用记录并保存到区块链上，这将增加其自身的信用评分，从而提高融资效率并增强融资信任机制。如图6-5所示。

企业融资困境的原因是：企业和金融机构间信息不对称致使贷款风险难以控制，而区块链技术恰恰能够解决这些问题。在信用报告机制会在区块链上，通过借款人的各种信息贷对其进行信用评分，这些信息包括个人身份信息、个人资产情况、过往交易数据和资金流动情况等。投资者通过身份验证后，即可收到平台的信息，而后进行投标。通过这种方式，投资者能够根据融资人的信用评估结果选择投资目标。如果融资人在区块链上信用表现良好，则投资者可以放心放贷，提高借款人和贷方能够达成合作协议的效率，如果信用显示不良，投资者可以直接拒绝贷款以避免风险。

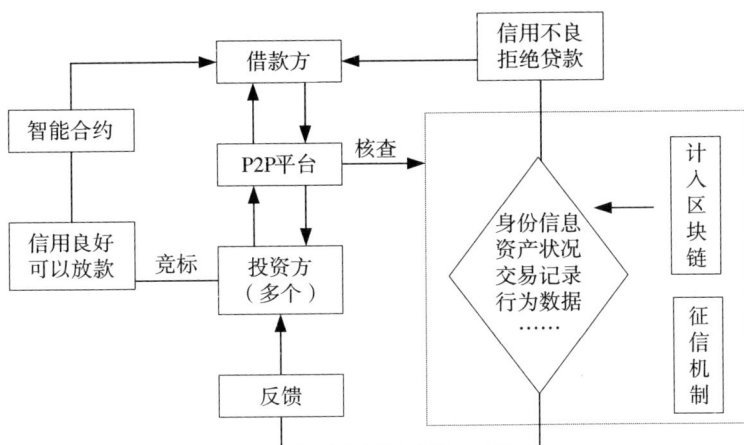

图 6-5　以区块链技术为依托的融资征信机制

专栏 6-3

区块链在供应链的应用

应用方向一：区块链＋供应链金融

行业痛点：

1.物流供应链领域上下游信息壁垒；

2.成本与效能的瓶颈；

3.信用问题尤为突出；

4.中小企业资金需求大，融资困难。

解决方案：

1.核心企业、供应商（多级）、金融机构、物流企业、消费者等产业上下游多方参与；

2.构建供应链金融生态平台，确保资产唯一性；

3.四流合一，信息上链，分布式记账，确保信息不可篡改；

4.供应链服务网络、信息共识网络、供应链金融网络三网合一,打造产业互联网＋价值互联网。

应用方向二:区块链＋供应链商品溯源

行业痛点:

1.消费者和生产者对商品来源和去向不清楚;

2.供应链节点多,各环节都有独立信息系统,信息孤岛严重;

3.溯源成本高。

解决方案:

1.通过区块链多方参与,共同维护同一个账本的形式,争取尽可能多的商品供应链参与方参与其中,参与方越多,共同维护的数据越多,越容易给消费者带来更多的数据信任背书;

2.区块链自身去中心化的特征,分布式的网络天然克服了中心化系统的各种弊端,同时还能回避人为作恶或者数据意外损失的问题;

3.多方共同维护同一账本的特性,帮助企业打破不同系统间信息孤岛的问题,同时还可以带来支付即结算的清算功能,减少多方重复对账带来的问题和成本。

当然区块链并非万能,也不能解决所有问题,区块链可以保证存入区块链系统数据的安全隐私、不可篡改和可追溯,可以很好地解决信用和溯源问题,但是如果信息抓取本身就有问题那么即使存入了区块链系统也无法保证数据的有效性。因此区块链未来要更大更广泛的发挥能量必须和其他技术进行有机结合,例如区块链和物联网的有机结合就能很好地解决冷链物流环节食品安全溯源问题。

6.2.2　证券化破解企业流动性难题

区块链技术已经改变了整个金融业的格局。尽管分散和自治的形式备受争议,但是区块链技术在各个领域里都将有不可估量的用途。其中,区块链技术最有应用价值的地方就是使实物资产证券化。现在以太坊和其他各种代币有助于将真实资产转换为区块链上的数字代币,这是证券化方面的一个巨大突破。

(1)用区块链来做资产证券化的必要性

智能合约是一种计算机交易协议,它不需要中介,能够进行自我验证,且能够自动执行合约条款。区块链上的智能合约具有了区块链的相关优势,可灵活嵌入各种数据和资产,帮助实现安全高效的信息交换、价值转移和资产管理,最终,有望彻底改变传统的商业模式,并为构建可编程资产和社会奠定基础。如图 6-6 所示。

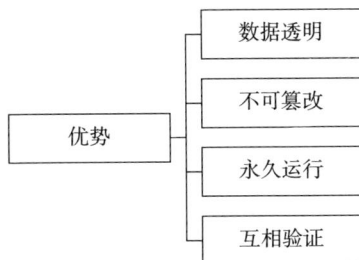

图 6-6　智能合约的优势

智能合约是预先编辑好的程序代码,它通过在设定的时间间隔下不断地识别和分析源自外部的信息,一旦发现满足了程序设置的条件,将自动执行相应的合同条款以完成交易并履行合同,这个过程是完全自动且无法在外部改变的。创业企业贷款时,如果与金融机构签订智能合约,将会降低金融机构在贷款过程中承担的风险。同时,智能合约可以对数据进行追踪,使交易更加安全可靠。

(2)如何实现固定资产证券化

要利用区块链技术实现固定资产证券化,大概以下几步:

第一,资产信息上链。即把能唯一标识固定资产的信息,如房产门牌号、街道、产权证信息、照片等经有权限的人录入区块链平台,并获得区块链上的唯一数字 ID。

第二,资产价值评估。采用市场认可的方式,经公认公平的评估组织或算法评估资产价值。

第三,发行通证。在区块链平台发行与资产价值等额的通证,即发行token,以此作为股份证明。同时可约定资产年增值率(因为房产会升值),并在区块链平台上通过智能合约实现定期增发。这样一来,就可以以 token 面值不变的方式实现股份增值。其中,投资固定资产通证的收益包括两部分:定期增值收益和交易溢价收益。

如此就实现了固定资产的证券化,印证了这样一句话:一个人买不下一座楼,但可以投资几万元买入一部分该楼的通证,并实现收益。

6.3 成功融资造就创业未来

创业是推动社会进步与经济繁荣的巨大动力,是一项关乎人类发展的伟大而艰巨的事业,而能否成功获取融资是对于创业企业至关重要。融资获得使得企业有足够的资金用于技术创新和产品开发,以及企业管理和商业模式的创新,提高企业的整体效能,增强企业的盈利能力,持续不断的融资资金是企业可以一直发展下去的重要推动力。

6.3.1 融资:企业发展强心剂

改革开放以来,随着现代经济向知识化、信息化方向的发展,具有高技术背景的新企业群体的创建、使经济的运行更有活力和动力。创业企业的健康发展对于我国经济的影响至关重要,而资金问题是大多数创业企业能否生存和能否持续发展的最重要的影响因素。创新创业企业基本上为小微企业,在债权融资上处于天然的弱势。企业在创办初期需要通过融资来获得投资者或投资机构的资金,发展企业的各方面能力,为企业的长期发展注入强心剂。

当初创企业需要天使投资(VC)时,一般已经运作一段时间。值得强调的是,得到专业的 VC 投资,拿到手的不仅仅是资金,更是一个共同发展、价值创造的机会。首先,对于 VC 自身来说,如果投资的资金用于借贷,可能获得更加稳定的收入,但为什么要以股权投资的形式加入你的企业呢?目的也是希望获取更大的价值,用固定的资本投入创造出更丰富的溢价收益。而对于企业来说,获得的融资能够保证其正常的生产需要和财务管理活动,维持企业继续生产经营,甚至逐步扩大规模,实现股东利益最大化的目标。

在世界发展过程中的资本融资规模的扩张已成为当今企业市场融资需求发展的重要特征。而随着市场上企业的资金需求量的逐渐扩大和融资技术开发的相对成熟,这些企业的盈利能力也在逐渐增强,总而言之,创业型企业的融资是企业可持续发展的重要保障。任何一个创业型企业的获得融资的能力,都是展示其实力和价值的关键一环。融资也是初创企业快速发展的润滑剂,不仅影响初创企业生产经营的战略发展方向,也影响了企业的经济价值的获取。

6.3.2 融资:助推企业创新

融资是创新型企业的血液,企业科技实力的提升和创新能力的增强都需要强大的资金支持,而融资可以为企业创新提供充足的资金来源。巧妙地借助资本的力量,有利于企业创新能力的构建和完善,也有利于企业在日益激烈的国际市场竞争形式下保持自身竞争力和生命力。融资助推企业创新主要体现在以下三方面,如图6-7所示。

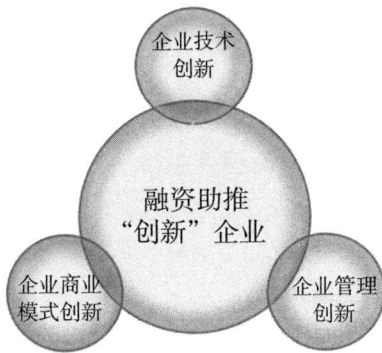

图 6-7 融资助推"创新"企业

(1)融资助力企业技术创新

融资可以使企业获得更多的资金和非资金资源,提高企业创新水平。融资后,公司更倾向于购买外部技术并新招募外部研发人员,因为企业倾向于以低风险高效率的方式获取新技术,而不是全部依赖于内部研发。比如,晨光文具在2016年上市后,成立了国家重点实验室,招纳了更多的研发人员,研发人员数量增加8.8%。另外,晨光新产品的数量快速增长,2016年增长率达到18.6%。

(2)融资驱动企业管理创新

企业管理创新意味着建立和改进操作系统,如质量系统、信息系统等。企业获得融资后,通常都会关注管理方面的创新。一些公司会在解散原有研发管理部门后,建立了全新的研发管理平台。比如,海尔集团在获得新一轮融资后,首席执行官张瑞敏决定实施创新管理理念,将传统的封闭式层级体系转变为网络化节点组织,以开放的模式整合来自世界各地的一流资源。

(3)融资推动企业商业模式创新

融资使公司可以选择改变盈利模式或拓展其他业务类别。商业模式创新是一项高潜力与高风险并存的根本性创新,而融资能给企业所有者带来变革的信心及资源。比如,作为中国最大的汽车制造商和财富500强企业——

上汽集团,在从公开市场募集到资金和获取新的资源后,则将业务重心转移到"微笑曲线"的右端,开始发力汽车后市场服务,甚至开始关注二手车交易平台。上汽集团通过改变盈利模式或者拓宽业务范围,促进公司实现可持续发展。

6.3.3 融资:促进企业成长

资金是企业经济活动的第一推动力、持续推动力。企业能否获得稳定的资金来源、及时足额筹集到生产要素组合所需要的资金,对经营和发展都是至关重要的。另外,成功获得融资不仅能调整优化企业的资产结构,而且还能促进企业管理水平及盈利能力不断提升,使得经营业绩稳健增长,为股东创造了更多价值。创业企业融资后,企业的成长性效应主要表现在两个方面,如图 6-8 所示。

图 6-8 融资促进企业成长

(1)直接融资效应

直接融资效应,即获得融资的创业企业在直接获得资金支持后带来的效应。也就是说,企业在获得创业融资后,就会将资金大量投入研发中,不断提高自身的技术水平,提升产品的竞争优势,从而可以获得大量的利润。融资获得,不仅可以帮助企业摆脱财务困境,还为企业提供经营、管理、项目研发等商业活动的资金支持,有利于企业更好的研发产品、拓展业务,增强企业的市场竞争力,促进企业发展。

(2)间接融资效应

间接融资效应,即投资者或者投资机构在为企业提供资金时,也会为企业提供其他的帮助,由此所带来的效应。在融资过程中,投资者会为创业企业提供一定的市场信息、行业信息、先进的管理经验和共享的关系网络等资源,帮助企业更快的发展。投资机构成立的时间越长,创业投资的经验就越强,为企业提供有价值的信息和行业网络资源的能力也就越强,从而提升企业自身竞争力,拓宽企业成长。企业在获得创业融资后,就会将资金大量投入研发中,不断提高自身的技术水平,提升产品的竞争优势,从而可以获得大量的利润,

章 末 案 例

易鑫集团：中国汽车金额交易大生态的先行者

一、公司简介

易鑫集团有限公司成立于 2014 年 11 月，是一个专门提供互联网汽车金融交易的平台。公司成立前，易鑫只是其母公司易车的一个独立的部门。2014 年 8 月易鑫从易车正式独立出来，开始汽车金融业务的探索。作为一个汽车新零售的交易平台，易鑫旨在建立一个包括消费者、汽车制造商、汽车经销商、汽车融资合作伙伴及售后服务供货商在内的汽车交易生态系统，为消费者提供便捷、安全的一站式汽车金融交易服务。易鑫集团的主要业务包括交易平台业务和自营融资业务，主要是为消费者提供新车的购买以及二手车融资的服务。具体而言，易鑫的交易平台业务涉及贷款促成以及广告投放平台的开放。自营融资业务则涉及融资租赁以及其他自营业务。近几年来，易鑫集团发展迅速，不仅将业务开拓到全国 340 多个城市，合作伙伴更是多达17000 家。2019 年 7 月 8 日，易鑫集团累计汽车金融交易量已超过 130 万单，汽车融资额突破 1000 亿元人民币，成为国内第一家实现此交易规模的第三方汽车金融交易平台。

二、融资亮点 1

易鑫的发展无疑与其商业模式密不可分。众所周知，汽车产业的生产销售链条包括研发、生产制造、物流运输、销售、营销几个环节。而易鑫紧紧抓住关键环节，立足于消费者，依靠技术和数据驱动，打造线上＋线下的一站式服务，努力推动"新车购买—用车服务—车辆置换—二手车服务"闭环的形成。

易鑫所打造的互联网汽车金额交易平台的主要营销目标是消费者，营销产品是汽车。基于这两个要点，易鑫分别形成了以消费者汽车交易周期和汽车生命周期为着力点的两个闭环。在消费者的汽车交易周期中，易鑫根据不同的环节,形成了从提供汽车信息、促成汽车成交、安排汽车融资解决方案、促成售后服务、促成汽车更换的一套完整的流程来为消费者提供服务。在这个闭环下,消费者仅仅通过一个易鑫一个平台就可以实现购车的全流程,大大节省了信息搜集的成本,简化了服务的流程,如图 6-9 所示。

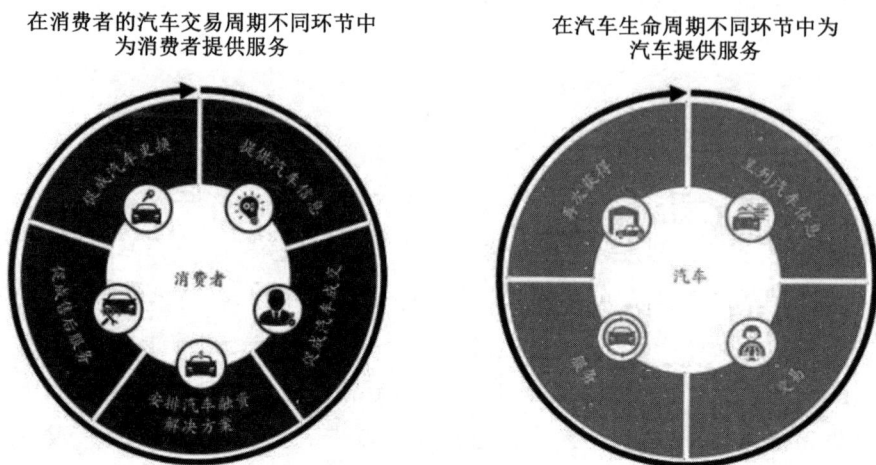

图 6-9　易鑫集团商业模式

在以汽车生命周期为核心的闭环下,易鑫实现了呈列汽车信息、交易、服务以及再次获得的流程。这个汽车交易全生命周期的价值链为制造商、经销商以及其他汽车金融服务的提供者整合有效资源,增强产业链上下游之间的联系,极大地提高了平台的交易效率。在产业链打造的过程中,易鑫不断吸附优质资源,不仅为消费者提供了更加优质的服务,也形成了整个汽车交易的大生态,成为企业的竞争优势。

三、融资亮点 2

从易鑫的融资进程可以发现,一方面,易鑫凭借其平台提供了一个汽车变现的团队,其完整的供应链与零售链满足了投资方对团队的需求。另一方面,投资方凭借其自身强大的流量为易鑫的融资上市提供了巨大的资金支持,而强有力的投资者是易鑫发展的重要支撑。

上市前,易鑫机构投资者的整容就相当豪华,易鑫集团的成长获得腾讯、京东、百度、易车、顺丰创始人王卫、东方资产、IDG 等众多战略投资人的投资。而且在三轮融资中易鑫始终与腾讯保持着紧密的联系。这种豪华的阵容无疑为易鑫的后续发展提供了坚实的后盾。2020 年 6 月 15 日，易鑫集团发布公告，腾讯和 Hammer Capital（黑马资本）组成的买方团与公司控股股东易车达成私有化协议，然而买方团也同时表示将在要约后保持易鑫的上市地位。之后腾讯将成为易鑫新的控股股东。此外，2016 年易鑫开始拓展外部资金渠道，通过 IPO 募资、股权融资及借款、银行金融机构贷款、ABS 等方式募集了大量资金，增强了融资能力。易鑫能获得众多流量大咖的鼎力相助、迅速实现融资以及 IPO 的背后是互利共赢的逻辑支持。

四、易鑫的融资历程

作为专注于汽车金融的企业，融资能力是影响企业扩张的重要因素。然而，创业型公司尤其是在成长的初期并没有巨大的资金支持企业的运营，易鑫也不例外。因此，强大的融资能力对于易鑫的发展显得尤为重要。

谈及易鑫的融资过程，2015 年 2 月，易鑫完成 3.9 亿美元首轮融资，具体投资者包括腾讯，JD.com，易车。2016 年 10 月，易鑫获得包括腾讯、JD.com、百度、易车在内的第二轮融资，共计 5.50 亿美元。2017 年 5 月，易鑫完成 5.05 亿美元的第三轮融资，主要投资人包括腾讯，易车，东方资产（国际）和顺丰创始人王卫。随后的 2017 年 11 月 16 日，易鑫集团在香港联合交易所正式上市，股票代码为 02858.HK。2018 年 3 月，易鑫集团获纳入恒生综合大中型股指数及港股通。2018 年 6 月，易鑫集团与腾讯、京东以及二手车交易服务提供商 Yusheng Holdings Limited 签署《可转换债券认购协议、商业合作协议以及框架协议》，将淘车投资给了 Yusheng 集团。如图 6-10 所示。

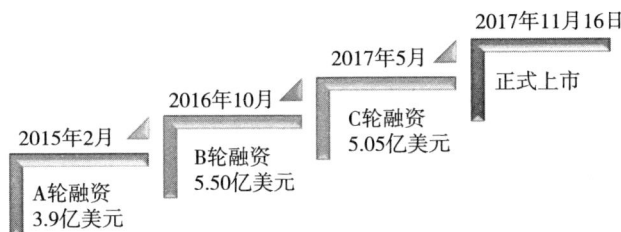

图 6-10　易鑫集团融资历程

五、易鑫集团顺利上市的启示

易鑫成功上市为其他企业的发展提供了借鉴,这是对消费者需求的敏感捕捉以及完整的生态体系共同发力的结果。

第一,顺应消费者需求改变。易鑫对新一代消费者群体需求的准确把握是其赢得消费者选择的关键。在发展中,易鑫迅速认识到中年的汽车消费者群体需求逐渐饱和,消费者逐渐年轻化的倾向,聚焦于年轻群体对互联网的强大以来以及汽车需求与有限收入之间的矛盾,通过提供互联网汽车金融融资服务的方式,既迎合了消费者消费习惯的转变,又促成了汽车交易的完成。这一决策的做出也使得自营融资租赁成为易鑫的主业。

第二,构建完整的生态体系。在新零售已成为我国汽车未来发展的大趋势的情况下,易鑫通过数字化转型,实现了汽车金融服务线上线下的协同,构建互联网汽车交易生态系统。其生态体系不仅打通了汽车零售的链条,更是形成了汽车生命周期的产业链,成为企业的竞争力。一个完整、高效的生态系统也会为企业融资的进行提供更好的机遇,助推企业顺利上市。

资料来源:

1.易鑫集团官网:http://www.yixincars.com/sim/About.html2.

2.《腾讯系汽车新零售交易平台——易鑫集团的招股说明书中亮点?》

https://www.zhihu.com/question/67388628

3.《易鑫集团入选恒生科技指数 发展潜力获外界看好》

https://baijiahao. baidu. com/s? id = 1673362004663690964&wfr = spider&for=pc

4.《都是腾讯的心头肉,灿谷、易鑫融资能力谁更强?》

https://xueqiu.com/1785898841/113312685

5.《易鑫集团母公司易车与买方团达成私有化协议,易鑫将保持上市地位》

https://baijiahao. baidu. com/s? id = 1669625669112741565&wfr = spider&for=pc

6.《上市前亏损76亿元,腾讯、百度为什么还要支持易鑫集团?》

https://baijiahao. baidu. com/s? id = 1584235788090836354&wfr = spider&for=pc

7.《腾讯系第三股:易鑫集团——汽车生态的重构者》

https://baijiahao. baidu. com/s? id ＝ 15836684768358970728.wfr ＝ spider&for＝pc。

参考文献

[1]Joe A. Stone,David Jacobs. Presidential party affiliation and electoral cycles in the U.S. economy：Evidence from party changes in adjacent terms[J]. Journal of Macroeconomics,2020,64.

[2] Swapnil Lahane, Ravi Kant, Ravi Shankar. Circular supply chain management：A state－of－art review and future opportunities[J]. Journal of Cleaner Production,2020,258.

[3]Xiaoxuan Zhu, Zhenxin Xiao, Maggie Chuoyan Dong, Jibao Gu. The fit between firms' open innovation and business model for new product development speed：A contingent perspective[J]. Technovation,2019,86 －87.

[4]Gabisile Buyiswa Gamede,Khumbulani Mpofu,Olukorede Tijani Adenuga. Business model for integrating energy efficiency performance in manufacturing industries：railcar case study[J]. Procedia CIRP,2019,81.

[5] Oliver Laasch, Jonatan Pinkse. Explaining the leopards' spots：Responsibility－embedding in business model artefacts across spaces of institutional complexity[J]. Long Range Planning,2019.

[6] Matúš Materna. Variants of air navigation service providers' business models[J]. Transportation Research Procedia,2019,40.

[7]Antonio Maffei,Sten Grahn,Cali Nuur. Characterization of the impact of digitalization on the adoption of sustainable business models in manufacturing[J]. Procedia CIRP,2019,81.

[8]Eleonora Boffa, Antonio Maffei. A descriptive framework to characterize

the manufacturing domain in the context of Business Models[J]. Procedia CIRP,2019,81.

[9]Carlos Rey,Joan E. Ricart. Why Purpose Needs Strategy (and Vice Versa) [M].Springer International Publishing:2019－06－18.

[10]熊俐.互联网＋背景下我国分享经济商业模式的现状与问题研究[J].汉江师范学院学报,2019,39(04):120－123.

[11]马昕钰.共享单车商业生态系统与盈利模式创新探究[J].中国市场,2019 (23):67－71.

[12]宋立丰,祁大伟,宋远方."区块链＋"商业模式创新整合路径[J].科研管理, 2019,40(07):69－77.

[13]吴贞.基于C2M模式的电商物流优化分析[J].北方经贸,2019(08):41－42.

[14]张金平.钢铁企业"互联网＋"销售模式分析[J].中外企业家,2019(20):153 －154.

[15]巫志平.电网"综合能源服务"平台建设及商业模式探索[J].农村电工, 2019,27(07):6－7.

[16]赵芷祎.互联网金融商业模式演进及商业银行的应对策略[J].纳税,2019, 13(19):228.

[17]王喜文.工业互联网平台实现协同制造[J].中国信息化,2017(5):14－17.

[18]王海龙,赵芸芸,张昕嫱.从西飞公司看网络化协同制造模式[J].中国工业评论,2017(8):86－90.

[19]孙中亮.探究互联网技术发展背景下的商业新模式——以传统家居企业向新零售模式为例[J].数字通信世界,2019(05):171.

[20]周乐婧,郭东强,余鲲鹏."互联网＋"背景下中国独角兽企业商业模式创新研究[J].对外经贸,2019(04):93－97＋157.

[21]赵甲.通证设计[M].厦门大学出版社,2020.

[22]刘争光.机制的力量:互联网时代的企业变革[M].机械工业出版社,2017.

[23]李志刚等.新连接:互联网＋产业转型,互联网＋企业变革[M].电子工业出版社,2017.

[24]李志刚等.大数据时代下半场:数据治理、驱动与变现[M].电子工业出版社,2017.

[25]史蒂夫·凯斯.互联网第三次浪潮[M].中信出版社,2017.

[26]阿鲁·萨丹拉彻.分享经济的爆发[M].文汇出版社,2017.

[27]王静.股权众筹融资在我国中小企业中的应用研究[D].西安石油大学,2020.

[28]王旭良.创业融资:从天使轮到IPO上市[M].电子工业出版社,2020.

[29]官俊梅.基于创业视角的融资制度研究[D].吉林大学,2008.

[30]刘辉群,常殊昱.融资租赁创业经营与管理[M].厦门大学出版社,2018.

[31]闫大颖.公司金融学(第二版)[M].厦门大学出版社,2014.